VIVEMENT LE SOCIALISME !

THOMAS PIKETTY

VIVEMENT LE SOCIALISME !

Chroniques, 2016-2020

ÉDITIONS DU SEUIL
57, rue Gaston-Tessier, Paris XIXe

Les chroniques qui constituent cet ouvrage
ont été publiées par l'auteur
sur le blog du *Monde* entre 2016 et 2020

ISBN 978-2-02-133808-9

www.seuil.com

Vivement le socialisme ! Septembre 2020

Si l'on m'avait dit en 1990 que je publierais en 2020 un recueil de chroniques intitulé *Vivement le socialisme !*, j'aurais cru à une mauvaise blague. Du haut de mes dix-huit ans, je venais de passer l'automne 1989 à écouter à la radio l'effondrement des dictatures communistes et du « socialisme réel » en Europe de l'Est. En février 1990, je participais à un voyage d'étudiants français en soutien à la jeunesse roumaine qui venait de se débarrasser du régime de Ceaușescu. Nous arrivions au milieu de la nuit à l'aéroport de Bucarest, puis par bus dans la ville tristounette et enneigée de Brasov, nichée dans l'arc des Carpates. Les jeunes Roumains nous montraient avec fierté les impacts de balles sur les murs, témoins de leur « Révolution ». En mars 1992, je faisais mon premier voyage à Moscou, où je voyais les mêmes magasins vides, les mêmes avenues grises. J'avais réussi à m'infiltrer dans les bagages d'un colloque franco-russe intitulé « Psychanalyse et sciences sociales », et c'est avec un groupe d'universitaires français un peu perdus que je visitai le mausolée Lénine et la place Rouge, où le drapeau russe venait juste de remplacer le drapeau soviétique.

Né en 1971, je fais partie d'une génération qui n'a pas eu le temps d'être tentée par le communisme, et qui est devenue adulte en constatant l'échec absolu du soviétisme. Comme beaucoup, je fus plus libéral que socialiste dans les années 1990, fier comme un paon de mes judicieuses observations, suspicieux de mes aînés et de tous les nostalgiques, ne supportant pas ceux qui décidément refusaient de voir que l'économie de marché et la propriété privée faisaient partie de la solution.

Seulement voilà : trente ans plus tard, en 2020, l'hypercapitalisme a été beaucoup trop loin, et je suis maintenant convaincu qu'il nous faut réfléchir à un nouveau dépassement du capitalisme, une nouvelle forme de socialisme, participatif et décentralisé, fédéral et démocratique, écologique, métissé et féministe.

L'histoire décidera si le mot « socialisme » est définitivement mort et doit être remplacé. Je pense pour ma part qu'il peut être sauvé, et même qu'il reste le terme le plus adapté pour désigner l'idée d'un système économique alternatif au capitalisme. En tout état de cause, on ne peut pas se contenter d'être « contre » le capitalisme ou le néolibéralisme : il faut aussi et surtout être « pour » autre chose, ce qui exige de désigner précisément le système économique idéal que l'on souhaite mettre en place, la société juste que l'on a en tête, quel que soit le nom que l'on décide finalement de lui donner. Il est devenu commun de dire que le système capitaliste actuel n'a pas d'avenir, tant il creuse les inégalités et épuise la planète. Ce n'est pas faux, sauf qu'en l'absence d'alternative clairement explicitée le système actuel a encore de longs jours devant lui.

Comme enseignant-chercheur en sciences sociales, je me suis spécialisé dans l'étude de l'histoire des inégalités et de la relation entre développement économique, répartition des richesses et conflit politique, ce qui m'a conduit à publier plusieurs ouvrages épais[1]. J'ai également contribué à la création de la World Inequality Database, un vaste projet collectif et participatif visant à apporter plus de transparence sur l'évolution des inégalités de revenus et de patrimoines dans les différentes sociétés de la planète[2].

En m'appuyant sur les leçons de ces recherches historiques, ainsi naturellement que sur mon expérience de citoyen-observateur de la période 1990-2020, j'ai tenté dans mon dernier livre de donner quelques « éléments pour un socialisme participatif », dont je vais résumer ici les principales conclusions[3]. Il me faut toutefois préciser que ces « éléments » ne constituent qu'une petite base de départ parmi d'autres, une minuscule contribution à un immense processus d'élaboration collective, de discussion contradictoire et d'expérimentation sociale et politique, un processus qui devra s'inscrire dans la durée et faire le plein d'humilité et de ténacité, compte tenu notamment de l'ampleur des échecs passés et des défis à venir.

Le lecteur intéressé retrouvera également certaines de ces réflexions dans le présent ouvrage, dans lequel a été reproduit

1. Voir notamment *Les Hauts Revenus en France au XXe siècle*, Paris, Grasset, 2001 ; *Le Capital au XXIe siècle*, Paris, Seuil, 2013 ; *Capital et idéologie*, Paris, Seuil, 2019. Pour une bibliographie plus complète et un grand nombre de textes, extraits et données disponibles en ligne, voir piketty.pse.ens.fr.

2. Toutes ces données, ainsi que des milliers de pages d'études et de documentation portant sur plus d'une centaine de pays sont disponibles en ligne sur le site WID.world. Voir aussi le *Rapport sur les inégalités mondiales, 2018*, codirigé avec Facundo Alvaredo, Lucas Chancel, Emmanuel Saez et Gabriel Zucman, Paris, Seuil, 2018, également disponible en ligne sur WID.world.

3. Pour une présentation plus détaillée de ces « éléments pour un socialisme participatif », voir Thomas Piketty, *Capital et idéologie*, *op. cit.*, chapitre 17, p. 1111-1190.

l'ensemble de mes tribunes mensuelles publiées dans le journal *Le Monde* de septembre 2016 à juillet 2020, sans aucune modification ou réécriture. Ont simplement été ajoutés quelques graphiques, tableaux, références et textes additionnels publiés sur mon blog hébergé par *Le Monde*[1]. Je précise d'emblée que certaines des chroniques ont moins bien vieilli que d'autres, et je prie par avance le lecteur de m'excuser pour quelques répétitions. Ces textes ne représentent rien de plus qu'une tentative imparfaite d'un chercheur en sciences sociales de sortir de sa tour d'ivoire et de ses livres de mille pages pour s'engager dans la vie de la cité et dans le vif de l'actualité, avec les risques que cela comporte. J'espère que le lecteur indulgent pourra y trouver quelques pistes utiles pour ses propres réflexions et engagements.

La longue marche vers l'égalité et le socialisme participatif

Commençons par une affirmation que certains trouveront surprenante. Si l'on prend une perspective de long terme, alors la longue marche vers l'égalité et le socialisme participatif est déjà bien engagée. Aucune impossibilité technique n'interdit de poursuivre dans cette voie déjà ouverte, pour peu que l'on s'y mette toutes et tous. L'histoire le démontre : l'inégalité est par essence idéologique et politique, et non économique ou technologique.

Ce point de vue optimiste peut certes sembler paradoxal en ces temps de morosité ambiante. Il correspond pourtant à la réalité. Les inégalités se sont fortement réduites sur la longue

1. Voir lemonde.fr/blog/piketty. Le lecteur intéressé trouvera également sur ce site des liens vers les fichiers de données utilisés dans les graphiques et tableaux ; certaines données additionnelles sont disponibles sur WID.world ou sur piketty.pse.ens.fr.

durée, grâce notamment aux nouvelles politiques sociales et fiscales mises en place au cours du XXe siècle. Il reste certes énormément à accomplir, mais le fait est qu'il est possible d'aller beaucoup plus loin en s'appuyant sur les leçons de l'histoire.

Examinons par exemple l'évolution de la concentration de la propriété depuis deux siècles. On constate tout d'abord que la part des 1 % les plus riches dans le total des propriétés (c'est-à-dire dans le total des patrimoines immobiliers, financiers et professionnels, nets de dettes) se situait à un niveau astronomique tout au long du XIXe siècle et jusqu'au début du XXe – ce qui montre d'ailleurs au passage que la promesse d'égalité de la Révolution française était plus théorique que réelle, tout du moins pour ce qui concerne la redistribution de la propriété. On observe ensuite que la part des 1 % les plus riches s'est fortement abaissée au cours du XXe siècle : elle était d'environ 55 % du patrimoine total à la veille de la Première Guerre mondiale, et elle avoisine aujourd'hui les 25 %. On notera toutefois que cette part reste de l'ordre de cinq fois plus élevée que celle détenue par les 50 % les plus pauvres, qui ne possèdent actuellement qu'à peine plus de 5 % du total des patrimoines (en dépit du fait qu'ils soient par définition cinquante fois plus nombreux que les 1 % les plus riches). Cerise sur le gâteau : cette faible part s'est en outre réduite depuis les années 1980-1990, évolution que l'on observe aussi aux États-Unis, en Allemagne et dans le reste de l'Europe, ainsi d'ailleurs qu'en Inde, en Russie ou en Chine.

Pour résumer : la concentration de la propriété (et donc du pouvoir économique) a nettement diminué au cours du siècle écoulé, mais elle n'en demeure pas moins extrêmement forte. La réduction des inégalités patrimoniales s'est faite surtout au bénéfice de la « classe moyenne patrimoniale » (c'est-à-dire les 40 % de la population compris entre les 10 % du haut et les 50 % du bas), mais a très peu bénéficié à la moitié la plus pauvre de la population. Au final, la part des 10 % les

L'échec de la Révolution française : la dérive inégalitaire propriétariste en France au XIXe siècle

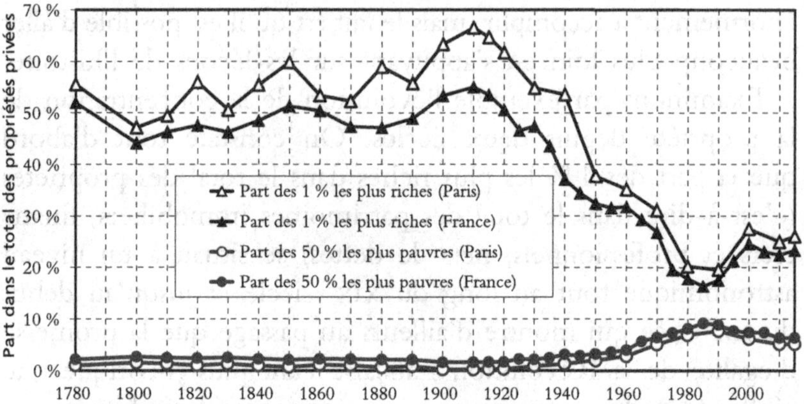

Lecture : à Paris, les 1 % les plus riches détenaient environ 67 % du total des propriétés privées en 1910, contre 49 % en 1810 et 55 % en 1780. Après une légère diminution pendant la Révolution française, la concentration de la propriété s'est accrue en France (et notamment à Paris) au cours du XIXe siècle et jusqu'à la Première Guerre mondiale. Sur longue période, la chute des inégalités a eu lieu à la suite des guerres mondiales (1914-1945), et non après la Révolution de 1789.
Sources et séries : voir piketty.pse.ens.fr/ideologie. Thomas Piketty, *Capital et idéologie, op. cit.*, p. 161.

plus riches dans le total des patrimoines s'est sensiblement abaissée, passant de 80 %-90 % à environ 50 %-60 % (ce qui reste considérable), mais la part des 50 % les plus pauvres n'a jamais cessé d'être minuscule (voir graphique suivant). La situation des 50 % les plus pauvres s'est davantage améliorée en termes de revenus qu'en termes de patrimoines (leur part dans le total des revenus est passée d'à peine 10 % à environ 20 % en Europe), même si là encore cette amélioration reste limitée et potentiellement réversible (cette même part est d'ailleurs retombée à guère plus de 10 % aux États-Unis depuis les années 1980)[1].

1. Pour un examen détaillé de l'évolution historique des inégalités de revenus et de patrimoines, voir Thomas Piketty, *Capital et idéologie, op. cit.*, en particulier graphiques 4.1-4.3, 5.4-5.7, 10.1-10.7, 11.1-11.8, 13.8-13.9. Tous ces graphiques et séries sont disponibles en ligne sur piketty.pse.ens.fr/ideologie.

La répartition de la propriété en France, 1780-2015

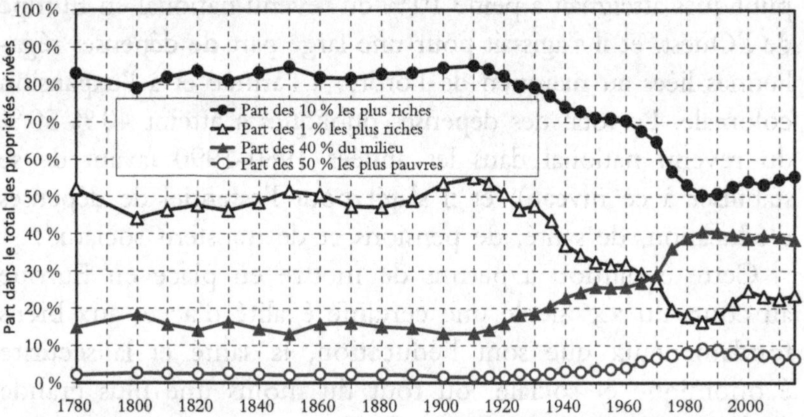

Lecture : la part des 10 % les plus riches dans le total des propriétés privées (actifs immobiliers, professionnels et financiers, nets de dettes) était comprise entre 80 % et 90 % en France entre les années 1780 et 1910. La déconcentration des patrimoines commence à la suite de la Première Guerre mondiale et s'interrompt au début des années 1980. Elle s'est faite principalement au bénéfice des « classes moyennes patrimoniales » (les 40 % du milieu), ici définies comme les groupes intermédiaires entre les « classes populaires » (les 50 % les plus pauvres) et les « classes supérieures » (les 10 % les plus riches).
Sources et séries : voir piketty.pse.ens.fr/ideologie. Thomas Piketty, *Capital et idéologie, op. cit.*, p. 163.

L'État social, vecteur de l'égalité des droits

Comment rendre compte de ces évolutions complexes et contradictoires, et en particulier comment expliquer la réduction des inégalités observée au cours du siècle écoulé, notamment en Europe ? Outre les destructions de patrimoines privés liées aux deux guerres mondiales, il faut surtout insister sur le rôle positif joué par les transformations considérables du système légal, social et fiscal mises en place au cours du XXe siècle dans de nombreux pays européens.

L'un des facteurs les plus déterminants a été la montée en puissance de l'État social entre les années 1910-1920 et les années 1980-1990, avec notamment le développement de l'investissement en éducation et en santé, des pensions de retraite et d'invalidité et des assurances sociales (chômage, famille, logement, etc.). Au début des années 1910, le total des dépenses publiques atteignait à peine 10 % du revenu national en Europe de l'Ouest, et il s'agissait pour une large part de dépenses régaliennes liées au maintien de l'ordre, à l'armée et à l'expansion coloniale. Le total des dépenses publiques a atteint 40 %-50 % du revenu national dans les années 1980-1990 (avant de se stabiliser à ce niveau), et il s'agit pour l'essentiel de dépenses d'éducation, de santé, de pensions et de transferts sociaux[1].

Cette évolution a permis de mettre en place en Europe au cours du XXe siècle une certaine égalité d'accès aux biens fondamentaux que sont l'éducation, la santé et la sécurité économique et sociale, ou tout du moins une plus grande égalité d'accès à ces biens fondamentaux que toutes les sociétés précédentes. La stagnation de l'État social depuis les années 1980-1990, alors même que les besoins ont continué de s'accroître, notamment du fait de l'allongement de l'espérance de vie et de la scolarité, montre cependant que rien n'est jamais acquis. Dans le secteur de la santé, nous venons amèrement de constater avec la crise sanitaire du Covid-19 les insuffisances des moyens hospitaliers et humains disponibles. L'un des grands enjeux de la crise épidémique de 2020 est précisément de savoir si la marche en avant vers l'État social va reprendre son cours dans les pays riches et va enfin être accélérée dans les pays pauvres[2].

Prenons le cas de l'investissement éducatif. Au début du XXe siècle, les dépenses publiques d'éducation, tous niveaux confondus, étaient inférieures à 0,5 % du revenu national en Europe de l'Ouest (et légèrement supérieures aux États-Unis,

1. Voir Thomas Piketty, *Capital et idéologie*, *op. cit.*, graphiques 10.14-10.15.

2. Voir « Éviter le pire », 14 avril 2020 [les références indiquées avec un titre et une date renvoient à une chronique de Thomas Piketty publiée sur lemonde.fr/blog/piketty reprise dans ce volume].

qui étaient à l'époque en avance sur l'Europe). Concrètement, cela correspondait à des systèmes éducatifs extrêmement élitistes et restrictifs : la masse de la population devait se contenter d'écoles primaires surchargées et mal financées, et seule une petite minorité avait accès aux secondaire et supérieur. L'investissement éducatif a été multiplié par plus de dix au cours du XXe siècle, atteignant 5 %-6 % du revenu national dans les années 1980-1990, ce qui a permis une très forte expansion éducative. Tous les éléments dont nous disposons suggèrent que cette évolution a été un facteur puissant poussant à la fois vers une plus grande égalité et une plus forte prospérité au cours du dernier siècle.

À l'inverse, tout indique que la stagnation de l'investissement éducatif total observée au cours des dernières décennies, en dépit de la forte augmentation de la proportion d'une classe d'âge accédant au supérieur, a contribué à la fois à la remontée des inégalités et au ralentissement du rythme de croissance du revenu moyen[1]. Il faut également souligner la persistance d'inégalités sociales extrêmement fortes en termes d'accès à l'éducation. C'est le cas évidemment aux États-Unis, où la probabilité d'accès à l'enseignement supérieur (en grande partie privé et payant) est puissamment déterminée par le revenu parental. Mais c'est le cas également dans un pays comme la France, où l'investissement éducatif public total (tous niveaux confondus) est très inégalement réparti au sein d'une classe d'âge, compte tenu notamment des énormes inégalités entre les moyens alloués aux filières sélectives et non sélectives[2]. De façon générale, le nombre d'étudiants a fortement progressé en France depuis le milieu

1. Je reviendrai plus loin sur la façon dont il convient d'utiliser à l'avenir la notion de « croissance ».

2. Voir Thomas Piketty, *Capital et idéologie*, *op. cit.*, graphiques 0.8 et 17.1. Voir aussi « Parcoursup : peut mieux faire », 13 février 2018.

des années 2000 (passant d'à peine plus de 2 millions à près de 3 millions aujourd'hui), mais l'investissement public n'a absolument pas suivi, en particulier dans les filières universitaires générales et les filières techniques courtes, si bien que l'investissement par étudiant a fortement diminué, ce qui représente un gâchis social et humain considérable[1].

Pour un socialisme participatif : faire circuler le pouvoir et la propriété

L'égalité éducative et l'État social ne suffisent pas : pour atteindre l'égalité réelle, c'est l'ensemble des rapports de pouvoir et de domination qu'il faut repenser. Cela passe notamment par un meilleur partage du pouvoir dans les entreprises.

Là encore, il faut repartir de ce qui a bien fonctionné au cours du xxe siècle. Dans de nombreux pays européens, en particulier en Allemagne et en Suède, le mouvement syndical et les partis sociaux-démocrates sont parvenus à imposer au milieu du xxe siècle un nouveau partage du pouvoir aux actionnaires, sous la forme des systèmes dits de « cogestion » : les représentants élus des salariés disposent jusqu'à la moitié des sièges dans les conseils d'administration des grandes entreprises, y compris en l'absence de toute participation au capital. Il ne s'agit pas d'idéaliser ce système (en cas d'égalité, ce sont toujours les actionnaires qui ont la voix décisive), mais simplement de constater qu'il s'agit d'une transformation considérable de la logique actionnariale classique. En particulier, cela implique que si les salariés détiennent de surcroît une participation minoritaire de 10 % ou 20 % au capital, ou bien si une collectivité locale détient une telle participation, alors la majorité peut basculer, y compris face à

1. Voir « Budget 2018 : la jeunesse sacrifiée », 12 octobre 2017.

un actionnaire ultramajoritaire au capital. Or le fait est qu'un tel système, qui fit pousser de hauts cris aux actionnaires des pays concernés lors de sa mise en place, et qui a exigé d'intenses luttes sociales, politiques et juridiques[1], n'a nullement nui au développement économique, bien au contraire. Tout indique que cette plus grande égalité des droits a permis une meilleure implication des salariés dans la stratégie à long terme des entreprises.

Malheureusement, les résistances actionnariales ont jusqu'ici empêché une diffusion plus large de ces règles. En France, au Royaume-Uni, aux États-Unis, les actionnaires continuent de détenir la quasi-totalité du pouvoir[2]. Il est intéressant de noter que les socialistes français comme d'ailleurs les travaillistes britanniques ont favorisé jusqu'aux années 1980 une approche centrée sur les nationalisations, jugeant souvent trop timorées les stratégies des sociaux-démocrates suédois et allemands à base de partage du pouvoir et de droits de vote pour les salariés. L'agenda fondé sur les nationalisations a ensuite disparu après l'effondrement du communisme soviétique, et les socialistes français comme les travaillistes britanniques ont quasiment abandonné dans les années 1990 et 2000 toute

1. En particulier, les lois constitutionnelles allemandes de 1919 et 1949 ont défini la propriété comme une relation sociale mettant en jeu plusieurs types de parties prenantes, permettant ainsi ce genre de réforme, qui serait par exemple beaucoup plus difficile à mettre en place avec l'actuelle Constitution française, qui s'appuie sur une vision beaucoup plus conservatrice de la propriété strictement privée. Plutôt que se concentrer sur le passage à la VIe République ou la mise en place d'une Assemblée constituante (sans que l'on sache toujours très bien la nature de la modification constitutionnelle envisagée), les discussions françaises concernant les réformes constitutionnelles sur ces questions gagneraient à se donner des objectifs socioéconomiques plus substantiels, en particulier sur la question de la propriété et de l'impôt progressif. Voir Thomas Piketty, *Capital et idéologie*, *op. cit.*, chapitre 17.

2. Un timide siège (sur douze) a été introduit en France dans les conseils d'administration des grandes entreprises en 2013.

perspective de transformation du régime de propriété. Les discussions autour de la cogestion germanique-nordique ont repris depuis une dizaine d'années, et il est plus que temps aujourd'hui de généraliser ces règles à l'ensemble des pays.

Ensuite et surtout, il est possible de prolonger et d'amplifier ce mouvement vers un meilleur partage du pouvoir. Par exemple, outre le fait que les représentants des salariés devraient avoir 50 % des voix dans toutes les entreprises (y compris les plus petites), on peut imaginer que, au sein des 50 % des droits de vote allant aux actionnaires, la part des droits de vote détenue par un actionnaire individuel ne puisse dépasser un certain seuil dans les entreprises suffisamment importantes[1]. De cette façon, un actionnaire unique qui serait également salarié de sa société continuerait d'avoir la majorité des voix dans une toute petite entreprise, mais devrait s'appuyer de plus en plus sur la délibération collective dès lors que l'entreprise deviendrait de taille plus significative[2].

1. Par exemple, un actionnaire individuel pourrait détenir au maximum 90 % des droits de vote actionnariaux dans les petites entreprises (au-dessous de 10 salariés), et ce seuil s'abaisserait graduellement à 10 % des droits de vote actionnariaux pour les plus grandes (au-delà de 100 salariés). Au cas où il existerait un actionnaire unique, les droits de vote actionnariaux non attribués viendraient s'ajouter aux droits de vote des salariés. Voir Thomas Piketty, *Capital et idéologie*, *op. cit.*, chapitre 17. Ce système généralise à l'ensemble des secteurs d'activité les règles de plafonnement des droits de vote déjà proposées au sujet des sociétés de médias. Voir Julia Cagé, *Sauver les médias. Capitalisme, financement participatif et démocratie*, Paris, Seuil, « La République des idées », 2015.

2. Avec les règles décrites plus haut, un actionnaire unique d'une société employant 5 salariés (y compris lui-même) détiendrait 56 % des voix : 45 % des voix comme actionnaire (90 % de 50 %) et 11 % des voix comme salarié (55 %/5). Dans le cas d'une société employant 20 salariés (y compris lui-même), il détiendrait 43 % des voix : 40 % des voix comme actionnaire (80 % de 50 %) et 3 % des voix comme salarié (60 %/20). Avec 100 salariés, il détiendrait moins de 11 % des voix : 10 % des voix comme actionnaire

Aussi importante soit-elle, cette transformation du système légal ne suffira pas. Afin d'assurer une véritable circulation du pouvoir, il faut également mobiliser le système fiscal et successoral afin de favoriser une plus grande circulation de la propriété elle-même. Nous l'avons vu plus haut : les 50 % les plus pauvres ne possèdent presque rien, et leur part dans le patrimoine total s'est à peine améliorée depuis le XIXe siècle. L'idée selon laquelle il suffirait d'attendre que l'accroissement général des richesses diffuse la propriété n'a guère de sens : si c'était le cas, on aurait vu une telle évolution depuis longtemps. C'est pourquoi je soutiens l'idée d'une solution plus volontariste, sous forme d'un héritage minimal pour tous, qui pour fixer les idées pourrait être de l'ordre de 120 000 euros (soit environ 60 % du patrimoine moyen en France actuellement) versés à l'âge de vingt-cinq ans[1]. Un tel héritage pour tous représenterait une dépense annuelle d'environ 5 % du revenu national, qui pourrait être financée par un mélange d'impôt progressif annuel sur la propriété (c'est-à-dire sur le patrimoine immobilier, financier et professionnel, net de dettes) et d'impôt progressif sur les successions.

Dans mon esprit, cet héritage pour tous financé par l'impôt sur la propriété et sur les successions ne constituerait qu'une part relativement réduite du total des dépenses publiques. Toujours pour fixer les idées, on peut en effet envisager, dans le cadre d'une réflexion sur le système fiscal idéal, des recettes

---

et 0,9 % comme salarié (90 %/100). Il va de soi que ces paramètres ne sont donnés ici qu'à titre illustratif et devraient faire l'objet de vastes expérimentations historiques.

1. Actuellement, le patrimoine moyen des 50 % les plus pauvres est équivalent à environ 10 % du patrimoine moyen (d'où une part d'à peine 5 % du patrimoine total). La mesure évoquée ici aboutirait donc à une multiplication par six du patrimoine moyen des 50 % les plus pauvres. Le montant envisagé (60 % du patrimoine moyen) se situe un peu au-dessus du patrimoine médian actuel.

totales de l'ordre de 50 % du revenu national (niveau voisin de celui en vigueur actuellement, mais ces recettes seraient réparties de façon plus juste, ce qui permet d'envisager de possibles augmentations futures), composées : d'une part d'un système d'impôt progressif sur la propriété et sur les successions (qui rapporterait environ 5 % du revenu national et financerait l'héritage pour tous), et d'autre part d'un système intégré d'impôt progressif sur le revenu, de cotisations sociales et de taxe carbone (avec une carte carbone individuelle permettant de protéger les faibles revenus et les comportements responsables, et de concentrer les efforts sur les plus fortes émissions individuelles, qui seraient lourdement imposées), qui rapporterait au total environ 45 % du revenu national et qui financerait l'ensemble des autres dépenses publiques, et en particulier l'ensemble des dépenses sociales (éducation, santé, pensions de retraite, transferts sociaux, revenu de base, etc.) et des mesures liées à l'environnement (infrastructures de transport, transition énergétique, rénovation thermique, etc.).

Plusieurs points méritent d'être précisés ici. Tout d'abord, aucune politique environnementale valable ne peut être menée si elle ne s'inscrit pas dans un projet socialiste global fondé sur la réduction des inégalités, la circulation permanente du pouvoir et de la propriété, et la redéfinition des indicateurs économiques[1]. J'insiste sur ce dernier point : il ne sert à rien de faire circuler le pouvoir si l'on conserve les mêmes objectifs économiques. Il faut donc changer le cadre, aussi bien au niveau individuel et local (en particulier avec l'introduction d'une carte carbone individuelle) qu'au niveau national. Le produit intérieur brut doit être remplacé par la notion de revenu national (ce qui implique de déduire toute la consommation de capital, y compris de capital naturel), l'attention

1. Voir « L'illusion de l'écologie centriste », 11 juin 2019 ; « Pour une économie circulaire », 15 octobre 2019.

La circulation de la propriété et l'impôt progressif

Impôt progressif sur la propriété
(financement de la dotation en capital versée à chaque jeune adulte)

Multiple du patrimoine moyen	Impôt annuel sur la propriété (taux effectif d'imposition)	Impôt sur les successions (taux effectif d'imposition)
0,5	0,1 %	5 %
2	1 %	20 %
5	2 %	50 %
10	5 %	60 %
100	10 %	70 %
1 000	60 %	80 %
10 000	90 %	90 %

Impôt progressif sur le revenu
(financement du revenu de base et de l'État social et écologique)

Multiple du revenu moyen	Taux effectif d'imposition (y compris cotisations sociales et taxe carbone)
0,5	10 %
2	40 %
5	50 %
10	60 %
100	70 %
1 000	80 %
10 000	90 %

Lecture : le système fiscal proposé comprend un impôt progressif sur la propriété (impôt annuel et impôt successoral) finançant une dotation en capital à chaque jeune adulte et un impôt progressif sur le revenu (y compris cotisations sociales et taxe progressive sur les émissions carbone) finançant le revenu de base et l'État social et écologique (santé, éducation, retraites, chômage, énergie, etc.). Ce système de circulation de la propriété est l'un des éléments constitutifs du socialisme participatif, avec le partage des droits de vote à 50-50 entre représentants des salariés et actionnaires dans les entreprises.
Note : dans l'exemple donné ici, l'impôt progressif sur la propriété prélève environ 5 % du revenu national (permettant de financer une dotation en capital équivalant à 60 % du patrimoine moyen versée à 25 ans) et l'impôt progressif sur le revenu environ 45 % du revenu national (permettant de financer un revenu de base annuel équivalant à 60 % du revenu moyen après impôt, à hauteur de 5 % du revenu national, et l'État social et écologique à hauteur de 40 % du revenu national).
Sources et séries : Thomas Piketty, *Capital et idéologie, op. cit.*, p. 1130.

doit se concentrer sur les répartitions et non sur les moyennes, et ces indicateurs en termes de revenus (indispensables pour construire une norme collective de justice) doivent être complétés par des indicateurs proprement environnementaux (en particulier concernant les émissions carbone)[1].

J'insiste également sur le fait que l'héritage pour tous (on peut aussi parler de « dotation universelle en capital ») ne

1. Sur l'inégalité mondiale des émissions carbone et la concentration des plus hautes émissions individuelles aux États-Unis et en Europe, voir Thomas Piketty, *Capital et idéologie*, *op. cit.*, graphique 13.7, et *id.* et Lucas Chancel, « Carbon and Inequality : From Kyoto to Paris », WID.world, Working Paper Series n° 2015/7.

représente qu'une faible part du total des dépenses publiques, car la société juste telle que je l'envisage ici repose avant tout sur l'accès universel à un ensemble de biens fondamentaux (éducation, santé, retraite, logement, environnement, etc.) permettant de participer pleinement à la vie sociale et économique, et ne saurait se réduire à une dotation en capital monétaire. Pour autant, à partir du moment où l'accès à ces autres biens fondamentaux est garanti, y compris bien sûr l'accès à un système de revenu de base[1], alors l'héritage pour tous représente une composante additionnelle importante d'une société juste. Le fait de détenir 100 000 euros ou 200 000 euros de patrimoine change en effet beaucoup de choses par rapport au fait de ne rien détenir du tout (ou de ne posséder que des dettes). Lorsque l'on ne possède rien, on doit tout accepter : n'importe quel salaire, n'importe quelles conditions de travail, ou presque, car il faut dans tous les cas pouvoir payer son loyer et subvenir aux besoins de sa famille. Dès lors que l'on possède un petit patrimoine, on a accès à davantage de choix : on peut se permettre de refuser certaines propositions avant d'accepter la bonne, on peut envisager de créer une entreprise, ou bien d'acquérir un logement et de ne plus avoir besoin de financer un loyer chaque mois. En redistribuant la propriété, c'est ainsi l'ensemble des relations de pouvoir et de domination sociale que l'on peut contribuer à redéfinir.

Je précise également que les taux et les montants donnés ici ne sont indiqués qu'à titre illustratif. Certains jugeront excessifs les taux d'imposition de l'ordre de 80 %-90 % que j'envisage d'appliquer aux plus hauts revenus, successions et patrimoines.

1. Le revenu de base fait pleinement partie des ingrédients d'une société juste, à condition de l'inclure au sein d'un ensemble plus vaste et de ne surtout pas en faire une solution miracle. Voir « Revenu de base ou salaire juste ? », 13 décembre 2016.

Il s'agit là d'un débat complexe, qui mérite évidemment une ample délibération. Je veux simplement rappeler que de tels taux se sont appliqués dans de nombreux pays au cours du XXe siècle (notamment aux États-Unis de 1930 à 1980), et que tous les éléments historiques dont je dispose me poussent à conclure que le bilan de cette expérience est excellent. En particulier, cette politique n'a nullement bridé l'innovation, bien au contraire : la croissance du revenu national par habitant aux États-Unis a été deux fois plus faible entre 1990 et 2020 (après que la progressivité fiscale a été divisée par deux sous Reagan pendant les années 1980) qu'elle ne l'avait été au cours des décennies précédentes[1]. La prospérité états-unienne au XXe siècle (et plus généralement la prospérité économique dans l'histoire) s'est appuyée sur une nette avance éducative[2], et certainement pas sur une avance inégalitaire. Sur la base des éléments historiques dont je dispose, la société idéale me semble être une société où tout le monde posséderait quelques centaines de milliers d'euros, où un petit nombre de personnes posséderaient peut-être quelques millions, mais où les détentions supérieures (plusieurs dizaines ou centaines de millions, et *a fortiori* plusieurs milliards) ne seraient que temporaires et seraient vite ramenées par le système fiscal vers des niveaux plus rationnels et socialement plus utiles.

D'autres jugeront les taux et les montants trop timorés. De fait, avec le système fiscal et successoral indiqué ici, les jeunes adultes d'origine modeste qui actuellement n'héritent de rien du tout recevraient 120 000 euros, alors que les jeunes adultes aisés qui héritent actuellement de 1 million d'euros se

1. Voir Thomas Piketty, *Capital et idéologie*, *op. cit.*, graphique 11.13. Voir aussi « Pour une économie circulaire », 15 octobre 2019.

2. 90 % d'une classe d'âge était scolarisée dans l'enseignement secondaire aux États-Unis dans les années 1950, contre à peine 20 %-30 % en Europe de l'Ouest et au Japon à la même époque.

retrouveraient avec 600 000 euros[1]. On est donc assez loin de l'égalisation complète des chances et des opportunités, principe théorique assez souvent proclamé, mais rarement appliqué avec cohérence. À mon sens, il est possible et souhaitable d'aller beaucoup plus loin.

En tout état de cause, les taux et les montants indiqués ici n'ont qu'une valeur illustrative, et participent d'un exercice de réflexion et de délibération sur le système idéal que l'on souhaite bâtir à long terme, et ne préjugent pas des stratégies gradualistes qui peuvent être choisies ici et là, en fonction des contextes historiques et politiques particuliers. Par exemple, dans le contexte français actuel, on peut considérer que la première priorité est de réintroduire un impôt sur la fortune (ISF) modernisé, basé sur des déclarations préremplies de patrimoines et un contrôle beaucoup plus strict que par le passé, ce qui permettrait de réduire par la même occasion la taxe foncière, qui est un impôt sur le patrimoine particulièrement lourd et injuste, notamment pour tous les ménages endettés en voie d'accession à la propriété[2].

Social-fédéralisme : vers une autre organisation de la mondialisation

Redisons-le nettement : il est tout à fait possible d'avancer graduellement vers le socialisme participatif en faisant évoluer le système légal, fiscal et social à l'intérieur de tel ou tel pays, sans attendre l'unanimité de la planète. C'est d'ailleurs ainsi que se sont produites la construction de l'État social et la réduction des inégalités au cours du XXe siècle. L'égalité

1. Après opération de l'impôt successoral et de la dotation universelle.
2. Voir « Suppression de l'ISF : une faute historique », 10 octobre 2017 ; « "Gilets jaunes" et justice fiscale », 11 décembre 2018.

éducative et l'État social peuvent aujourd'hui être relancés pays par pays. L'Allemagne ou la Suède n'ont pas attendu l'autorisation de l'Union européenne ou des Nations unies pour mettre en place la cogestion, et les autres pays pourraient faire de même dès maintenant. Les recettes de l'ISF progressaient à vive allure en France avant sa suppression en 2017, ce qui montre à quel point l'argument de l'exil fiscal généralisé était un mythe, et ce qui confirme qu'il est possible de réintroduire sans tarder un ISF modernisé.

Cela étant posé, il est bien évident qu'il est possible d'aller encore plus loin et plus vite en adoptant une perspective internationaliste, et en tentant de reconstruire le système international sur de meilleures bases. De façon générale, pour redonner une chance à l'internationalisme, il faut tourner le dos à l'idéologie du libre-échange absolu qui a guidé la mondialisation au cours des dernières décennies, et mettre en place un autre système économique, un modèle de développement fondé sur des principes explicites et vérifiables de justice économique, fiscale et environnementale. Le point important est que ce nouveau modèle doit être internationaliste dans ses objectifs ultimes mais souverainiste dans ses modalités pratiques, au sens où chaque pays, chaque communauté politique doit pouvoir fixer des conditions à la poursuite des échanges avec le reste du monde, sans attendre l'accord unanime de ses partenaires. Toute la difficulté est que ce souverainisme à vocation universaliste ne sera pas toujours facile à distinguer du souverainisme de type nationaliste qui a actuellement le vent en poupe.

Je veux de nouveau insister ici sur la façon dont on peut distinguer les différentes approches, ce qui me semble être un enjeu central pour l'avenir[1]. En particulier, avant

1. Voir « Reconstruire l'internationalisme », 14 juillet 2020. Je reviens sur ces questions dans plusieurs autres chroniques : « Pour une

d'envisager d'éventuelles sanctions unilatérales contre les pays pratiquant le dumping social, fiscal et climatique, sanctions qui en tout état de cause doivent rester incitatives et réversibles, il est essentiel de proposer aux autres pays un modèle coopératif fondé sur des valeurs universelles de justice sociale, de réduction des inégalités et de préservation de la planète. Cela exige notamment d'indiquer précisément quelles assemblées transnationales pourraient être chargées des biens publics globaux (climat, recherche médicale, etc.) et des mesures communes de justice fiscale et climatique (impôts communs sur les profits des grandes entreprises et les plus hauts revenus, patrimoines et émissions carbone). Cela vaut notamment pour l'échelon européen, où il est urgent de sortir de la règle de l'unanimité et des conseils à huis clos. Les propositions contenues dans le Manifeste pour la démocratisation de l'Europe (tdem.eu) permettent d'avancer dans cette direction, et la création en 2019 d'une Assemblée parlementaire franco-allemande (malheureusement dénuée de réels pouvoirs) montre qu'il est parfaitement possible pour un sous-groupe de pays de bâtir des institutions nouvelles, sans attendre l'unanimité des autres pays[1].

Au-delà du cas européen, ces discussions sur le social-fédéralisme ont également une portée beaucoup plus générale. Par exemple, les pays d'Afrique de l'Ouest tentent actuellement de redéfinir leur monnaie commune et de sortir définitivement de la tutelle coloniale. C'est l'occasion de mettre la monnaie ouest-africaine au service d'un projet de développement fondé

autre mondialisation », 15 novembre 2016 ; « L'Europe et le clivage de classe », 14 mai 2019 ; « Social-fédéralisme contre national-libéralisme », 11 février 2020.

1. Voir « Manifeste pour la démocratisation de l'Europe », 10 décembre 2018 ; « L'Assemblée franco-allemande, une opportunité unique pour la justice fiscale en Europe », 21 février 2020.

sur l'investissement dans la jeunesse et les infrastructures (et non plus seulement au service de la mobilité des capitaux et des plus riches). On oublie d'ailleurs trop souvent vu d'Europe que l'UEMOA (Union économique et monétaire ouest-africaine) est par certains côtés plus avancée que la zone euro. Par exemple, elle a mis en place dès 2008 une directive instituant une assiette commune de l'impôt sur les bénéfices des sociétés et contraignant chaque pays à appliquer un taux d'imposition compris entre 25 % et 30 %, ce que l'Union européenne a été incapable de décider jusqu'ici. Plus généralement, les nouvelles politiques monétaires mises en place au niveau mondial au cours des dix dernières années exigent de repenser un nouvel équilibre entre les approches monétaires et fiscales, et une perspective comparative, historique et transnationale est là encore essentielle[1].

Pour un socialisme féministe, métissé et universaliste

Le socialisme participatif que j'appelle de mes vœux repose sur plusieurs piliers : égalité éducative et État social ; circulation permanente du pouvoir et de la propriété ; social-fédéralisme et mondialisation durable et équitable. Sur chacun de ces points, il est essentiel de faire un bilan sans concession des insuffisances des diverses formes de socialisme et de social-démocratie expérimentées au XXe siècle.

Parmi les nombreuses limitations des multiples expériences socialistes et sociales-démocrates du siècle dernier, il faut également insister sur l'insuffisante prise en compte des enjeux liés au patriarcat et au postcolonialisme. Le point important

1. Voir « La création monétaire va-t-elle nous sauver ? », 9 juillet 2019 ; « Le temps de la monnaie verte », 12 mai 2020.

est que ces différentes questions ne peuvent pas être pensées isolément les unes des autres. Elles doivent être traitées dans le cadre d'un projet socialiste global fondé sur l'égalité réelle des droits sociaux, économiques et politiques.

Toutes les sociétés humaines jusqu'à nos jours ont été des sociétés patriarcales, d'une façon ou d'une autre. La domination masculine a joué un rôle central et explicite dans l'ensemble des idéologies inégalitaires qui se sont succédé jusqu'au début du XXe siècle, qu'il s'agisse des idéologies ternaires, propriétaristes ou colonialistes. Au cours du XXe siècle, les mécanismes de la domination sont devenus plus subtils (mais non moins réels) : l'égalité formelle des droits s'est peu à peu mise en place, mais l'idéologie de la femme au foyer comme aboutissement social a connu son heure de gloire, en particulier au cours des « trente glorieuses ». En France, au début des années 1970, près de 80 % de la masse salariale était constituée par des hommes[1]. Là encore, la question des indicateurs et de leur politisation est cruciale. Trop souvent, on se contente de dire que les écarts de salaires femmes-hommes, « à emploi égal », sont de 15 % ou de 20 %. Le problème est précisément que les femmes n'ont pas accès aux mêmes emplois que les hommes. En fin de carrière, l'écart de salaire moyen (qui va ensuite se transmettre pendant toute la retraite, sans compter les interruptions de carrière) est en réalité de 64 %. Si l'on examine l'accès aux emplois les mieux rémunérés, on constate que les choses ne changent que très lentement : au rythme actuel, il faudrait attendre l'année 2102 pour atteindre la parité[2].

Pour accélérer le mouvement et sortir véritablement du patriarcat, il est indispensable de mettre en place des mesures

1. Voir Thomas Piketty, *Capital et idéologie*, *op. cit.*, chapitre 13.

2. Voir « Inégalités salariales hommes-femmes : 19 % ou 64 % ? », 7 novembre 2016.

contraignantes, vérifiables et sanctionnées, aussi bien pour les postes à responsabilités dans les entreprises, les administrations et les universités que dans les assemblées politiques. Des travaux récents ont montré que cette meilleure représentation des femmes pourrait aller de pair avec une amélioration de la représentation des catégories sociales défavorisées, aujourd'hui quasiment absentes des assemblées. Autrement dit, la parité femmes-hommes doit avancer de concert avec la parité sociale[1].

La question des discriminations femmes-hommes doit également être envisagée en lien avec la lutte contre les discriminations ethno-raciales, notamment en matière d'accès à l'emploi. Cela passe aussi par la nécessaire réappropriation collective et citoyenne de l'histoire coloniale et postcoloniale. Certains s'étonnent aujourd'hui de voir des manifestants de toutes les origines s'en prendre aux statues de marchands d'esclaves qui ornent encore de nombreuses villes européennes ou états-uniennes. Il est pourtant essentiel de prendre la mesure de cette histoire commune.

En France, on ignore trop souvent qu'Haïti a dû repayer à l'État français une dette considérable entre 1825 et 1950, tout cela pour avoir le droit d'être libre et pour financer une compensation financière aux propriétaires d'esclaves (injustement privés de leur bien, suivant l'idéologie de l'époque). Haïti réclame aujourd'hui réparation à la France pour ce tribut inique, et il est difficile de ne pas lui donner raison et de continuer à repousser éternellement cette discussion, alors même que l'on organise encore aujourd'hui des restitutions pour des spoliations qui ont eu lieu pendant les deux guerres mondiales. Plus généralement, on oublie volontiers que les abolitions françaises et britanniques se sont toujours accompagnées du versement d'indemnisations aux propriétaires, et jamais aux esclaves eux-mêmes. Une compensation

1. Voir Julia Cagé, *Libres et égaux en voix*, Paris, Fayard, 2020.

aux anciens esclaves avait été évoquée à la fin de la guerre civile états-unienne (la fameuse mule et les 40 acres de terre), mais rien ne fut jamais versé, ni en 1865, ni un siècle plus tard, en 1965, quand la ségrégation légale prit fin. Pourtant, en 1988, une indemnité de 20 000 dollars fut accordée aux Japonais-Américains injustement internés pendant la Seconde Guerre mondiale. Une indemnité du même type versée aujourd'hui aux Africains-Américains victimes de la ségrégation aurait une valeur symbolique forte[1].

Pour autant, ce débat légitime et complexe sur les réparations, indispensable pour établir la confiance dans une norme de délibération et de justice commune, doit impérativement s'inscrire dans une perspective universaliste. Pour réparer la société des dégâts du racisme et du colonialisme, on ne peut pas se contenter d'une logique basée sur d'éternelles compensations intergénérationnelles. Il faut aussi et surtout se tourner vers l'avenir et changer le système économique, avec pour fondement la réduction des inégalités et un accès égalitaire de toutes et de tous à l'éducation, à l'emploi et à la propriété, y compris avec un héritage minimal pour tous, indépendamment des origines de chacun, et qui viendrait s'ajouter à des indemnités telles que celle dont ont bénéficié les Japonais-Américains et dont pourraient bénéficier les Africains-Américains. Les deux perspectives, celle des réparations et celle des droits universels, doivent se compléter et non s'opposer l'une à l'autre.

Il en va de même au niveau international. Le légitime débat sur des réparations telles que celles concernant Haïti doit se dérouler conjointement avec une nécessaire réflexion sur un nouveau système universel de transferts internationaux. En particulier, la crise épidémique actuelle peut être l'occasion de réfléchir à une dotation sanitaire et éducative minimale

1. Voir « Affronter le racisme, réparer l'histoire », 16 juin 2020.

pour tous les habitants de la planète, financée par un droit universel de tous les pays sur une partie des recettes fiscales acquittées par les acteurs économiques les plus prospères du monde entier : grandes entreprises et ménages à hauts revenus et patrimoines. Après tout, cette prospérité s'appuie sur un système économique mondial – et accessoirement sur l'exploitation effrénée des ressources naturelles et humaines planétaires depuis plusieurs siècles. Elle demande donc aujourd'hui une régulation mondiale pour assurer sa soutenabilité sociale et écologique[1].

Concluons en insistant sur le fait que le socialisme participatif que j'appelle de mes vœux ne viendra pas du sommet : inutile d'attendre une nouvelle avant-garde prolétarienne qui viendrait imposer ses solutions. Les dispositifs évoqués ici visent à ouvrir le débat, jamais à le clore. Le changement véritable ne pourra venir que de la réappropriation citoyenne des questions socio-économiques et des indicateurs permettant d'organiser la délibération collective. J'espère que ces lignes et les textes qui suivent pourront y contribuer.

1. Voir « Éviter le pire », 14 avril 2020. Voir aussi Simon Reid-Henry, « Global Public Investment : Redesigning International Public Finance for Social Cohesion », Londres, Queen Mary, 2020.

POUR UNE AUTRE MONDIALISATION

2016-2017

Hillary, Apple et nous

13 septembre 2016

Dans moins de deux mois, les États-Unis auront un nouveau président. Si Donald Trump l'emporte, ce serait une catastrophe pour son pays, mais aussi pour le reste du monde. Raciste, vulgaire, imbu de lui-même et de sa fortune, il incarne ce qu'il y a de pire en Amérique. Et le fait qu'Hillary Clinton ait tant de mal à le distancer dans les sondages nous interpelle tous.

La stratégie de Trump est classique : il explique aux petits Blancs malmenés par la mondialisation que leur ennemi est le petit Noir, l'immigré, le Mexicain, le musulman, et que tout ira mieux si le grand milliardaire blanc les en débarrasse. Il exacerbe le conflit racial et identitaire afin d'éviter le conflit de classe, dont il risquerait de faire les frais. Cette prédominance des clivages ethniques joue un rôle central dans toute l'histoire des États-Unis, et explique pour une bonne part la faiblesse de la solidarité et de l'État social américain. Trump se contente de pousser cette stratégie à son paroxysme, avec toutefois plusieurs nouveautés majeures. D'abord, il s'appuie sur une idéologie de la fortune méritée et de la sacralisation du marché et de la propriété privée, qui a atteint aux États-Unis des sommets inédits au cours des dernières décennies. Ensuite, cette structure du conflit politique tend aujourd'hui à se répandre dans le reste du monde, notamment en Europe. Un peu partout, on voit monter dans les électorats populaires un mélange de tentation xénophobe et d'acceptation résignée des lois du capitalisme mondialisé. Puisqu'il est illusoire d'attendre grand-chose de la régulation de la finance et des multinationales, alors tapons sur les immigrés et les étrangers, cela nous fera moins de mal, à défaut de nous faire beaucoup de bien. Nombre d'électeurs de Trump ou Le Pen ont au fond d'eux une conviction simple : il est plus facile de s'en prendre aux immigrés qu'au capitalisme financier ou d'imaginer un autre système économique.

Face à cette menace mortifère, la réponse de la gauche et du centre est hésitante. Elle consiste parfois à s'aligner sur la rhétorique identitaire dominante (comme l'illustre par exemple la triste polémique française de cet été sur le burkini, alimentée par un Premier ministre qui se prétend progressiste). Ou bien, le plus souvent, à abandonner les classes populaires à leur sort, coupables de mal voter, de peu voter, et aussi de moins financer leurs campagnes politiques (rien de tel que quelques riches donateurs pour se mettre en marche !). C'est ainsi que les partis de gauche et du centre se retrouvent à promouvoir eux aussi le culte du marché roi, se différenciant de la droite populiste principalement par la défense – au moins formelle, c'est déjà ça – de l'égalité raciale et culturelle. Cela leur permet de conserver le vote des minorités et des immigrés, tout en perdant une bonne part des classes populaires autochtones, d'où un repli de plus en plus net sur la défense des groupes les plus favorisés et les mieux dotés dans le marché mondial.

Le défi est immense, et personne ne détient de solution miracle. Il s'agit de faire vivre la solidarité au sein de communautés politiques de grande taille, traversées par de multiples clivages, ce qui n'est pas simple. Aux États-Unis, Hillary Clinton était en 2008 porteuse d'un projet de progrès social plus ambitieux par certains côtés que celui de Barack Obama, par exemple sur l'assurance santé universelle. Aujourd'hui, avec la lassitude face à la dynastie Clinton, les honoraires reçus de Goldman Sachs, le temps passé avec les donateurs de son mari, elle apparaît de plus en plus comme la candidate de l'establishment. Elle doit maintenant tirer les leçons du vote Sanders et démontrer à l'électorat populaire qu'elle est la mieux placée pour améliorer son sort. Cela passe par des propositions sur le salaire minimum, l'éducation publique et la justice fiscale. Plusieurs responsables démocrates la poussent à annoncer enfin des mesures fortes sur l'imposition des multinationales et des plus grandes fortunes. Elle pourrait notamment s'appuyer sur la récente décision européenne de faire payer Apple sur ses profits irlandais, ce qui lui permettrait aussi de s'opposer à la position conservatrice du Trésor américain et des milieux financiers (qui ne rêvent que d'une amnistie fiscale pour les profits rapatriés des multinationales). La meilleure solution serait de proposer à l'Europe la mise en place d'une imposition minimale significative – au moins 25 % ou 30 % – sur les profits des multinationales européennes et américaines. Cela obligerait les autorités européennes à appliquer enfin un taux minimal commun d'impôt sur les sociétés (alors que la décision récente se contente de demander l'application du taux irlandais de 12,5 %, qui est beaucoup trop bas, et place une nouvelle fois l'Europe entre les mains des juges de la concurrence). Un tel discours montrerait une véritable volonté de changement d'approche de la mondialisation.

Car si les entreprises comme Apple et consorts ont évidemment apporté au monde des innovations considérables, la vérité est que ces géants n'auraient pu émerger sans des décennies de recherche publique et d'infrastructures collectives, tout cela en bénéficiant de taux d'imposition plus faibles que les petites et moyennes entreprises américaines comme européennes (et si le patron d'Apple et ses collègues prétendent le contraire, qu'ils publient enfin le détail de leurs comptes). Cette complexité doit être expliquée, ce qui exige transparence et courage politique. Le moment est venu pour Hillary Clinton d'en faire la démonstration.

Le FMI, les inégalités et la recherche économique

20 septembre 2016

Le Fonds monétaire international (FMI) a publié il y a quelques semaines une étude remettant en cause certains des mécanismes inégalitaires décrits dans mon livre *Le Capital au XXIe siècle*[1].

Disons-le clairement : je suis très heureux que mon livre ait pu contribuer à stimuler le débat public sur les inégalités, et toutes les contributions à ce débat sont bonnes à prendre ! En l'occurrence, l'étude du FMI me semble toutefois relativement faible et peu convaincante, et je voudrais brièvement expliquer ici pourquoi. Pour être tout à fait exact, j'avais déjà répondu à des arguments similaires dans mon livre (qui malheureusement est fort long !), ainsi que dans plusieurs

1. Thomas Piketty, *Le Capital au XXIe siècle*, *op. cit.* Voir Marie Charrel, « Une étude du FMI conteste les théories de Thomas Piketty sur les inégalités », *Le Monde*, 11 août 2016, et l'étude complète du FMI, Carlos Góes, « Testing Piketty's Hypothesis on the Drivers of Income Inequality : Evidence from Panel VARs with Heterogeneous Dynamics », IMF Working Paper, 2016.

articles plus brefs et plus récents[1]. Mais il est bien normal que le débat se poursuive, surtout s'agissant de questions aussi complexes et aussi controversées.

Résumons. L'étude du FMI entend démontrer qu'il n'existe pas de relation systématique entre les inégalités, d'une part, et l'écart r-g séparant le rendement du capital r et le taux de croissance g, d'autre part. Pour cela, l'étude utilise une mesure des inégalités pour un certain nombre de pays développés entre 1980 et 2012, une mesure de l'écart r-g pour ces mêmes pays et ces mêmes années, et tente d'estimer s'il existe une relation statistique entre ces deux variables. Techniquement, il s'agit d'une régression statistique entre une mesure de l'inégalité et une mesure de r-g. L'idée de mener une telle régression n'est pas absurde en soi – à condition toutefois de disposer de données adéquates. Or le problème est que le FMI utilise des deux côtés de la régression des données totalement inadaptées, aussi bien pour l'inégalité que pour r-g, si bien qu'il est à peu près impossible d'apprendre quoi que ce soit d'utile de cet exercice.

Commençons par la mesure de l'inégalité. Le premier problème ici est que le FMI utilise une mesure de l'inégalité des revenus et non pas de l'inégalité des patrimoines. Cela pose une difficulté majeure, dès lors que l'inégalité des revenus est déterminée à titre principal par les revenus du travail (c'est-à-dire par les salaires et les revenus d'activité des professions non salariées, qui représentent la grande majorité des revenus,

1. Voir par exemple Thomas Piketty, « About *Capital in the Twenty-First Century* », *American Economic Review*, vol. 105, n° 5, 2015, p. 48-53 ; *id.*, « Putting Distribution Back at the Center of Economics : Reflections on Capital in the Twenty-First Century », *Journal of Economic Perspectives*, vol. 29, n° 1, 2015, p. 67-88 ; *id.*, « Vers une économie politique et historique. Réflexions sur le capital au XXIe siècle », *Annales. Histoire, sciences sociales*, vol. 70, n° 1, 2015, p. 125-138. D'autres textes sont disponibles sur http://piketty.pse.ens.fr/fr/articles-de-presse/97.

loin devant les dividendes, intérêts, loyers et autres revenus du capital ; le partage exact varie dans le temps et suivant les pays, mais tourne typiquement autour de 70 %-30 % pour les pays et périodes considérés par le FMI). Or l'éventail des revenus du travail dépend de toutes sortes de mécanismes touchant au fonctionnement du marché du travail (inégalités d'accès à la formation, changement technique et concurrence internationale, évolution du rôle des syndicats et du salaire minimum, gouvernance d'entreprise et règles de fixation des rémunérations des cadres dirigeants, etc.), et en aucune façon de l'écart r-g (qui concerne uniquement la dynamique des revenus du capital et de leur répartition).

Comme je l'analyse dans mon livre[1], ainsi que dans les articles cités plus haut, ce sont ces mécanismes touchant au marché du travail qui expliquent en premier lieu l'augmentation des inégalités de revenus dans un grand nombre de pays depuis les années 1980, notamment aux États-Unis. Il existe des désaccords légitimes sur le poids respectif de ces différents effets permettant de rendre compte de la montée des inégalités des revenus du travail. Par exemple, j'insiste sur le rôle des différences institutionnelles et politiques entre pays[2], alors que d'autres insisteront davantage sur le rôle du changement technique et la concurrence internationale (que je ne nie pas, mais qui ne permet pas d'expliquer pourquoi l'inégalité a augmenté beaucoup plus fortement aux États-Unis et au Royaume-Uni qu'en Allemagne, en Suède, en France ou au Japon). En tout état de cause, ces différents

1. Thomas Piketty, *Le Capital au XXIe siècle*, *op. cit.*, voir en particulier les chapitres 7-9.

2. Concernant notamment les inégalités d'accès à l'éducation, le salaire minimum, les salaires des dirigeants et l'effet sur ces derniers de la progressivité fiscale, voir Thomas Piketty, Emmanuel Saez et Stefanie Stantcheva, « Optimal Taxation of Top Labor Incomes : A Tale of Three Elasticities », *American Economic Journal : Economic Policy*, vol. 6, n° 1, 2014, p. 230-271.

mécanismes n'ont strictement rien à voir avec l'écart entre le rendement du capital r et le taux de croissance g. Dans ces conditions, mener une régression entre une mesure générale de l'inégalité des revenus (et qui dépend donc principalement de l'inégalité des revenus du travail) et l'écart r-g n'a guère de sens.

Il aurait été plus justifié d'utiliser une mesure de l'inégalité des patrimoines. Cela aurait pu permettre d'estimer l'effet amplificateur sur la dispersion des patrimoines d'un écart r-g plus élevé, pour un niveau donné d'inégalité des revenus du travail, et toutes autres choses égales par ailleurs (en particulier les taux d'épargne des uns et des autres). De fait, comme je le montre dans mon livre[1], les données historiques disponibles sur les patrimoines – qui malheureusement ne concernent à ce stade sur la longue durée qu'un petit nombre de pays (France, Royaume-Uni, États-Unis, Suède), ce qui est trop peu pour faire une régression du type de celles qu'affectionne le FMI – démontrent qu'il est nécessaire de faire appel à un mécanisme amplificateur de cette nature pour expliquer le très haut niveau de concentration de patrimoines observé historiquement dans tous les pays, notamment au XIXe siècle et jusqu'à la Première Guerre mondiale. Intuitivement, un rendement du capital plus élevé (et peu amputé par la taxation, l'inflation ou les destructions, comme cela était le cas au XIXe siècle et jusqu'en 1914) et un taux de croissance plus réduit conduisent à amplifier et faire perdurer les inégalités patrimoniales constituées dans le passé[2]. Les données

1. Thomas Piketty, *Le Capital au XXIe siècle*, *op. cit.*, voir en particulier les chapitres 10-12.

2. Pour un niveau donné d'inégalités face au travail, un modèle formel et des simulations précisant cette intuition sont disponibles dans Thomas Piketty et Gabriel Zucman, « Wealth and Inheritance in the Long Run », *in* Anthony B. Atkinson et François Bourguignon (dir.), *Handbook of Income Distribution*, vol. 2B, Amsterdam, Elsevier, 2015, p. 1303-1368.

successorales françaises au niveau individuel que nous avons collectées avec Gilles Postel-Vinay et Jean-Laurent Rosenthal dans les archives de l'Enregistrement, depuis l'époque de la Révolution française jusqu'au temps présent, confirment également l'importance de ce mécanisme, notamment pour rendre compte de l'évolution historique du profil par âge de la richesse[1]. Tout cela ne signifie aucunement que l'écart r-g soit le seul mécanisme en cause : l'histoire des inégalités est complexe et multidimensionnelle, et la recherche continue. Mais à tout le moins cela indique que ce mécanisme amplificateur des inégalités patrimoniales fait partie de la réflexion à mener, pour peu que l'on prenne le temps d'examiner des données adaptées.

De fait, pour aller plus loin, il faut poursuivre l'effort de collecte de données sur les revenus et les patrimoines, en distinguant soigneusement les différents mécanismes concernant d'une part les inégalités face au travail, aux qualifications et à la formation des salaires, et d'autre part les inégalités face au capital, à l'accès à la propriété et aux rendements du patrimoine. Ces deux séries de mécanismes sont reliées mais mettent en jeu des logiques spécifiques. C'est précisément le travail de longue haleine auquel nous nous sommes attelés dans le cadre de la World Wealth and Income Database[2] (WID.world), base de données inédites que nous avons rassemblées avec mes collègues Facundo Alvaredo, Tony Atkinson, Emmanuel Saez et Gabriel Zucman depuis près de quinze ans, et qui regroupe aujourd'hui plus de 90 chercheurs issus

1. Voir en particulier Thomas Piketty, Gilles Postel-Vinay et Jean-Laurent Rosenthal, « Wealth Concentration in a Developing Economy : Paris and France, 1807-1994 », *American Economic Review*, vol. 96, n° 1, 2006, p. 236-256 ; *id.*, « Inherited vs Self-made Wealth : Theory & Evidence from a Rentier Society (Paris, 1872-1927) », *Explorations in Economic History*, vol. 51, n° C, 2014, p. 21-40.

2. http://www.wid.world.

de près de 70 pays de par le monde. De ce point de vue, l'un des effets les plus bénéfiques des débats suscités par la publication du *Capital au XXI*e *siècle* (qui se fonde largement sur cette base de données) est que nous avons maintenant accès aux archives fiscales et financières d'un grand nombre de pays, notamment en Asie, Afrique et Amérique latine, que nous ne pouvions utiliser auparavant. Nous mettons progressivement en ligne l'ensemble des nouvelles données produites, avec tous les détails techniques sur leur construction.

Au lieu de se lancer tête baissée dans des régressions statistiques mal construites et dans la défense de positions idéologiques dépassées, les économistes du FMI seraient bien inspirés de passer plus de temps à participer à l'effort collectif de transparence financière et de collecte de meilleures données sur les inégalités.

Le second problème posé par l'étude du FMI, au moins aussi grave que le premier, est la façon dont elle mesure l'écart r-g. Le FMI utilise en effet pour estimer le rendement du capital r des mesures du taux d'intérêt sur la dette souveraine. La difficulté ici est que les portefeuilles importants et les patrimoines élevés ne sont pas placés en bons du Trésor (contrairement à ce que le FMI semble imaginer). Comme je le montre dans mon livre[1], il est impossible de rendre compte de l'explosion des plus hauts patrimoines mondiaux au cours des dernières décennies si l'on ne prend pas en compte le fait que les différents niveaux de patrimoines ont accès à des rendements très différents. Autrement dit, le titulaire d'un livret A et le propriétaire d'un gros portefeuille placé en actions et en produits financiers dérivés n'ont pas accès au même rendement du capital r. Si l'on choisit d'ignorer totalement ce fait, alors cela rend très difficile d'identifier

1. Thomas Piketty, *Le Capital au XXI*e *siècle*, *op. cit.*, voir en particulier le chapitre 12.

l'impact des rendements du capital sur la dynamique des inégalités de patrimoines.

De fait, si l'on examine les données disponibles sur les classements mondiaux de fortunes (données qui sont tout sauf parfaites, mais qui donnent une image plus réaliste du haut de la distribution que les données issues d'enquêtes officielles fondées sur l'autodéclaration), on constate que les plus hauts patrimoines ont progressé à un rythme de l'ordre de 6 %-7 % par an dans le monde depuis les années 1980, contre à peine 2,1 % pour le patrimoine moyen et 1,4 % pour le revenu moyen :

Le taux de croissance des plus hauts patrimoines mondiaux, 1987-2013

Taux de croissance réel moyen annuel *(après déduction de l'inflation)*	Période 1987-2013
Les un cent millionièmes les plus riches *(environ 30 personnes adultes sur 3 milliards dans les années 1980, 45 personnes sur 4,5 milliards dans les années 2010)*	6,8 %
Les un vingt millionièmes les plus riches *(environ 150 personnes adultes sur 3 milliards dans les années 1980, 225 personnes sur 4,5 milliards dans les années 2010)*	6,4 %
Patrimoine moyen mondial par habitant adulte	2,1 %
Revenu moyen mondial par habitant adulte	1,4 %
Population adulte mondiale	1,9 %
PIB mondial	3,3 %

Lecture : de 1987 à 2013, les plus hauts patrimoines mondiaux ont progressé de 6 %-7 % par an, contre 2,1 % par an pour le patrimoine moyen mondial et 1,4 % par an pour le revenu moyen mondial. Tous ces taux de croissance sont nets de l'inflation (soit 2,3 % par an de 1987 à 2013).
Sources : voir piketty.pse.ens.fr/capital21c. Thomas Piketty, *Le Capital au XXI*e *siècle*, *op. cit.*, p. 693.

Cette évolution est elle-même le produit de phénomènes multiples et complexes. Les nouvelles fortunes technologiques et les innovateurs ont certainement joué leur rôle, de même que les vagues de privatisations de ressources naturelles (les milliardaires russes n'ont pas inventé les réserves pétrolières ou gazières : ils en sont simplement devenus propriétaires et ont ensuite diversifié leur portefeuille) et d'ex-monopoles publics (par exemple dans les télécoms, souvent cédés à bas prix à d'heureux bénéficiaires, comme au Mexique avec Carlos Slim, ou dans bien d'autres pays). On constate également qu'au-delà d'un certain niveau de fortune les patrimoines tendent à progresser mécaniquement à un rythme plus élevé que la moyenne, indépendamment de leur origine.

Cela est confirmé par l'examen des données disponibles sur les rendements obtenus par les dotations financières des grandes universités américaines (données qui ont au moins le mérite d'être rendues publiques, ce qui n'est pas le cas pour les portefeuilles individuels). On constate des rendements extrêmement élevés (8,2 % par an en moyenne entre 1980 et 2010, après déduction de tous les frais de gestion et de l'inflation), avec une forte graduation suivant la taille de la dotation (de 6 % pour les dotations les plus faibles à plus de 10 % pour les plus importantes).

Autrement dit, cela fait bien longtemps que les dotations des universités américaines ne sont pas placées en bons du Trésor : les données détaillées dont nous disposons montrent au contraire que ces rendements très élevés sont obtenus par les placements dans des actifs extrêmement risqués et sophistiqués (dérivés d'actions et de matières premières, sociétés non cotées, etc.), auxquels les petits portefeuilles n'ont pas accès. Nous ne disposons malheureusement pas de données aussi détaillées pour les portefeuilles individuels, mais tout laisse à penser que ce même type d'effets est en jeu (peut-être de façon moins extrême). En tout état de cause, il ne

Le rendement des dotations en capital des universités américaines, 1980-2010

Taux de rendement réel moyen annuel (après déduction des frais de gestion et de l'inflation)	*Période 1980-2010*
Toutes universités confondues (850)	8,2 %
dont : Harvard-Yale-Princeton	10,2 %
dont : dotations supérieures à 1 milliard de $ (60)	8,8 %
dont : dotations comprises entre 500 millions et 1 milliard de $ (66)	7,8 %
dont : dotations comprises entre 100 et 500 millions de $ (226)	7,1 %
dont : dotations inférieures à 100 millions de $ (498)	6,2 %

Lecture : de 1980 à 2010, les universités américaines ont obtenu un rendement réel moyen de 8,2 % sur leurs dotations en capital, d'autant plus élevé que leurs dotations initiales étaient importantes. Les rendements indiqués sont nets de tous les frais de gestion, et nets de l'inflation (2,4 % par an de 1980 à 2010). Sources : voir piketty.pse.ens.fr/capital21c. Thomas Piketty, *Le Capital au XXIe siècle*, *op. cit.*, p. 716.

me semble pas très sérieux de prétendre étudier l'impact inégalitaire de l'écart r-g sur la dynamique des patrimoines en ignorant purement et simplement cette inégalité des rendements obtenus par les uns et les autres, et en attribuant à chacun le taux d'intérêt de la dette souveraine.

Un dernier point : je tiens à préciser que ce type de controverses me semble parfaitement naturel et sain pour le débat démocratique. Certains préféreraient que les « experts » des questions économiques parviennent à se mettre d'accord entre eux, afin que le reste de la société puisse en tirer les conclusions qui s'imposent[1]. Je comprends ce point de vue, et en même temps il me paraît illusoire. La recherche en sciences sociales, dont l'économie ne saurait se détacher,

1. C'est par exemple le point de vue exprimé dans Marie Charrel, « Une étude du FMI conteste les théories de Thomas Piketty sur les inégalités », art. cit.

quoi qu'en pensent certains, est et sera toujours balbutiante et imparfaite. Elle n'a pas vocation à produire des certitudes toutes faites. Il n'existe pas de loi économique universelle : il existe simplement une multiplicité d'expériences historiques et de données imparfaites, qu'il faut patiemment examiner pour tenter de tirer quelques leçons provisoires et incertaines. Chacun doit se saisir de ces questions et de ces matériaux pour se faire sa propre opinion, sans se laisser impressionner par les arguments d'autorité des uns et des autres.

La droite française et les critères budgétaires européens

18 octobre 2016

On se demande parfois pourquoi les Français sont d'humeur morose. La réponse est assez simple : suite aux erreurs de leurs gouvernements, les pays de la zone euro viennent de traverser la plus longue période de stagnation depuis la Seconde Guerre mondiale. Le niveau d'activité économique de la zone retrouvera péniblement en 2017 son niveau de 2007, avec d'énormes disparités régionales et sociales, et avec à la clé une explosion du sous-emploi pour les jeunes et les plus modestes. Pendant ce temps, le reste du monde a continué de croître : la Chine bien sûr, mais aussi les États-Unis, qui étaient à l'origine de la crise de 2008, mais qui ont su faire preuve de plus de souplesse budgétaire pour relancer leur économie. En France, le taux de chômage était d'à peine 7 % de la population active fin 2007, et il se situe fin 2016 autour de 10 %, soit une hausse de près de 50 %. Et, contrairement à ce que l'on entend encore trop souvent dans les cercles dirigeants à Paris, Bruxelles ou Berlin, cette hausse massive n'a rien à voir avec un marché du travail qui serait soudainement devenu moins flexible ou avec des lignes de bus insuffisamment libéralisées. Je ne dis pas que ces discussions sur les fameuses réformes structurelles visant à introduire plus de flexibilité et de compétition sont entièrement à mettre à la poubelle (même si elles sont souvent très mal posées). Simplement, il serait plus facile de les mener si on commençait par reconnaître que l'explosion du chômage depuis 2008 est d'abord due aux politiques d'austérité, ou plus précisément à une tentative de réduire trop vite les déficits budgétaires, ce qui a provoqué une rechute de l'activité en zone euro en 2011-2013, dont on se remet à peine. Les faits sont incontestables si on les examine sereinement[1]. Il est temps que les différents responsables politiques – de droite et de gauche, en France et en Allemagne – qui ont participé à ces décisions parviennent à un diagnostic commun sur cette période, et surtout acceptent d'en tirer les leçons pour l'avenir.

De ce point de vue, le fait que les candidats à la primaire de droite – dont le vainqueur a de fortes chances de gagner les élections présidentielle et législatives du printemps 2017 – ne semblent guère pressés de réduire les déficits est plutôt une bonne nouvelle. À deux conditions toutefois. D'abord, les maigres marges budgétaires ainsi obtenues doivent permettre de défendre les plus fragiles et d'investir dans l'avenir, et non de financer des cadeaux aux plus fortunés (suppression de l'impôt sur la fortune, baisses d'impôts massives pour les hautes successions et les hauts revenus). En choisissant d'ignorer les plus modestes et de favoriser les plus riches, les candidats de droite se trompent d'époque. Ils s'apprêtent aussi à offrir un boulevard au Front national, qui aura beau jeu de prendre la défense de la France d'en bas sur le plan fiscal, tout en revendiquant la primauté sur le front identitaire et xénophobe. Concernant les baisses de prélèvements,

1. Voir Thomas Piketty, « 2007-2015 : une si longue récession », piketty.blog.lemonde.fr, 8 janvier 2016.

la priorité devrait être l'allégement de la taxe foncière pour ceux qui cherchent à accéder à la propriété, et la réduction structurelle des cotisations pesant sur le travail, en lieu et place du crédit d'impôt pour la compétitivité et l'emploi (CICE), usine à gaz illisible et inefficace inventée par la gauche au pouvoir. Espérons également que la droite ne commettra pas la bêtise de supprimer le prélèvement à la source finalement voté par la gauche. Elle serait mieux inspirée de poursuivre la modernisation tardive de notre système fiscalo-social en unifiant les régimes de retraite pour les jeunes générations.

Ensuite et surtout, il est temps que les responsables politiques français, de droite comme de gauche, mettent sur la table des propositions de réforme des critères budgétaires européens, que l'on ne peut pas se contenter de violer régulièrement sans rien proposer pour les remplacer. La grande leçon des dernières années, c'est que le contournement de la démocratie par des règles automatiques ne permet pas d'adapter la politique budgétaire à des situations économiques imprévues : c'est ce qui a conduit à la rechute de 2011-2013. Il n'existe pas une infinité de solutions : il faut remplacer ces règles rigides par un vote majoritaire au sein d'une véritable chambre parlementaire de la zone euro, dans laquelle chaque pays serait représenté en proportion de sa population (soit 24 % des sièges pour l'Allemagne et 51 % pour la France, l'Italie et l'Espagne), à l'issue d'un débat public et contradictoire. Une telle instance donnerait aussi la légitimité démocratique nécessaire pour un véritable budget de la zone euro. Si la France fait une proposition précise, alors l'Allemagne devra accepter un compromis, peut-être avec un mélange de règles indicatives et de majorités qualifiées. Une réforme est d'autant plus urgente que les critères budgétaires ont été violemment durcis par le traité de 2012 : il s'agit maintenant de tendre vers un déficit maximum de 0,5 % du produit intérieur brut (PIB), ce qui dès que les taux d'intérêt remonteront impliquera d'énormes excédents primaires pendant des décennies (pour mémoire, les intérêts de la dette représentent déjà 200 milliards d'euros par an en Europe, contre 2 milliards par an pour le programme Erasmus). On oublie au passage que l'Europe s'est construite dans les années 1950 sur l'annulation des dettes du passé, notamment au bénéfice de l'Allemagne et de la France, afin de pouvoir investir dans l'avenir. La droite française s'apprête peut-être à arriver au pouvoir, dans un contexte très difficile. Espérons qu'elle se montrera à la hauteur.

Inégalités salariales hommes-femmes : 19 % ou 64 % ?

7 novembre 2016

La France se mobilise aujourd'hui pour dénoncer les inégalités salariales entre les sexes. Le chiffre du jour est 19 %, qui est une estimation de l'écart salarial moyen entre hommes et femmes pour un même emploi occupé. Autrement dit, c'est comme si les femmes travaillaient pour les hommes à partir du 7 novembre 16 h 34. Aussi emblématique soit-il, ce chiffre ne doit pas faire oublier que les choses sont en réalité bien pires que cela, car les femmes n'ont toujours pas accès aux mêmes emplois que les hommes, loin s'en faut.

Commençons par examiner l'évolution du rapport entre le revenu du travail moyen des hommes et des femmes (tous emplois confondus, et en incluant les personnes sans emploi) en fonction de l'âge en France en 2014[1]. On constate que

1. Ces résultats sont issus de recherches menées avec Bertrand Garbinti et Jonathan Goupille-Lebret sur la dynamique des inégalités en France. Pour une présentation plus complète : http://piketty.pse.ens.fr/files/GGP-2016DINASlides.pdf.

l'inégalité augmente très fortement avec l'âge, le rapport passant d'un peu plus de 1,2 en début de carrière à plus de 1,6 en fin de carrière.

L'inégalité salariale hommes-femmes en France en 2014 : un écart qui croît très fortement avec l'âge... car les emplois occupés deviennent de moins en moins égaux

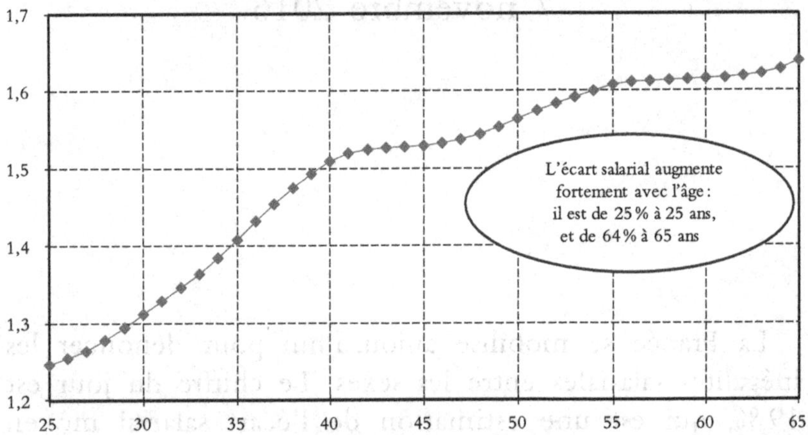

Lecture : ratio entre le revenu du travail moyen des hommes et des femmes (y compris les non-participants au marché du travail) en fonction de l'âge. Les revenus du travail incluent les salaires, pensions de retraite, allocations chômage et revenus d'activité non salariée.
Sources et séries : voir piketty.pse.ens.fr.

Autrement dit, autour de l'âge de vingt-cinq ans, les femmes travaillent presque aussi souvent que les hommes, et occupent en moyenne des emplois relativement comparables, si bien que l'écart de revenus observé (25 %) correspond *grosso modo* à l'écart salarial mesuré à emplois équivalents (généralement entre 10 % et 20 % suivant les estimations, d'où une certaine confusion sur le chiffre du jour, d'autant plus que l'on peut exprimer l'écart de deux façons : si les femmes gagnent en moyenne 16 % de moins que les hommes, alors ces derniers gagnent 19 % de plus que les femmes ; je choisis cette seconde façon). Mais, à mesure que les carrières progressent, les femmes sont moins souvent promues que les hommes sur les emplois les mieux rémunérés, si bien que l'écart s'envole avec l'âge : il dépasse 60 % autour de cinquante ans, et atteint 64 % à la veille de la retraite. Ce graphique illustre assez clairement les limites du raisonnement « toutes choses égales par ailleurs » appliqué à l'inégalité hommes-femmes : certes, pour un même emploi, de mêmes qualifications, l'écart est « seulement » de 10 % ou 20 % (ce qui est déjà considérable) ; mais le fait est que les femmes n'occupent pas des emplois « égaux par ailleurs ».

On pourrait se rassurer en notant que ce graphique illustre aussi le fait que les femmes des générations plus âgées (celles qui ont actuellement cinquante ou soixante ans) avaient des carrières professionnelles moins continues que les nouvelles générations, et qu'elles souffraient davantage de discriminations professionnelles et de biais sexistes que les jeunes générations. Autrement dit, tout s'arrange progressivement, et il suffit d'attendre un peu pour que la courbe présentée plus haut s'aplatisse naturellement. Malheureusement, on risque de devoir attendre longtemps, comme l'illustre le graphique suivant, qui indique l'évolution de la part des femmes parmi les différents groupes de hauts revenus du travail depuis 1970.

On constate que les femmes continuent d'être massivement sous-représentées au sein des emplois les mieux rémunérés. Un cas particulièrement extrême est celui des 1 % des personnes les mieux rémunérées ; la part des femmes a certes progressé au cours des dernières décennies, mais à un rythme extrêmement lent : entre 5 % et 10 % de femmes dans les années 1970, 10 % en 1994, 16 % en 2012. Si l'on poursuit l'évolution observée, alors il faut attendre 2102 pour atteindre la parité. C'est bien loin.

La très lente progression des femmes au sein des hauts revenus du travail en France : au rythme actuel, la parité attendra 2102

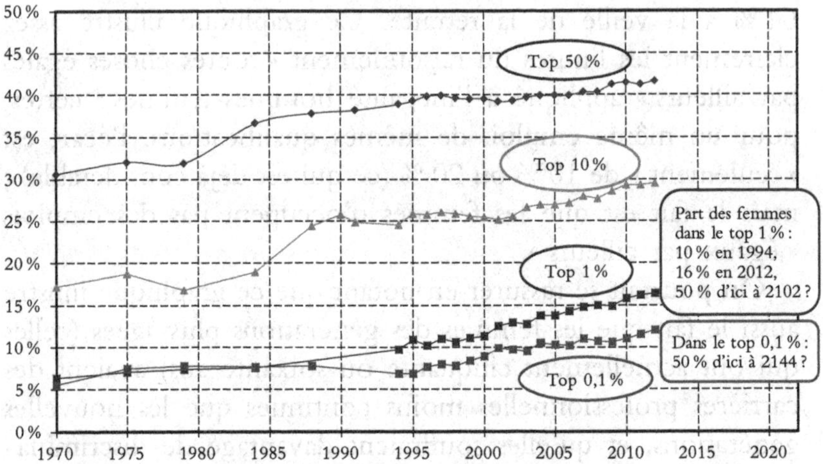

Lecture : part des femmes dans les différents fractiles de revenus du travail.
Sources et séries : voir piketty.pse.ens.fr.

Pour une autre mondialisation
15 novembre 2016

Disons-le d'emblée : la victoire de Trump s'explique avant tout par l'explosion des inégalités économiques et territoriales aux États-Unis depuis plusieurs décennies, et l'incapacité des gouvernements successifs à y faire face. Les administrations Clinton puis Obama n'ont fait souvent qu'accompagner le mouvement de libéralisation et de sacralisation du marché lancé sous Reagan puis Bush père et fils, quand elles ne l'ont pas elles-mêmes exacerbé, comme avec la dérégulation financière et commerciale menée sous Clinton. Les soupçons de proximité avec la finance et l'incapacité de l'élite politico-médiatique démocrate à tirer les leçons du vote Sanders ont fait le reste. Hillary a remporté d'un cheveu le vote populaire, mais la participation des plus jeunes et des plus modestes était trop faible pour pouvoir remporter les États clés.

Le plus triste est que le programme de Trump ne fera que renforcer les tendances inégalitaires : il s'apprête à supprimer l'assurance-maladie laborieusement accordée aux salariés pauvres sous Obama, et à lancer son pays dans une fuite en avant dans le dumping fiscal, avec une réduction de 35 % à 15 % du taux de l'impôt fédéral sur les bénéfices des sociétés, alors que jusqu'ici les États-Unis avaient résisté à cette course-poursuite sans fin venue d'Europe. Sans compter que l'ethnicisation croissante du conflit politique américain laisse mal augurer de l'avenir si de nouveaux compromis ne sont pas trouvés : voici un pays où la majorité blanche vote structurellement à 60 % pour un parti, alors que les minorités votent à plus de 70 % pour l'autre, et où la majorité est en passe de perdre sa supériorité numérique (70 % des suffrages exprimés en 2016, contre 80 % en 2000, et 50 % d'ici à 2040).

La principale leçon pour l'Europe et le monde est claire : il est urgent de réorienter fondamentalement la mondialisation. Les principaux défis de notre temps sont la montée des inégalités et le réchauffement climatique. Il faut donc mettre en place des traités internationaux permettant de répondre à ces défis et de promouvoir un modèle de développement équitable et durable. Ces accords d'un type nouveau peuvent contenir si nécessaire des mesures visant à faciliter les échanges. Mais la question de la libéralisation du commerce ne doit plus en être le cœur. Le commerce doit redevenir ce qu'il n'aurait jamais dû cesser d'être : un moyen au service d'objectifs plus élevés. Concrètement, il faut arrêter de signer des accords internationaux réduisant des droits de douanes et autres barrières commerciales sans inclure dans le même traité, et dès les premiers chapitres, des règles chiffrées et contraignantes permettant de lutter contre le dumping fiscal et climatique, comme par exemple des taux minimaux communs d'imposition des profits des sociétés et des cibles vérifiables et sanctionnables d'émissions carbone. Il n'est plus possible de négocier des traités de libre-échange en échange de rien.

De ce point de vue, l'Accord économique et commercial global (CETA) – entre l'Union européenne (UE) et le Canada – est un traité d'un autre temps et doit être rejeté.

Il s'agit d'un traité étroitement commercial, ne contenant aucune mesure contraignante sur le plan fiscal ou climatique. Il comporte en revanche tout un volet sur la « protection des investisseurs » permettant aux multinationales de poursuivre les États devant des cours arbitrales privées, en contournant les tribunaux publics applicables à tout un chacun. L'encadrement proposé est notoirement insuffisant, notamment concernant la question clé de la rémunération des juges-arbitres, et conduira à toutes les dérives. Au moment même où l'impérialisme juridique américain redouble d'intensité et impose ses règles et ses tributs à nos entreprises, cet affaiblissement de la justice publique est une aberration. La priorité devrait être au contraire la constitution d'une puissance publique forte, avec la création d'un procureur et d'un parquet européen capables de faire respecter ses décisions.

Et quel sens cela a-t-il de signer lors des accords de Paris un objectif purement théorique de limiter le réchauffement à 1,5 °C (ce qui demanderait de laisser dans le sol les hydrocarbures tels que ceux issus des sables bitumineux de l'Alberta, dont le Canada vient de relancer l'exploitation), puis de conclure quelques mois plus tard un traité commercial véritablement contraignant et ne faisant aucune mention de cette question ? Un traité équilibré entre le Canada et l'Europe, visant à promouvoir un partenariat de développement équitable et durable, devrait commencer par préciser les cibles d'émissions de chacun et les engagements concrets pour y parvenir.

Sur la question du dumping fiscal et des taux minimaux d'imposition sur les bénéfices des sociétés, il s'agirait évidemment d'un changement complet de paradigme pour l'Europe, qui s'est construite comme une zone de libre-échange sans règle fiscale commune. Ce changement est pourtant indispensable : quel sens cela a-t-il de se mettre d'accord sur une base commune d'imposition (qui est le seul chantier sur lequel l'Europe a légèrement avancé pour l'instant) si chaque pays peut ensuite fixer un taux quasi nul et attirer tous les sièges d'entreprises ? Il est temps de changer le discours politique sur la mondialisation : le commerce est une bonne chose, mais le développement durable et équitable exige également des services publics, des infrastructures, des systèmes d'éducation et de santé, qui eux-mêmes demandent des impôts équitables. Faute de quoi le trumpisme finira par tout emporter.

Revenu de base ou salaire juste ?
13 décembre 2016

Le débat sur le revenu de base a au moins un mérite : celui de rappeler qu'il existe un certain consensus en France sur le fait que chacun doit disposer d'un revenu minimum. Les désaccords existent sur le montant : 530 euros par mois actuellement pour le revenu de solidarité active (RSA) accordé aux personnes seules sans enfant, somme que certains trouvent suffisante et que d'autres voudraient porter à 800 euros. Mais chacun à droite et à gauche semble s'accorder sur l'existence d'un revenu minimum autour de ce niveau, en France comme d'ailleurs dans de nombreux pays européens. Aux États-Unis, les pauvres sans enfant doivent se contenter de bons alimentaires (les « food stamps »), et l'État social prend souvent la figure de l'État tutélaire voire carcéral. Il faut se féliciter de ce consensus, et en même temps on ne peut pas s'en contenter.

Le problème du débat sur le revenu de base, c'est qu'il passe le plus souvent à côté des vrais enjeux, et exprime en vérité une conception au rabais de la justice sociale. La question de la justice ne s'arrête pas à 530 euros ou 800 euros par mois. Si nous voulons vivre dans une société juste, alors il faut formuler des objectifs plus ambitieux, concernant l'ensemble de la répartition des revenus et de la propriété, et par là même la répartition du pouvoir et des opportunités.

Notre ambition doit être celle d'une société fondée sur la juste rémunération du travail, autrement dit le salaire juste, et pas simplement le revenu de base. Pour aller vers le salaire juste, il faut repenser tout un ensemble d'institutions et de politiques complémentaires les unes des autres : les services publics, et notamment l'éducation ; le droit du travail et des organisations ; le système fiscal.

Il faut d'abord s'en prendre aux hypocrisies de notre système éducatif, qui trop souvent reproduit voire amplifie les inégalités. C'est vrai dans l'enseignement supérieur. Les filières universitaires les plus fréquentées par les étudiants défavorisés sont massivement sous-dotées par comparaison aux filières élitistes. La situation n'a fait que s'aggraver, si bien que des générations entières s'entassent aujourd'hui dans des amphis saturés. C'est vrai aussi dans les écoles et collèges. Les établissements défavorisés ont en pratique bien plus d'enseignants contractuels et peu expérimentés que les autres, si bien que la dépense publique effective par élève y est en réalité plus faible qu'ailleurs. Faute d'une politique transparente et vérifiable d'allocation des moyens, on s'est contenté de stigmatiser des établissements en les classant en zone d'éducation prioritaire (ZEP), sans augmenter leurs moyens, alors qu'il faudrait faire l'inverse. Si l'on ajoute à cela que rien n'est fait pour promouvoir la mixité sociale, et qu'on laisse le privé recruter qui bon lui semble tout en bénéficiant des fonds publics, on est très loin de l'égalité d'opportunités vantée dans les slogans publicitaires des programmes électoraux.

Pour aller vers le salaire juste, il faut également cesser de dénigrer les rôles des syndicats, du salaire minimum, des échelles de salaires. Il faut repenser le rôle donné aux représentants des salariés. Dans les pays où ils jouent un rôle actif dans les conseils d'administration – entre un tiers et la moitié des voix en Suède et en Allemagne –, on observe des échelles salariales plus resserrées, un plus grand investissement des salariés dans la stratégie des entreprises, et pour finir une plus forte efficacité productive. Et rien n'interdit de penser des formes inédites de partage du pouvoir, en faisant élire les administrateurs par des assemblées mixtes de salariés et d'actionnaires (pour aller au-delà du jeu de rôle entre administrateurs salariés et actionnaires et de la majorité automatique de ces derniers).

Pour limiter le pouvoir du capital et sa perpétuation, le système fiscal doit lui aussi jouer tout son rôle, notamment au travers de l'impôt progressif sur la propriété, qui permet de transformer le droit de propriété en simple droit temporaire, au moins pour les plus fortes détentions patrimoniales, de même que les droits de succession mais à l'intérieur de la vie. Au lieu de cela, la droite veut supprimer notre maigre ISF, qu'il faudrait au contraire rapprocher de la taxe foncière, afin de réduire cette dernière pour les petits propriétaires. Enfin, l'impôt progressif sur le revenu doit contribuer au salaire juste en réduisant les écarts de revenus au strict minimum. L'expérience historique montre que les taux marginaux élevés sur les très hauts revenus – 82 % en moyenne de 1930 à 1980 aux États-Unis – ont permis de mettre fin aux rémunérations astronomiques, au plus grand bénéfice des salaires moins élevés et de l'efficacité économique.

Dernier point : avec le prélèvement à la source, l'impôt progressif permet de verser directement sur le bulletin de paie le revenu de base dû aux bas salaires. Actuellement, un salarié employé au smic à plein temps touche un salaire net de 1 150 euros, après déduction de 310 euros de contribution sociale généralisée (CSG) et cotisations de son salaire brut de 1 460 euros. S'il en fait la demande, il peut plusieurs mois plus tard toucher l'équivalent de 130 euros par mois de prime d'activité. Il serait hautement préférable de réduire le prélèvement à la source et d'augmenter d'autant le salaire net. Pour la même raison, je comprends mal ceux qui s'obstinent à vouloir verser un revenu de base de 500 euros par mois aux personnes touchant 2 000 euros de salaire, pour ensuite reprendre la même somme en augmentant leurs impôts prélevés à la source.

Il est temps que le débat sur la justice s'intéresse aux bonnes questions.

Disparition d'Anthony B. Atkinson

3 janvier 2017

Anthony B. Atkinson nous a quittés au matin du 1er janvier 2017, à l'âge de soixante-douze ans, à l'issue d'une longue maladie. Il laisse un vide incommensurable.

Anthony « Tony » Atkinson occupe une place à part parmi les économistes. Voici un chercheur qui a réussi pendant un demi-siècle, contre vents et marées, à mettre au cœur de sa démarche la question des inégalités, et à démontrer que l'économie est avant tout une science sociale et morale. Tony est né en 1944 et a publié son premier livre en 1969. Entre 1969 et 2016, il a publié une cinquantaine d'ouvrages et plus de 350 articles scientifiques[1], qui ont profondément transformé l'ensemble des recherches internationales consacrées à la répartition des richesses, aux inégalités et à la pauvreté. Il est également l'auteur de contributions théoriques majeures publiées depuis les années 1970, consacrées notamment à la théorie de la taxation optimale.

1. Voir https://www.tony-atkinson.com.

Mais ses travaux les plus importants et les plus profonds concernent l'analyse historique et empirique des inégalités, en lien bien sûr avec les modèles théoriques, qu'Atkinson maîtrise à la perfection, et qu'il utilise avec sobriété et modération. Par sa démarche tout à la fois historique, empirique et théorique, par sa rigueur extrême et sa probité, par son éthique réconciliée de chercheur en sciences sociales et de citoyen du Royaume-Uni, de l'Europe et du monde, Atkinson est depuis des décennies un modèle à suivre pour des générations entières d'étudiants et de jeunes chercheurs. Avec Simon Kuznets, Atkinson a dans une large mesure donné naissance à une nouvelle discipline au sein des sciences sociales et de l'économie politique : l'étude de la dynamique historique de la répartition des revenus et des patrimoines.

Certes, la question de la répartition et du long terme était déjà au cœur de l'économie politique du XIXe siècle, notamment dans les travaux de Thomas Malthus, David Ricardo et Karl Marx. Mais ces auteurs disposaient de données réduites, et étaient souvent contraints de se limiter à des spéculations purement théoriques. Il faut attendre la seconde moitié du XXe siècle et les recherches de Kuznets et Atkinson pour que se développent des travaux véritablement fondés sur des sources historiques. Dans son maître ouvrage de 1953 *(Shares of Upper Income Groups in Income and Savings)*, Kuznets combine les premiers comptes nationaux américains (qu'il vient lui-même de contribuer à établir) et les données issues de l'impôt fédéral sur le revenu (créé en 1913, suite à une longue bataille politique), pour établir les toutes premières séries historiques sur la répartition des revenus, avec au passage une bonne nouvelle : les inégalités se sont réduites.

En 1978, dans un ouvrage fondamental (*Distribution of Personal Wealth in Britain*, coécrit avec Alan Harrison), Atkinson prolonge et dépasse Kuznets : il exploite de façon systématique les archives successorales britanniques des années 1910 aux années 1970, et analyse de façon magistrale dans quelle mesure les différentes forces économiques, sociales et politiques peuvent permettre de rendre compte des évolutions observées de la répartition des patrimoines, particulièrement spectaculaires au cours de cette période chahutée s'il en est. Par comparaison au livre de Kuznets, qui était presque entièrement mobilisé par la construction de l'appareil statistique, le livre d'Atkinson va plus loin, car il intègre de façon plus complète les analyses historiques, théoriques et statistiques.

Tous les travaux ultérieurs consacrés à la dynamique historique des inégalités de revenus et de patrimoines se situent d'une certaine façon dans le sillage de ces travaux fondateurs de Kuznets et Atkinson. C'est notamment le cas des travaux rassemblés dans la World Wealth and Income Database[1] (WID.world), dont Tony Atkinson était le cofondateur et le codirecteur.

À titre personnel, j'ai eu l'immense chance de rencontrer Tony alors que j'étais jeune étudiant à la London School Economics à l'automne 1991. Ses conseils, toujours prodigués avec une chaleur et une gentillesse sans pareilles, ont été décisifs dans ma trajectoire. Peu après avoir publié *Les Hauts Revenus en France au XXe siècle*, en 2001, j'ai eu la chance de bénéficier de son soutien enthousiaste. Tony a été le premier lecteur de mon travail historique sur les inégalités en France, et s'est immédiatement saisi du cas du Royaume-Uni (dont les données historiques sur les revenus n'avaient pas encore été exploitées), puis de très nombreux autres pays. Nous avons dirigé ensemble deux épais volumes publiés en 2007 et 2010, couvrant au total plus de vingt pays. Ces travaux sont à l'origine de la base de données WID.world, et de mon livre de 2013 sur *Le Capital au XXIe siècle*, qui n'aurait pu voir le jour sans le soutien indéfectible de Tony Atkinson.

1. http://www.wid.world.

Outre ses travaux historiques pionniers, Atkinson est également depuis des décennies l'un des meilleurs spécialistes mondiaux des enquêtes comparatives sur la mesure des inégalités et de la pauvreté dans les sociétés contemporaines, et l'architecte inlassable des coopérations internationales sur ces questions. Dans son dernier livre, *Inequality : What Can Be Done ?* (traduit en français sous le titre *Inégalités*, Seuil, 2016), plus personnel que les précédents, tout entier tourné vers l'action, il nous livre les contours d'un nouveau réformisme radical. Il y a du Beveridge dans cet Atkinson, et le lecteur aurait bien tort de bouder son plaisir. Le savant à la prudence légendaire fend l'armure, se jette dans la mêlée, et établit une liste de propositions concrètes, novatrices et convaincantes, visant à démontrer qu'il existe toujours des alternatives, et que la bataille pour le progrès social et l'égalité doit reprendre ses droits, ici et maintenant. Drôle, élégant, profond : il faut lire ce livre, qui offre la meilleure combinaison de ce que l'économie politique et le progressisme britannique peuvent apporter.

Atkinson était un chercheur infiniment généreux et rigoureux, une source d'inspiration pour nous tous. Sa gentillesse était proverbiale. Alors qu'il se battait contre une longue maladie au cours des dernières années de sa vie, il est resté extrêmement actif, continuant de travailler sur des projets de grande ampleur, échangeant avec ses collègues et amis au cours des dernières semaines. Atkinson disparaît alors que la montée des inégalités est devenue l'un des principaux défis auxquels nos sociétés sont confrontées. Sa vie a été consacrée au développement d'outils permettant de mesurer, d'analyser et de faire face aux inégalités. Son travail va continuer de vivre dans le combat contre les inégalités. Sa disparition crée un vide irremplaçable.

De la productivité en France et en Allemagne

5 janvier 2017

En ce début d'année 2017, alors que vont se dérouler les élections françaises au printemps puis allemandes à l'automne, il n'est pas inutile de revenir sur l'un des sujets de fond qui minent le débat européen, à savoir la supposée asymétrie économique entre une Allemagne réputée prospère et une France décrite comme déclinante. Je dis « supposée » car ainsi que nous allons le voir la productivité des économies allemandes et françaises – telle que mesurée par le PIB par heure travaillée, qui est de loin l'indicateur le plus pertinent de performance économique – se situe à des niveaux quasi identiques. Et de surcroît au plus haut niveau mondial, ce qui montre au passage que le modèle social européen a de beaux jours devant lui, quoi qu'en pensent les brexiters et les trumpistes de tous poils. Cela me permettra également de revenir sur plusieurs des thèmes abordés dans ce blog au cours de l'année 2016[1]

1. Voir Thomas Piketty, « 2007-2015 : une si longue récession », piketty.blog.lemonde.fr, 8 janvier 2016 ; *id.*, « Reconstruire l'Europe après le "Brexit" », piketty.blog.lemonde.fr, 28 juin 2016.

ainsi que dans ma chronique « Revenu de base ou salaire juste ? » du mois dernier.

Commençons par le fait le plus frappant. Si l'on calcule la productivité moyenne du travail, en divisant le PIB (produit intérieur brut, c'est-à-dire la valeur totale des biens et services produits dans un pays au cours d'une année) par le nombre total d'heures travaillées (salariés et non-salariés confondus), alors on constate que la France se situe quasiment au même niveau que les États-Unis et que l'Allemagne, avec une productivité moyenne d'environ 55 euros par heure travaillée en 2015, soit plus de 25 % plus élevée que le Royaume-Uni ou l'Italie (environ 42 euros), et près de trois fois plus élevée qu'en 1970 (moins de 20 euros de 2015 ; tous les chiffres sont exprimés en parité de pouvoir d'achat et en euros de 2015, c'est-à-dire après prise en compte de l'inflation et du niveau des prix dans les différents pays).

Précisons d'emblée que les données dont nous disposons pour mesurer les nombres d'heures travaillées sont imparfaites, et que la précision de ces mesures ne doit pas être exagérée. Par ailleurs, la notion même de « PIB par heure travaillée » est en soit assez abstraite et réductrice. En réalité, c'est l'ensemble du système économique et de l'organisation du travail et de la production de chaque pays qui entre en jeu dans ces comparaisons, avec d'infinies variations entre secteurs et entreprises, et il est largement illusoire de prétendre résumer tout cela avec un seul indicateur. Mais, quitte à faire des comparaisons de productivité entre pays (exercice qui peut être utile si on en connaît les limites, et qui peut permettre de dépasser les préjugés nationalistes et de fixer quelques ordres de grandeur), alors le PIB par heure travaillée est la notion qui a le plus de sens.

Précisons également que les séries de temps de travail que nous utilisons ici sont celles de la base de données de l'Organisation de coopération et de développement

Productivité du travail (PIB par heure travaillée), 1970-2015 (euros 2015)

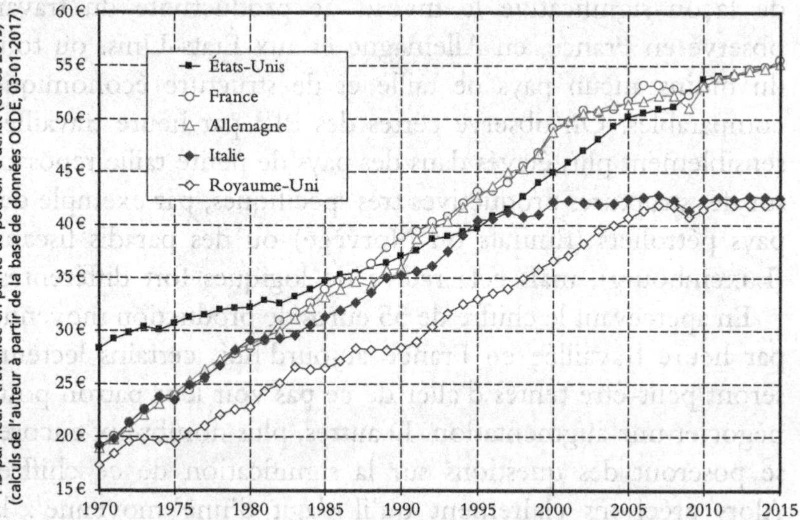

Lecture : la productivité du travail, telle que mesurée par le PIB par heure travaillée (en euros constants de 2015 et en parité de pouvoir d'achat), est passée de 8 € en Allemagne et en France en 1950 à 55 € en 2015. L'Allemagne et la France ont rattrapé (ou légèrement dépassé) le niveau des États-Unis vers 1985-1990, alors que le Royaume-Uni est resté 20 % plus bas. Sources et séries : voir piketty.pse.ens.fr/ideologie. Thomas Piketty, *Capital et idéologie*, *op. cit.*, p. 600.

économiques (OCDE). Des séries internationales de temps de travail sont également établies par le BLS (Bureau of Labor Statistics du gouvernement fédéral américain). Au-delà des légères différences entre séries, toutes les sources disponibles – en particulier OCDE et BLS – confirment que le PIB par heure travaillée se situe *grosso modo* au même niveau en France, en Allemagne et aux États-Unis (avec des écarts entre ces trois pays tellement faibles qu'il est sans doute impossible de les distinguer nettement, compte tenu de l'imprécision de la mesure), et que des pays comme le Royaume-Uni, l'Italie ou le Japon se situent environ 20 %-25 % plus bas. Dans l'état actuel des données disponibles, ces ordres de grandeur peuvent être considérés comme valables.

Il faut aussi noter qu'aucun pays au monde ne dépasse de façon significative le niveau de productivité du travail observé en France, en Allemagne et aux États-Unis, ou tout du moins aucun pays de taille et de structure économique comparables. On observe certes des PIB par heure travaillée sensiblement plus élevés dans des pays de petite taille reposant sur des structures productives très spécifiques, par exemple des pays pétroliers (Émirats ou Norvège) ou des paradis fiscaux (Luxembourg), mais cela relève de logiques fort différentes.

En apercevant le chiffre de 55 euros de production moyenne par heure travaillée en France aujourd'hui, certains lecteurs seront peut-être tentés d'aller de ce pas voir leur patron pour négocier une augmentation. D'autres, plus nombreux encore, se poseront des questions sur la signification de ce chiffre. Alors précisons clairement qu'il s'agit d'une moyenne : la production moyenne de biens et services par heure travaillée peut être de 10 à 20 euros dans certains métiers et secteurs, et de 100 à 200 euros par heure dans d'autres (pas forcément les plus pénibles). Et il n'est évidemment pas exclu que, dans le jeu des négociations salariales et des rapports de force, certains s'approprient une partie de la production des autres. Cette production moyenne de 55 euros par heure travaillée ne dit rien de ces subtilités.

Précisons également que la notion de « produit intérieur brut » (PIB) pose de nombreux problèmes. En particulier, il serait préférable que les instituts statistiques se concentrent sur le « produit intérieur net », c'est-à-dire après déduction de la consommation de capital fixe, qui correspond à la dépréciation du capital et des équipements (réparation des bâtiments et des machines, remplacement des ordinateurs, etc.). Cette dépréciation du capital ne constitue en effet un revenu pour personne, ni pour les salariés ni pour les actionnaires, et en outre elle a eu tendance à progresser au cours du temps. La consommation de capital fixe représentait autour de 10 % du

PIB dans les économies développées dans les années 1970, et elle dépasse aujourd'hui 15 % du PIB (signe de l'obsolescence accélérée des équipements). Cela signifie qu'une (petite) partie de la croissance de la productivité du travail mesurée plus haut est une illusion. De même, si l'on prenait correctement en compte la consommation de capital naturel, alors une partie de la croissance du PIB mondial disparaîtrait (les extractions annuelles de ressources naturelles avoisinent la croissance mondiale du PIB, soit environ 3 % par an actuellement, et tendent à progresser au cours du temps, suivant comment on les valorise). Mais, là encore, cela n'affecterait pas les comparaisons entre pays qui nous intéressent ici.

Précisons enfin que la productivité moyenne de 55 euros par heure indiquée plus haut intègre la part des profits (typiquement entre 20 % et 40 % suivant les secteurs et l'intensité capitalistique), et qu'il s'agit d'une mesure avant prise en compte de tous les impôts directs et indirects (taxe sur la valeur ajoutée [TVA], diverses taxes sur la production, etc.) et de toutes les cotisations sociales. Il y a donc un long chemin à parcourir entre ces 55 euros et le montant net mentionné sur le bulletin de salaire, dont l'exposé dépasserait de beaucoup le cadre de cet article, dont l'objectif premier est simplement de comparer les niveaux de productivité entre pays.

Une autre façon d'exprimer les résultats indiqués plus haut consiste à mesurer la productivité de chaque pays par comparaison à la productivité observée aux États-Unis, qui a longtemps été très en avance sur les autres. On obtient alors les résultats suivants :

Pour résumer : la France et l'Allemagne avaient une productivité de l'ordre de 65 %-70 % du niveau américain en 1970 ; les deux pays ont totalement rattrapé leur retard au cours des années 1970-1980, et se situent depuis 1990 *grosso modo* au même niveau que les États-Unis (un peu au-dessus jusqu'à la crise de 2008, un peu au-dessous depuis, mais avec

Productivité du travail (PIB par heure travaillée) relativement aux États-Unis

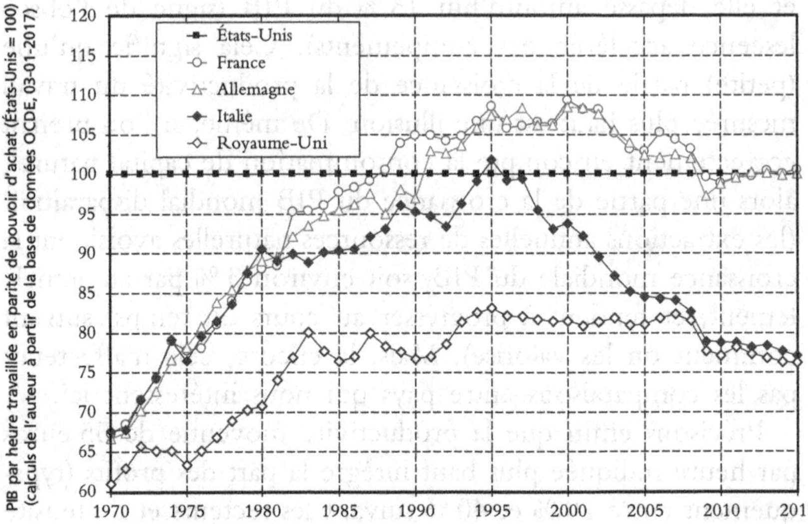

Lecture : la productivité du travail, telle que mesurée par le PIB par heure travaillée (en euros constants 2015 et en parité de pouvoir d'achat), était deux fois plus faible en Europe occidentale qu'aux États-Unis en 1950. L'Allemagne et la France ont rattrapé (ou légèrement dépassé) le niveau états-unien en 1985-1990, alors que le Royaume-Uni restait environ 20 % plus bas. Sources et séries : voir piketty.pse.ens.fr/ideologie. Thomas Piketty, *Capital et idéologie, op. cit.*, p. 601.

des écarts relativement faibles ; on peut en outre espérer que la zone euro finisse par gérer sa sortie de crise mieux qu'elle ne l'a fait jusque présent[1]).

Si l'on remontait à l'immédiat après-Seconde Guerre mondiale, où la productivité franco-allemande était d'à peine 50 % du niveau américain, le rattrapage serait encore plus frappant. Il faut également rappeler que le retard européen en termes de productivité venait de bien plus loin encore (il était déjà très fort au XIXe siècle et au début du XXe siècle, à la veille de la Première Guerre mondiale, et n'avait été qu'amplifié par les guerres), et s'explique classiquement par un relatif retard éducatif : la faible population américaine est entièrement alphabétisée dès le début du XIXe siècle, alors qu'il faut attendre

1. Voir Thomas Piketty, « 2007-2015 : une si longue récession », art. cit.

la fin du siècle pour qu'il en soit de même en France, à un moment où les États-Unis sont déjà passés à l'étape suivante (l'enseignement secondaire de masse, puis le supérieur). C'est l'investissement éducatif des « trente glorieuses » qui permet à la France et à l'Allemagne d'effectuer un rattrapage historique sur les États-Unis entre 1950 et 1990. Le véritable enjeu aujourd'hui est de maintenir et d'amplifier cette évolution.

À l'inverse, le retard persistant de la productivité britannique, qui n'a jamais atteint le niveau américain, est généralement attribué aux faiblesses historiques de son système de formation. De même, le décrochage de l'Italie depuis le milieu des années 1990 peut s'expliquer pour partie par l'insuffisance des investissements éducatifs réalisés par la puissance publique italienne (engluée dans le remboursement d'une dette publique interminable, dont la France et l'Allemagne avaient pu se débarrasser dans l'inflation et les annulations de dettes dans l'après-guerre).

Il faut également souligner que la forte productivité américaine actuelle s'accompagne d'une inégalité considérable : les États-Unis étaient plus égalitaires que la vieille Europe au XIXe siècle et jusqu'au milieu du XXe siècle, mais ils sont devenus au cours des dernières décennies bien plus inégalitaires, avec en particulier dans le secteur éducatif un contraste saisissant entre d'un côté d'excellentes universités au sommet de la hiérarchie (malheureusement réservées aux plus favorisés) et de l'autre un système secondaire et supérieur relativement médiocre accessible au plus grand nombre. Cela contribue largement à expliquer pourquoi les revenus des 50 % des Américains les plus modestes n'ont connu aucune croissance depuis 1980, alors que les revenus des 10 % les plus élevés bénéficiaient de fortes progressions[1].

1. Voir Thomas Piketty, Emmanuel Saez et Gabriel Zucman, « Distributional National Accounts : Methods and Estimates for the United

Sans tomber dans le triomphalisme (d'autant plus incongru que les défis à relever sont nombreux, à commencer par l'évolution démographique outre-Rhin et la modernisation du système fiscalo-social dans l'Hexagone), force est de constater que le modèle social, éducatif et économique bâti en France et en Allemagne est plus satisfaisant : ces deux pays ont atteint la plus haute productivité mondiale, aussi élevée que la productivité américaine, mais avec une répartition beaucoup plus égalitaire.

Examinons maintenant le PIB par habitant. On constate qu'il est d'environ 35 000 euros par an (un peu moins de 3 000 euros par mois) en Europe – un peu plus en Allemagne, un peu moins en France et au Royaume-Uni –, soit environ 25 % plus faible qu'aux États-Unis (environ 45 000 euros par an) (voir le 1er graphique ci-contre).

Mais le point important est que ce PIB par habitant plus élevé aux États-Unis provient uniquement d'un nombre d'heures travaillées plus élevé, et non pas d'une productivité plus élevée que la France et l'Allemagne. De même, c'est uniquement grâce à de plus longues heures de travail que le Royaume-Uni parvient à compenser sa plus faible productivité et à se hisser au même niveau de PIB par habitant que la France (voir le 2nd graphique ci-contre).

Pour mieux comprendre ces écarts d'heures travaillées, il faut distinguer ce qui relève du nombre d'heures travaillées par emploi et ce qui relève du nombre d'emplois par habitant. Commençons par le nombre d'heures travaillées par emploi (voir le graphique p. 78).

On constate que la durée annuelle moyenne du travail par emploi est plus faible en Allemagne qu'en France (conséquence d'un plus fort développement du temps partiel, qui n'est pas toujours choisi, mais qui peut être plus satisfaisant

States », National Bureau of Economic Research, Working Paper n° 22945, 2016.

PIB annuel par habitant, 1970-2015 (euros 2015)

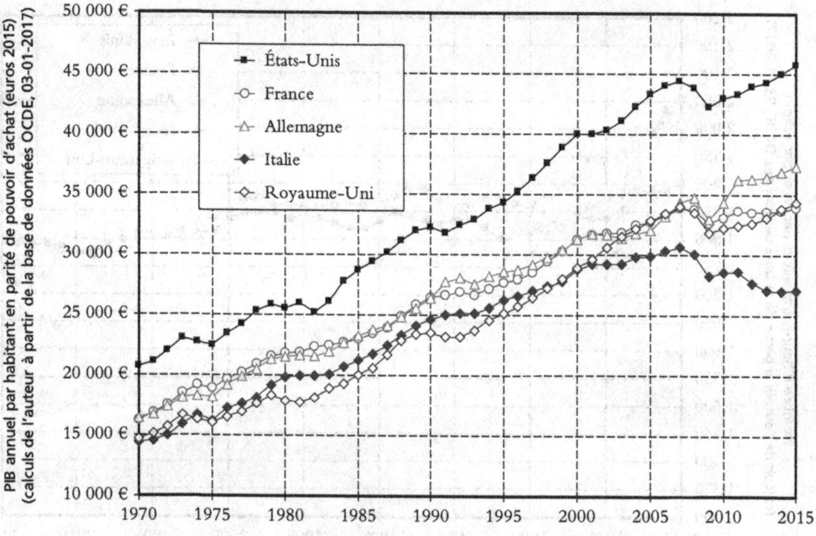

Sources et séries : voir piketty.pse.ens.fr.

Nombre d'heures travaillées par an et par habitant, 1970-2015

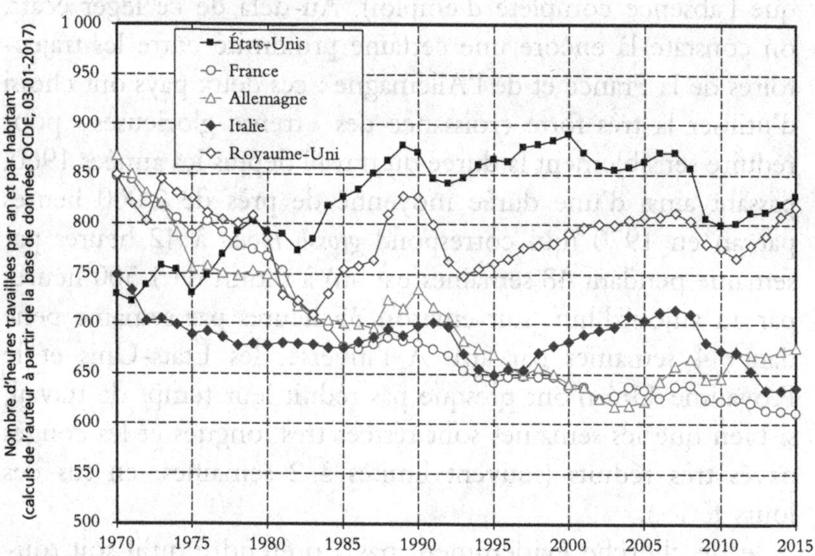

Sources et séries : voir piketty.pse.ens.fr.

Nombre d'heures travaillées par an et par emploi, 1970-2015

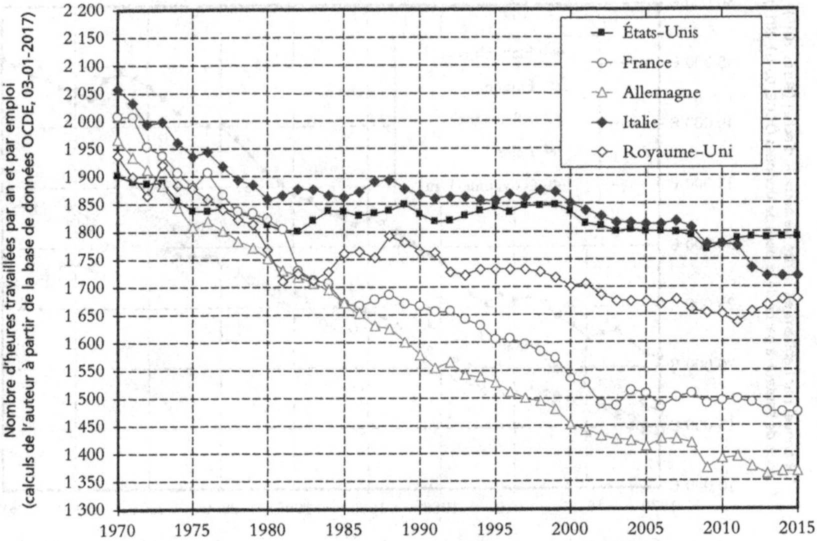

Sources et séries : voir piketty.pse.ens.fr.

que l'absence complète d'emploi). Au-delà de ce léger écart, on constate là encore une certaine proximité entre les trajectoires de la France et de l'Allemagne : ces deux pays ont choisi d'utiliser la très forte croissance des « trente glorieuses » pour réduire sensiblement la durée du travail depuis les années 1960, passant ainsi d'une durée moyenne de près de 2 000 heures par an en 1970 (qui correspond *grosso modo* à 42 heures par semaine pendant 48 semaines par an) à moins de 1 500 heures par an aujourd'hui (soit environ 35 heures par semaine pendant 44 semaines par an). À l'inverse, les États-Unis et le Royaume-Uni n'ont presque pas réduit leur temps de travail, si bien que les semaines sont restées très longues et les congés payés très réduits (souvent limités à 2 semaines, en sus des jours fériés).

Je ne cherche évidemment pas à prétendre qu'il soit toujours préférable de réduire le temps de travail et d'allonger les vacances, et la question du rythme auquel le temps de travail doit être réduit est un problème éminemment complexe et délicat. Mais il paraît clair que l'un des objectifs de la croissance de la productivité dans le long terme est de permettre de bénéficier de plus de temps pour la vie privée, familiale, culturelle et récréative, et que les trajectoires de la France et de l'Allemagne semblent mieux prendre en compte cet objectif que celles des États-Unis et du Royaume-Uni.

Venons-en maintenant à ce qui va beaucoup moins bien, à commencer par la faiblesse du taux d'emploi français, dont l'écart avec le taux d'emploi allemand était relativement réduit en 2005 (à peine 2 points d'écart : 42 emplois pour 100 habitants en France, 44 en Allemagne), et s'est considérablement creusé depuis la crise (plus de 7 points d'écart, avec un taux d'emploi de 42 % en France, contre plus de 49 % en Allemagne) :

Nombre d'emplois par habitant (en %), 1970-2015

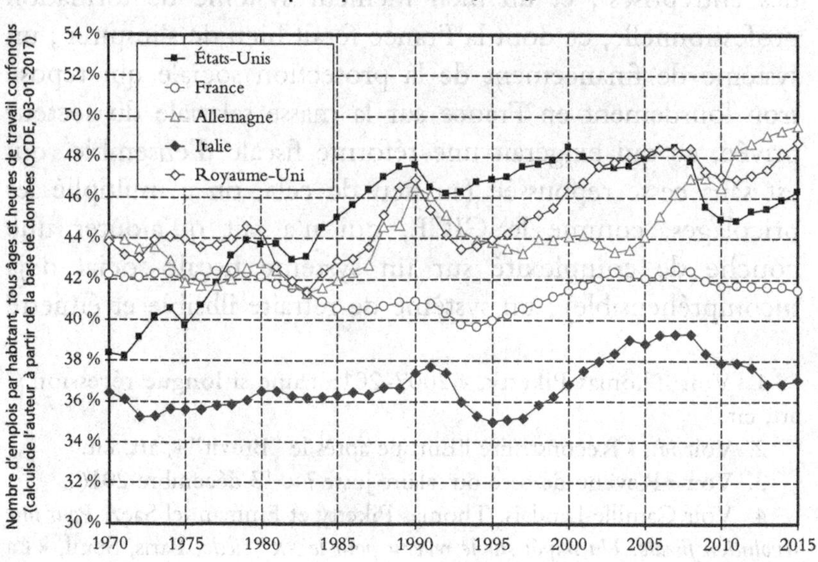

Sources et séries : voir piketty.pse.ens.fr.

Si l'on décompose ces évolutions par tranches d'âge, on constate que le taux d'emploi des 25-54 ans a toujours été de l'ordre de 80 % en France comme dans les autres pays, et que c'est parmi les 15-24 ans et les 55-64 ans que l'écart s'est creusé ces dernières années, au rythme de la progression du chômage.

Je ne reviendrai pas ici sur les multiples raisons de cette faiblesse de l'emploi français. Une part de la responsabilité revient aux très mauvaises politiques budgétaires suivies en zone euro, qui ont provoqué une rechute absurde de l'activité économique en 2011-2013[1], dont on se remet à peine (la faute en revient avant tout aux gouvernements français et allemands successifs, qui ont conclu un mauvais traité budgétaire en 2012, qu'il est temps de réformer[2]).

Mais il existe également des facteurs spécifiquement français : des spécialisations industrielles moins porteuses qu'en Allemagne, qui a notamment su s'appuyer sur un plus fort investissement des salariés dans la gouvernance et la stratégie des entreprises[3], et un bien meilleur système de formation professionnelle, ce dont la France ferait bien de s'inspirer ; un système de financement de la protection sociale qui repose trop lourdement en France sur la masse salariale du secteur privée, ce qui exigerait une réforme fiscale d'ensemble[4] qui est sans cesse repoussée (au lieu de cela, on a multiplié les bricolages, comme le CICE, qui n'a fait qu'ajouter une couche de complexité sur un système fiscalo-social déjà incompréhensible) ; un système de retraite illisible et émietté

1. Voir Thomas Piketty, « 2007-2015 : une si longue récession », art. cit.

2. Voir *id.*, « Reconstruire l'Europe après le "Brexit" », art. cit.

3. Voir « Revenu de base ou salaire juste ? », 13 décembre 2016.

4. Voir Camille Landais, Thomas Piketty et Emmanuel Saez, *Pour une révolution fiscale. Un impôt sur le revenu pour le XXIe siècle*, Paris, Seuil, « La République des idées », 2011.

en de multiples régimes, qu'il est grand temps d'unifier[1], notamment pour rassurer les jeunes générations (actuellement notre système de retraite est bien financé – il est le plus coûteux en Europe après le système italien – et en même temps son opacité fait que personne ne comprend rien à ses droits futurs).

Je veux simplement insister sur deux éléments. D'une part, la faiblesse actuelle de l'emploi français implique que les estimations de productivité indiquées plus haut pèchent sans doute par optimisme, car les personnes exclues du marché du travail sont souvent les moins bien formées. De fait, si l'on corrige les séries de productivité en supposant que les heures de travail aient suivi la même évolution qu'en Allemagne depuis 2005, et en faisant l'hypothèse que ces nouveaux emplois auraient eu une productivité horaire 30 % plus faible en moyenne que celle des emplois existants, alors on obtient le résultat exposé dans le graphique ci-après.

Autrement dit, on constate un certain décrochage de la productivité française de 2000 à 2015. Certes, on est encore loin du décrochage italien et, quelles que soient les hypothèses retenues pour prendre en compte le sous-emploi, la productivité française reste nettement au-dessus du niveau britannique, et extrêmement proche de l'Allemagne et des États-Unis. Il reste que cette tendance est potentiellement inquiétante et doit être combattue si la France souhaite poursuivre sur sa lancée des décennies 1950-1990.

De ce point de vue, le principal échec du quinquennat qui s'achève est la faiblesse de l'investissement éducatif. Cela vaut notamment pour les budgets alloués aux universités et aux autres établissements d'enseignement supérieur, qui ont stagné

1. Voir Antoine Bozio et Thomas Piketty, *Pour un nouveau système de retraite. Des comptes individuels de cotisations financés par répartition*, Paris, Rue d'Ulm, 2008.

Productivité du travail (PIB/heure travaillée) avec correction sous-emploi

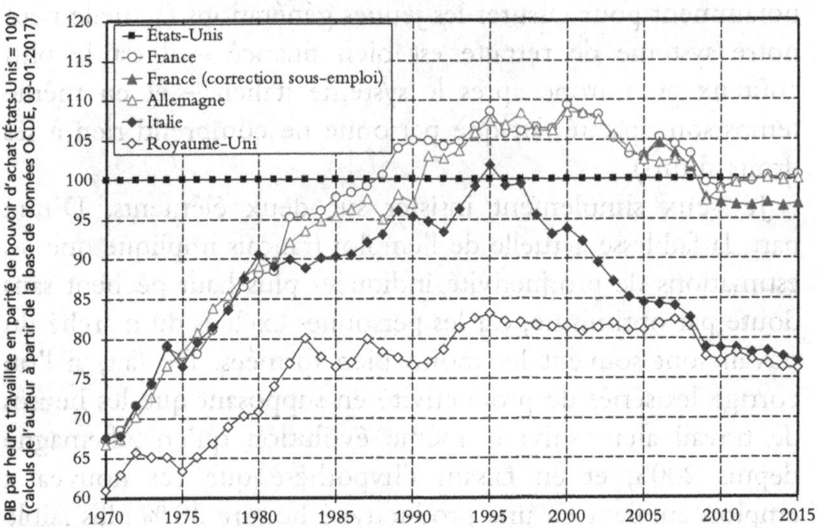

Sources et séries : voir piketty.pse.ens.fr.

depuis 2012 (avec une progression nominale microscopique, à peine équivalente à l'inflation), alors que les effectifs étudiants ont progressé de près de 10 %. Autrement dit, l'investissement éducatif réel par étudiant a nettement baissé en France de 2012 à 2017, alors même que l'on ne parle que d'économie de l'innovation, de société de la connaissance, etc. Au lieu de perdre du temps dans des débats mal menés et mal préparés sur la flexibilité du travail[1], le gouvernement aurait été bien inspiré de se rappeler que la performance économique à long terme est avant tout déterminée par l'investissement dans la formation.

Le second point sur lequel je voudrais insister est le suivant. Trop souvent, le débat économique sur la France et l'Allemagne se concentre sur la différence de « compétitivité » entre les deux pays, c'est-à-dire sur l'écart entre le déficit commercial

1. Voir Thomas Piketty, « Loi travail : un effroyable gâchis », piketty.blog.lemonde.fr, 2 juin 2016.

français et l'excédent commercial allemand. Or la bonne notion pour juger de la performance économique d'un pays est sa productivité, et non sa « compétitivité », qui est un concept assez bancal. Pour un même niveau de productivité, différents pays peuvent temporairement se retrouver dans des situations totalement différentes en termes de balance commerciale, pour des raisons plus ou moins volontaires. Par exemple, certains pays peuvent choisir d'exporter plus qu'ils n'importent, afin de faire des réserves pour l'avenir sous forme d'actifs détenus à l'étranger. Cela peut se justifier pour un pays vieillissant qui anticipe une baisse de sa population active, et cette explication classique est souvent donnée pour expliquer une partie de l'excédent commercial observé dans des pays vieillissants comme l'Allemagne ou le Japon, par comparaison à des pays plus jeunes comme les États-Unis, le Royaume-Uni ou la France, qui peuvent avoir besoin de consommer et d'investir davantage sur leur territoire, ce qui peut occasionner des déficits commerciaux. Mais le point important est que ces situations d'excédent ou de déficit commercial ne peuvent durer qu'un temps et doivent se compenser sur la longue durée. En particulier, cela ne sert à rien d'avoir des excédents commerciaux permanents (cela reviendrait à produire éternellement pour le bénéfice du reste du monde, ce qui n'a aucun intérêt).

Voyons ce qu'il en est en pratique dans le graphique suivant.

On constate tout d'abord que le niveau général des exportations et des importations (exprimé en pourcentage du PIB) a fortement progressé depuis les années 1970 (c'est le phénomène bien connu d'intensification des échanges internationaux et de mondialisation commerciale), et qu'il est beaucoup plus élevé en France et en Allemagne qu'aux États-Unis ou au Japon. Cela exprime le fait que les économies européennes sont de plus petite taille et sont beaucoup plus fortement intégrées les unes aux autres, notamment sur le plan commercial.

Exportations et importations en % du PIB, 1970-2015

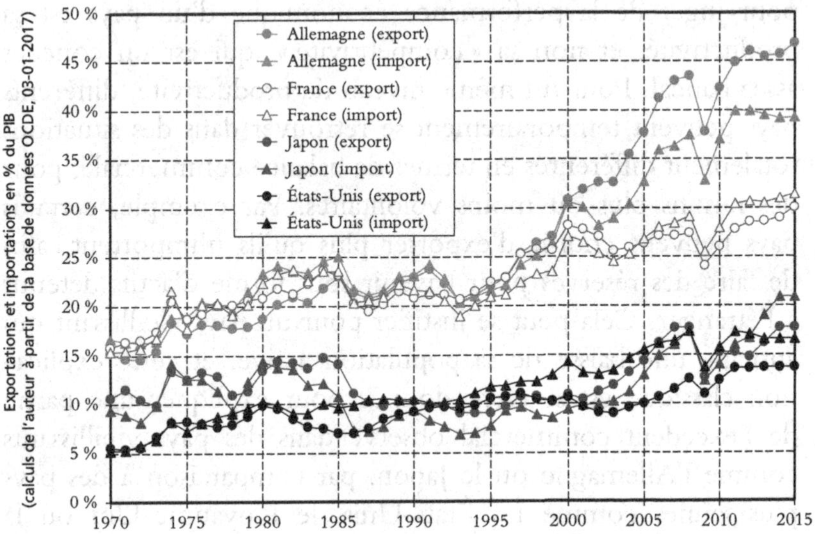

Sources et séries : voir piketty.pse.ens.fr.

On notera aussi que les phases d'excédent commercial et de déficit commercial ont en général tendance à se compenser au cours du temps. Par exemple, le Japon était en excédent pendant les années 1990 et les années 2000 (généralement entre 1 % et 2 % du PIB par an), et connaît des déficits importants depuis 2011 (– 3 % du PIB actuellement). La France était en excédent commercial chaque année de 1992 à 2004 (typiquement 1 %-2 % du PIB), et est en déficit depuis 2005 (– 1,4 % du PIB 2015). Si l'on fait la moyenne sur la période 1980-2015, la France est dans une situation d'équilibre commercial presque parfait : – 0,2 % du PIB (+ 0,1 % sur 1990-2015). Pour le Japon, on constate que les excédents commerciaux l'emportent (+ 1,0 % sur 1980-2015, + 0,6 % sur 1990-2015), ce qui explique pourquoi le Japon a accumulé de confortables réserves financières à l'étranger, dans lesquelles il puise actuellement.

Il existe cependant des cas moins équilibrés. Les États-Unis sont par exemple en situation de déficit commercial quasi permanent, avec un déficit moyen de – 2,6 % du PIB sur la période 1980-2015 (– 2,9 % sur 1990-2015). La situation d'endettement financier extérieur du pays est cependant moins violemment négative que ce que l'accumulation de déficits commerciaux aurait dû produire, car les États-Unis paient un rendement faible sur leurs dettes (grâce à la confiance placée dans leur monnaie et leur régime politique) et obtiennent un rendement élevé sur leurs placements (grâce notamment à leur système financier et leurs banques d'affaires).

Un cas de déséquilibre plus extrême encore, et dans l'autre sens, est celui de l'Allemagne, qui était dans une situation de quasi-équilibre commercial voisine de la France jusqu'en 2000, et qui a connu un excédent commercial moyen de + 5,0 % du PIB sur la période 2000-2015 (+ 3,2 % sur 1990-2015, + 1,7 % sur 1980-2015, alors qu'on observe un déficit moyen de – 0,9 % sur 1980-2000, contre + 0,2 % pour la France). L'excédent commercial allemand a même dépassé les 6 % du PIB depuis 2012, et atteint près de 8 % du PIB en 2015.

Concrètement, cela signifie qu'une part très significative des biens et services produits en Allemagne ne sont ni consommés ni investis en Allemagne : ils sont consommés et investis dans le reste du monde. Une autre façon – parfaitement équivalente – de se représenter l'ampleur du déséquilibre consiste à calculer ce que représentent la consommation et l'investissement intérieurs (c'est-à-dire réalisés sur le territoire du pays considéré) en pourcentage du produit intérieur brut (c'est-à-dire la production de biens et services réalisée sur ce même territoire) (voir le graphique page suivante).

Un ratio supérieur à 100 % signifie qu'un pays consomme et investit plus qu'il ne produit, autrement dit qu'il est en déficit commercial. À l'inverse, un ratio inférieur à 100 % est simplement la contrepartie d'un excédent commercial. Pour la plupart des pays, ce ratio est en moyenne très proche

Consommation et investissement intérieurs en % du PIB, 1970-2015

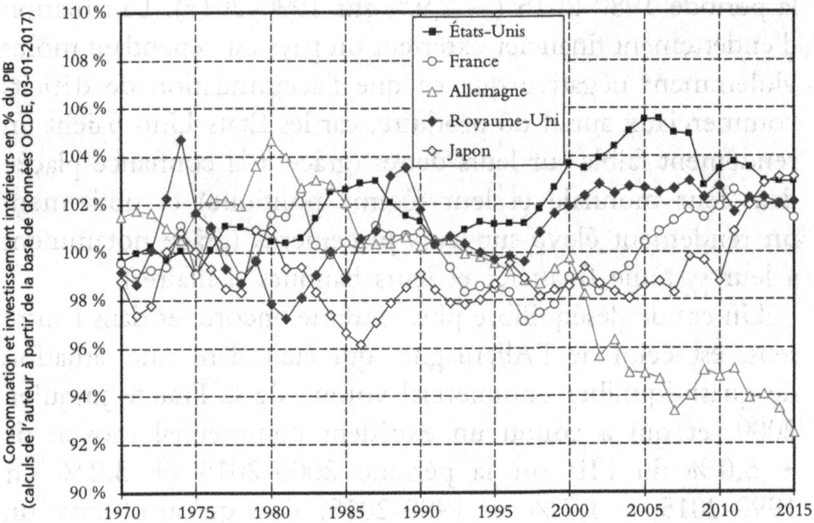

Sources et séries : voir piketty.pse.ens.fr.

de 100 %. Pour l'Allemagne, au contraire, le ratio chute à 92 % en 2015, ce qui est totalement inédit dans l'histoire économique.

Pour résumer : la France et l'Allemagne ont des productivités voisines, mais utilisent de façons très différentes leur haute productivité. Ces dernières années, à chaque fois que la France produit 100 unités de biens et services elle en consomme et en investit entre 101 et 102 unités sur son territoire. À l'inverse, à chaque fois que l'Allemagne produit 100 unités, elle n'en consomme et investit que 92 unités. L'écart peut sembler mince, mais dès lors qu'il se reproduit chaque année il engendre des déséquilibres financiers et sociaux d'une ampleur considérable, qui menacent aujourd'hui de faire exploser l'Europe.

Comment en est-on arrivé là, et que peut-on faire ? Il faut d'abord préciser que, si le vieillissement et le déclin démographique allemands peuvent expliquer un certain niveau d'excédent commercial par la nécessité de faire des réserves pour l'avenir, cela ne peut pas suffire à rendre compte rationnellement d'excédents aussi gigantesques. La vérité est que cet excédent commercial n'est pas véritablement un choix : il résulte de décisions décentralisées prises par des millions d'acteurs économiques et de l'absence de mécanisme correcteur adéquat. Pour simplifier : il n'existe pas de pilote dans l'avion, ou tout du moins les pilotes disponibles ne sont pas très précis.

Après l'unification, les gouvernements allemands ont eu très peur d'un décrochage économique du « site de production allemand » : ils se sont engagés dans des politiques de gel des salaires afin de gagner en compétitivité, et sans doute ont-ils été beaucoup trop loin dans cette direction. Dans le même temps, l'entrée des pays d'Europe centrale et orientale dans l'Union européenne a permis aux entreprises allemandes une intégration extrêmement poussée et avantageuse avec ces nouveaux territoires. On le voit notamment avec l'explosion du niveau général des importations et des exportations, qui était très proche du niveau français en 2000 (autour de 25 %-30 % du PIB), et qui en 2015 atteint 40 %-45 % du PIB en Allemagne (contre 30 % en France ; voir graphique page 84).

L'excédent commercial qui a résulté de tout cela n'était sans doute pas entièrement prévisible, et doit beaucoup à la contingence. Il illustre à sa façon la puissance des forces économiques mises en jeu dans la mondialisation, que la puissance publique n'a pas encore appris à réguler correctement.

Il faut également insister sur le fait qu'il n'existe tout simplement aucun exemple dans l'histoire économique (tout du moins pas depuis que les statistiques commerciales existent, c'est-à-dire depuis le début du XIXe siècle) d'un pays de cette taille qui connaisse durablement un tel niveau d'excédent commercial (pas même le Japon ou la Chine, qui n'ont le plus souvent pas dépassé 2 %-3 % d'excédent commercial). Les seuls exemples de pays connaissant des excédents commerciaux s'approchant de 10 % du PIB sont des pays pétroliers avec une population relativement faible, et dont le PIB est beaucoup plus faible que celui de l'Allemagne.

Un autre indice du fait que les excédents allemands sont objectivement excessifs tient aux mauvais placements extérieurs réalisés par les entreprises et le système financier : à l'inverse des États-Unis, les actifs financiers accumulés par l'Allemagne dans le reste du monde sont beaucoup plus faibles que ce que l'addition des excédents commerciaux aurait dû produire.

La solution aujourd'hui serait bien sûr de relancer les salaires, la consommation et l'investissement en Allemagne, dans le système éducatif comme dans les infrastructures, ce qui malheureusement se produit beaucoup trop lentement. Il y a là une immense responsabilité des dirigeants allemands, qui ont d'autres qualités (notamment dans leur politique d'accueil des migrants), mais qui sur ce point essentiel n'ont pas correctement expliqué les enjeux à leur opinion publique, et ont même eu tendance à présenter l'excédent commercial comme un objet de fierté nationaliste, voire comme une preuve de la vertu allemande, ce qui n'est tout simplement pas le sujet. La tendance allemande à donner des leçons au reste de l'Europe, et à expliquer que tout irait pour le mieux si tout le monde copiait l'Allemagne, est logiquement absurde : si chaque pays de la zone euro faisait un excédent commercial de 8 % du PIB, il n'y aurait personne au monde pour absorber un tel excédent (il n'existe sur la planète aucun pays de la taille de la zone euro – en termes de PIB – prêt à faire un déficit commercial de 8 %). Cette dérive irrationnelle est malheureusement l'un des risques de la mondialisation et de la concurrence exacerbée entre pays : chacun cherche d'abord à trouver sa niche et à sauver sa peau.

Heureusement, il existe d'autres forces en jeu, en particulier l'attachement à l'idée européenne. Si les autres pays, à commencer par la France, l'Italie et l'Espagne (soit au total 50 % de la population et du PIB de la zone euro, contre 27 % pour l'Allemagne), formulent une proposition précise de refondation démocratique de la zone euro[1], avec à la clé une relance économique et un moratoire sur les dettes publiques, décidés démocratiquement dans une chambre parlementaire commune, alors je suis persuadé qu'un compromis peut encore être trouvé. Mais il est peu probable que la solution viendra d'Allemagne, et que tout cela se fera en douceur. Un bras de fer démocratique est sans doute nécessaire. Espérons simplement qu'il ne passera pas par des chocs trop violents, dont personne ne peut feindre d'ignorer après le Brexit jusqu'où ils peuvent nous mener.

Je veux terminer sur une note positive : si on les compare aux États-Unis, au Royaume-Uni, et plus encore aux autres parties du monde, alors la France et l'Allemagne ont beaucoup en commun. Ces deux pays ont su bâtir, dans les décennies qui ont suivi l'abîme autodestructeur des années 1914-1945, des institutions et des politiques qui ont permis de développer les économies les plus sociales et les plus productives de la planète. La France et l'Allemagne ont encore de grandes choses à faire ensemble pour promouvoir un modèle de développement équitable et durable. À condition de ne pas sombrer dans des comparaisons erronées qui empêchent d'avancer et de se tourner vers l'avenir, et d'accepter l'idée que chacun a encore beaucoup à apprendre de l'autre et de l'histoire.

1. Voir Thomas Piketty, « Reconstruire l'Europe après le "Brexit" », art. cit.

Vive le populisme !

17 janvier 2017

Dans moins de quatre mois, la France aura un nouveau président. Ou une présidente : après Trump et le Brexit, on ne peut pas exclure que les sondages se trompent une fois de plus, et que la droite nationaliste de Marine Le Pen s'approche tout près de la victoire. Et même si le cataclysme est évité cette fois-ci, il existe un risque réel qu'elle parvienne à se positionner comme seule opposante crédible à la droite libérale pour le coup suivant. Du côté de la gauche radicale, on espère bien sûr le succès de Jean-Luc Mélenchon, mais ce n'est hélas pas le plus probable.

Ces deux candidatures ont un point commun : elles remettent en cause les traités européens et le régime actuel de concurrence exacerbée entre pays et territoires, ce qui séduit nombre de laissés-pour-compte de la mondialisation. Elles ont aussi des différences essentielles : en dépit d'une rhétorique clivante et d'un imaginaire géopolitique parfois inquiétant, Mélenchon conserve malgré tout une certaine inspiration internationaliste et progressiste.

Le risque de cette présidentielle, c'est que toutes les autres forces politiques – et les grands médias – se contentent de fustiger ces deux candidatures et de les mettre dans le même sac en les qualifiant de « populistes ». Celle nouvelle insulte suprême de la politique, déjà utilisée aux États-Unis avec le succès que l'on sait face à Sanders, risque une fois de plus d'occulter la question de fond. Le populisme n'est rien d'autre qu'une réponse confuse mais légitime au sentiment d'abandon des classes populaires des pays développés face à la mondialisation et la montée des inégalités. Il faut s'appuyer sur les éléments populistes les plus internationalistes – donc sur la gauche radicale incarnée ici et là par Podemos, Syriza, Sanders ou Mélenchon, quelles que soient leurs limites – pour construire des réponses précises à ces défis, faute de quoi le repli nationaliste et xénophobe finira par tout emporter.

C'est malheureusement la stratégie du déni que s'apprêtent à suivre les candidats de la droite libérale (Fillon) et du centre (Macron), qui vont défendre tous deux le *statu quo* intégral sur le traité budgétaire européen de 2012. Rien d'étonnant à cela : l'un l'a négocié et l'autre l'a appliqué. Toutes les enquêtes le confirment : ces deux candidats séduisent avant tout les gagnants de la mondialisation, avec des nuances intéressantes (cathos contre bobos) mais finalement secondaires par rapport à la question sociale. Ils prétendent incarner le cercle de la raison : quand la France aura regagné la confiance de l'Allemagne, de Bruxelles et des marchés, en libéralisant le marché du travail, en réduisant les dépenses et les déficits, en supprimant l'impôt sur la fortune et en augmentant la TVA, alors il sera bien temps de demander à nos partenaires de faire un geste sur l'austérité et la dette.

Le problème de ce discours supposé raisonnable est qu'il ne l'est pas du tout. Le traité de 2012 est une erreur monumentale, qui enferme la zone euro dans un piège mortifère, en l'empêchant d'investir dans l'avenir. L'expérience historique montre qu'il est impossible de réduire une dette publique de ce niveau sans faire appel à des mesures exceptionnelles. Sauf à se condamner à des excédents primaires pendant des décennies, ce qui grève durablement toute capacité d'investissement.

De 1815 à 1914, le Royaume-Uni a ainsi passé un siècle à dégager d'énormes excédents pour rembourser ses propres rentiers et réduire la dette faramineuse issue des guerres révolutionnaires (plus de 200 % du PIB). Ce choix néfaste a contribué au sous-investissement dans la formation et au décrochage ultérieur du pays. Entre 1945 et 1955, c'est au contraire par un mélange d'annulations de dettes, d'inflation et de prélèvements exceptionnels sur le capital privé que l'Allemagne et la France ont pu rapidement se débarrasser d'une dette similaire. C'est ce qui leur a permis d'investir dans la croissance. Il faudrait faire de même aujourd'hui, en imposant à l'Allemagne une chambre parlementaire de la zone euro pour alléger les dettes avec toute la légitimité démocratique nécessaire. Faute de quoi le retard d'investissement et le décrochage de la productivité déjà observés en Italie finiront par s'étendre à la France et à toute la zone (il y a déjà des signes en ce sens[1]).

C'est en se replongeant dans l'histoire que l'on sortira des blocages actuels, comme viennent aussi de le rappeler les auteurs de cette magnifique *Histoire mondiale de la France*[2], véritable antidote aux crispations identitaires hexagonales. De façon plus prosaïque et moins réjouissante, il faut aussi accepter de se plonger dans la primaire organisée par la gauche de gouvernement (appelons-la ainsi, puisqu'elle n'a pas réussi à organiser une primaire commune avec la gauche

1. Voir « De la productivité en France et en Allemagne », 5 janvier 2017.

2. Patrick Boucheron (dir.), *Histoire mondiale de la France*, Paris, Seuil, 2017.

radicale, ce qui risque surtout de l'éloigner durablement du gouvernement). Il est essentiel que cette primaire désigne un candidat qui s'engage dans une remise en cause profonde des règles européennes. Hamon et Montebourg semblent plus près de cette ligne-là que Valls ou Peillon, à condition toutefois qu'ils dépassent leurs postures sur le revenu universel et le « made in France », et qu'ils formulent enfin des propositions précises pour remplacer le traité budgétaire de 2012 (à peine évoqué lors du premier débat télévisé, peut-être parce qu'ils l'ont tous voté il y a cinq ans ; mais c'est bien ce qui rend d'autant plus urgent de clarifier les choses en présentant une alternative détaillée). Tout n'est pas perdu, mais il y a urgence si on veut éviter de placer le Front national en position de force.

Pour un gouvernement enfin démocratique de la zone euro

1er février 2017

La zone euro a besoin d'un gouvernement économique : un budget commun, des impôts communs, une capacité d'emprunt et d'investissement, une stratégie de croissance, un modèle de développement durable et équitable. Mais pour que tout cela soit un jour possible, la zone euro doit surtout se doter d'institutions démocratiques permettant de prendre des décisions en commun. Cela ne sert à rien de parler de gouvernement de la zone euro si l'on ne dit pas devant quelle instance démocratique ce gouvernement sera responsable.

Actuellement, l'organe décisionnel principal de la zone euro est le Conseil des ministres des Finances. Le problème est que ce Conseil est le plus souvent incapable de prendre des décisions. Voici des années que la zone euro est supposée se prononcer sur la restructuration de la dette grecque, dont tout le monde sait qu'elle est insoutenable, et ces décisions sont sans cesse remises à plus tard.

Autre exemple : depuis des années se multiplient les scandales sur l'impôt sur les bénéfices des sociétés. Chacun sait maintenant que cet impôt est massivement contourné par les multinationales, qui paient souvent des taux effectifs dérisoires. Pourtant, la zone euro n'a toujours pas été capable de prendre la moindre décision tangible : on en est encore à discuter de la mise en place d'une base commune d'imposition, et on n'a toujours pas abordé sérieusement la question d'un taux minimal commun d'imposition. Quel sens cela a-t-il de se mettre d'accord sur une base commune si chaque pays peut ensuite fixer un taux quasi nul et attirer tous les sièges d'entreprises ?

La raison de cette inaction est que le Conseil des ministres des Finances fonctionne le plus souvent suivant le principe de l'unanimité : sur la fiscalité, il suffit d'un veto du Luxembourg pour tout bloquer. Et sur les rares décisions qui peuvent en principe être prises à la majorité, les grands pays disposent en pratique d'un droit de veto. Ainsi, l'Allemagne et son ministre des Finances s'arc-boutent sur l'idée absurde que la Grèce doit dégager un énorme excédent budgétaire primaire de 3,5 % du PIB pour les décennies à venir, et cette idée bloque toute décision.

Le problème réside dans la structure même du Conseil des ministres des Finances, qui est une machine à dresser les intérêts nationaux (ou faussement perçus comme tels) les uns contre les autres et à produire de l'inertie. À partir du moment où une seule personne représente un pays de 80 millions d'habitants (l'Allemagne) ou de 65 millions d'habitants (la France), il est presque impossible que cette personne accepte sereinement d'être mise en minorité. Cela empêche toute décision majoritaire apaisée – et même toute délibération publique.

Il faut donc remplacer le Conseil des ministres des Finances par une véritable assemblée parlementaire de la zone euro, dans laquelle chaque pays serait représenté par un certain nombre de députés issus de son parlement national, en proportion de la population de son pays et des différents groupes politiques.

On aurait par exemple 30 députés venant du Bundestag allemand et 25 de l'Assemblée nationale française, issus de tous les partis. On se rendrait vite compte que les opinions sur la dette grecque ou l'impôt sur les sociétés varient beaucoup à l'intérieur de chaque pays, y compris en Allemagne, et il deviendrait possible de prendre des décisions majoritaires qui permettent d'aller au-delà des oppositions nationales. On se rappellerait aussi au passage que l'Allemagne représente 24 % de la population de la zone, contre 51 % pour la France, l'Italie et l'Espagne, et 25 % pour la Belgique, la Grèce, le Portugal et les autres pays.

Une solution alternative serait de se reposer sur une sous-formation zone euro du Parlement européen. Il me semble nettement préférable d'asseoir l'assemblée parlementaire de la zone euro sur les parlements nationaux : d'une part parce qu'ils ont la légitimité démocratique nécessaire pour engager les contribuables nationaux, d'autre part parce qu'il est essentiel, par cette innovation démocratique majeure, de consacrer l'existence d'un noyau dur plus intégré que l'Union européenne dans son ensemble et disposant de ses institutions propres.

En tout état de cause, il est essentiel que les candidats aux élections à venir fassent enfin des propositions précises sur la mise en place d'un gouvernement démocratique de la zone euro, faute de quoi tous les discours sur la relance de l'Europe et le gouvernement économique resteront des vœux pieux.

De l'inégalité en Chine

14 février 2017

Avec Trump et le Brexit, le modèle démocratique occidental a du plomb dans l'aile. Les médias chinois s'en donnent à cœur joie. Le *Global Times* (quotidien officiel) dénonce à longueur de colonnes le détonant cocktail de nationalisme, xénophobie, séparatisme, télé-réalité, vulgarité et argent roi auquel mènent les prétendues élections libres et les merveilleuses institutions politiques que l'Occident voudrait imposer au monde. Finies, les leçons !

Les autorités chinoises organisaient récemment un colloque international sur « le rôle des partis politiques dans la gouvernance économique mondiale ». Le message envoyé à cette occasion par le Parti communiste chinois (PCC) est parfaitement clair : c'est en s'appuyant sur de solides corps intermédiaires tels que le PCC (90 millions de membres, soit environ 10 % de la population adulte, une proportion équivalente à celle de la participation aux primaires américaines ou françaises) qu'il est possible d'organiser la délibération et la prise de décision, et de concevoir un modèle de développement stable, harmonieux et réfléchi, à l'abri des pulsions identitaires et des forces centrifuges du supermarché électoral.

Ce faisant, le régime chinois risque fort de pécher par excès de confiance. Les limites du modèle sont bien connues, à commencer par le manque absolu de transparence et la répression féroce qui s'abat sur tous ceux qui dénoncent l'opacité du régime.

D'après les statistiques officielles, la Chine serait restée un pays faiblement inégalitaire, où les fruits de la croissance sont équitablement répartis. Or rien n'est moins sûr, comme l'illustrent les résultats d'une étude récemment réalisée avec Li Yang et Gabriel Zucman[1]. En combinant des sources inédites, en particulier en confrontant des données fiscales et patrimoniales aux enquêtes et comptes nationaux, nous montrons que les données officielles sous-estiment fortement le niveau des inégalités en Chine et son évolution.

Entre 1978 et 2015, la croissance chinoise a incontestablement permis de sortir le pays de la pauvreté. La part du pays dans le PIB mondial est passée d'à peine 4 % en 1978 à 18 % en 2015 (alors que sa part dans la population mondiale déclinait légèrement, passant de 22 % à 19 %). Exprimé en parité de pouvoir d'achat et en euros de 2015, le revenu national par habitant est passé d'à peine 150 euros par mois en 1978 à près de 1 000 euros par mois en 2015. Si le revenu moyen du pays reste entre trois et quatre fois plus faible qu'en Europe ou en Amérique du Nord, les 10 % des Chinois les plus aisés – soit 130 millions de personnes tout de même – disposent, eux, d'un revenu moyen équivalent à celui des pays riches.

Le problème est que les 50 % des Chinois les plus pauvres ont bénéficié d'une croissance deux fois plus faible que la

1. Thomas Piketty, Li Yang et Gabriel Zucman, « Capital Accumulation, Private Property and Rising Inequality in China, 1978-2015 », WID.world, Working Paper Series n° 2017/6.

moyenne. D'après nos estimations, qui doivent être considérées comme une borne inférieure de l'inégalité en Chine, la part des 50 % les plus pauvres dans le revenu national chinois est passée de 28 % à 15 % entre 1978 et 2015, alors que celle des 10 % les plus riches passait de 26 % à 41 %. L'ampleur du phénomène est impressionnante : les niveaux d'inégalité sociale chinois ont nettement dépassé les niveaux européens, et se rapprochent à vive allure de ceux observés aux États-Unis.

On retrouve la même évolution, de façon encore plus spectaculaire, pour la concentration de la propriété privée. Entre 1995 et 2015, la part du patrimoine privé détenue par les 10 % les plus riches est passée de 41 % à 67 %. En vingt ans, la Chine est passée d'un niveau inférieur à celui observé en Suède à un niveau proche de celui des États-Unis. Cela traduit une forte inégalité d'accès au patrimoine immobilier (presque entièrement privatisé au cours de cette période) et un processus de privatisation partielle des entreprises réservé à de minces groupes, dans des conditions de grande opacité. À ce rythme, le risque est que la Chine développe une sorte de plouto-communisme, avec une concentration de la propriété privée plus forte que dans les pays capitalistes, le tout tenu par un Parti communiste unique.

Il faut toutefois souligner une différence essentielle. La part de l'État chinois dans le capital national de la Chine (immobilier, entreprises, terres, infrastructures et équipements) a beaucoup baissé mais demeure très substantielle. D'après nos estimations, cette part du capital public était de 70 % du capital national en 1978, et elle s'est stabilisée autour de 30 % depuis 2006, avec même une légère progression depuis la crise, traduction d'une reprise en main des entreprises publiques.

Dans les pays capitalistes, la part du capital public était de l'ordre de 20 % à 30 % pendant la grande période de l'économie mixte (1950-1980), mais cette part s'est effondrée depuis 1980, à mesure que l'on privatisait les actifs publics et qu'on laissait filer la dette. En 2007, seule l'Italie avait un capital public négatif (avec des dettes supérieures aux actifs). En 2015, c'est le cas des États-Unis, du Royaume-Uni et du Japon (la France et l'Allemagne ont un capital public à peine positif). Autrement dit, les propriétaires privés détiennent non seulement la totalité du capital national, mais ont également un droit de tirage sur les recettes fiscales futures. Cela grève sérieusement la capacité régulatrice de la puissance publique.

La position de l'État chinois est plus prometteuse, à condition, toutefois, que les autorités fassent la démonstration que ce potentiel peut être mis au service du plus grand nombre. Les Chinois ne veulent plus recevoir de leçons de l'Occident. Mais il n'est pas sûr qu'ils supportent très longtemps celles de leurs dirigeants suprêmes.

À quoi ressemblerait une assemblée de la zone euro ?

9 mars 2017

À quoi ressemblerait l'assemblée de la zone euro défendue la semaine dernière dans *Le Monde* par Benoît Hamon[1] ? Quelle serait sa composition politique, et serait-elle oui ou non en mesure de « mettre l'austérité en minorité » ? Permettrait-elle d'instaurer un gouvernement enfin démocratique de la zone euro[2] ?

Précisons d'emblée qu'il n'existe pas d'assemblée miracle ni de traité parfait, et qu'aucun changement des institutions ne pourra à lui seul réconcilier les citoyens avec l'Europe. Le projet de « traité de démocratisation de la gouvernance de la zone euro[3] » (T-Dem) n'est rien d'autre qu'une première

1. Benoît Hamon (entretien), « Mon objectif en Europe : mettre l'austérité en minorité », *Le Monde*, 9 mars 2017.

2. Voir « Pour un gouvernement enfin démocratique de la zone euro », 1er février 2017.

3. Disponible en ligne en français sur http://piketty.pse.ens.fr/files/T-DEM%20-%20Version%20finale%209mars2017.pdf ; et en anglais sur http://piketty.pse.ens.fr/files/T-DEM%20-%20Final%20english%20version%209march2017.pdf. Voir également Stéphanie Hennette, Thomas Piketty,

base de discussion, qui devra être largement débattue et améliorée grâce aux propositions de tous.

Rédigé par des spécialistes reconnus de droit européen – Stéphanie Hennette, professeure de droit public à l'université Paris-Nanterre, et Guillaume Sacriste et Antoine Vauchez, enseignants chercheurs en sciences politiques à l'université Paris-I-Panthéon-Sorbonne et au Centre national de la recherche scientifique (CNRS) –, ce projet de traité a au moins le mérite d'exister et de montrer que des solutions sont possibles pour rendre l'Europe plus démocratique et plus sociale, sans pour autant revoir l'ensemble des traités, et en s'appuyant uniquement sur les pays qui souhaitent aller de l'avant, à commencer par la France, l'Allemagne, l'Italie et l'Espagne, qui à elles quatre représentent 76 % de la population et du produit intérieur brut de la zone euro. Ce projet de démocratisation tranche singulièrement avec le flou des propositions européennes habituellement évoquées par les responsables politiques et permet d'ouvrir le débat sur une base précise.

Concrètement, quelles seraient donc la composition et l'orientation politique de l'assemblée parlementaire de la zone euro institué par le traité de démocratisation ? On peut imaginer plusieurs scénarios, suivant que l'on envisage une assemblée resserrée (autour de 100 membres) ou une assemblée élargie (avec le maximum de 400 membres prévu dans le T-Dem, art. 4).

Dans le cas d'une assemblée resserrée, si l'on part de l'hypothèse de 100 membres issus des parlements nationaux, alors l'Allemagne déléguera 24 membres (car elle représente 24 % de la population de la zone euro), la France 20 membres, l'Italie 18 membres, l'Espagne 14 membres, et ainsi de suite.

Guillaume Sacriste et Antoine Vauchez, *Pour un traité de démocratisation de l'Europe*, Paris, Seuil, 2017.

Afin de garantir un siège minimum à chaque État membre (T-Dem, art. 4), il faut cinq sièges supplémentaires, d'où un total de 105 membres issus des parlements nationaux. En ajoutant 25 membres issus du Parlement européen, on aboutirait à un total de 130 membres, 105 issus des parlements nationaux (80 %) et 25 du Parlement européen (20 %) (comme prévu par le T-Dem, art. 4). Cette assemblée de petite taille aurait l'avantage de l'efficacité (voir tableau 0)[1].

À l'inverse, une assemblée élargie permettrait une meilleure prise en compte de la pluralité politique, en particulier pour les petits pays, qui pourraient être représentés par un minimum de trois membres. On obtiendrait une assemblée de 400 membres, dont 320 issus des parlements nationaux et 80 du Parlement européen (voir tableau 1).

Il est aussi possible de réfléchir à la composition politique que pourrait avoir cette assemblée sur une échelle gauche-droite. La chose a bien sûr une part d'artificialité tant les camps « droite », « gauche » et « gauche radicale » qu'on a représentés dans le tableau 2 existent d'un pays à l'autre selon des frontières changeantes et peinent le plus souvent à exister comme telles dans les enceintes européennes. On fait pourtant le pari que, en faisant voir ainsi des regroupements politiques et des majorités potentiels, on pointe les contours possibles d'une véritable politique transnationale. On touche ainsi du doigt ce qu'une socialisation parlementaire transnationale autour d'identités partisanes et de clivages politiques pourrait faire émerger, et le fait que les gauches et les droites nationales pourraient se trouver redéfinies dans cette assemblée – surtout s'il s'avère qu'elle n'est pas une simple chambre d'enregistrement mais qu'elle exerce des

1. Les données détaillées sur les parlements nationaux ayant servi à l'établissement des tableaux présentés ici ont été rassemblées avec l'aide de Manon Bouju.

Tableau 0

Assemblée de la zone euro : répartition des sièges entre pays

	Population (millions) *(Eurostat, estimations au 1er janvier 2016)*	**Population (% zone euro)**	**Nombre de sièges dans l'Assemblée de la zone euro** *(prorata de la population sur une base de 100 sièges, avec ajout d'un siège minimum pour les petits pays, d'où une assemblée de 105 sièges)*
Allemagne	**82**	**24 %**	**24**
France	**67**	**20 %**	**20**
Italie	**61**	**18 %**	**18**
Espagne	**46**	**14 %**	**14**
Pays-Bas	17	5 %	5
Belgique	11	3 %	3
Grèce	11	3 %	3
Portugal	10	3 %	3
Autriche	9	3 %	3
Finlande	5	2 %	2
Slovaquie	5	2 %	2
Irlande	5	1 %	1
Lituanie	3	1 %	1
Slovénie	2	1 %	1
Lettonie	2	1 %	1
Estonie	1	0 %	1
Chypre	1	0 %	1
Luxembourg	1	0 %	1
Malte	0	0 %	1
	340	**100 %**	**105**
Représentants du Parlement européen			**25**
Nombre total de membres de l'Assemblée			**130**

Sources et séries : voir piketty.pse.ens.fr.

pouvoirs effectifs (comme cela est prévu par le T-Dem, en particulier avec le vote du budget de la zone euro et d'un impôt commun sur les bénéfices des sociétés alimentant ce budget ; voir articles 12 à 15).

Quelle que soit la solution retenue, il faut souligner que la composition de l'assemblée pencherait assez nettement à

Tableau 1

Assemblée de la zone euro : répartition des sièges entre pays

	Population (millions)	**Population (% zone euro)**	**Nombre de sièges dans l'Assemblée de la zone euro**	
			Version 1 : Assemblée resserrée	**Version 2 : Assemblée élargie**
	(Eurostat, estimations au 1er janvier 2016)		*(prorata de la population sur une base de 100 sièges, avec ajout d'un siège minimum pour les petits pays, d'où une assemblée de 105 sièges)*	*(nombre de sièges multipliés par trois par comparaison à la version resserrée)*
Allemagne	**82**	**24 %**	**24**	**72**
France	**67**	**20 %**	**20**	**60**
Italie	**61**	**18 %**	**18**	**54**
Espagne	**46**	**14 %**	**14**	**42**
Pays-Bas	17	5 %	5	15
Belgique	11	3 %	3	9
Grèce	11	3 %	3	9
Portugal	10	3 %	3	9
Autriche	9	3 %	3	9
Finlande	5	2 %	2	6
Slovaquie	5	2 %	2	6
Irlande	5	1 %	1	6
Lituanie	3	1 %	1	5
Slovénie	2	1 %	1	3
Lettonie	2	1 %	1	3
Estonie	1	0 %	1	3
Chypre	1	0 %	1	3
Luxembourg	1	0 %	1	3
Malte	0	0 %	1	3
	340	**100 %**	**105**	**320**
Représentants du Parlement européen			**25**	**80**
Nombre total de membres de l'Assemblée			**130**	**400**

Sources et séries : voir piketty.pse.ens.fr.

gauche, tout du moins dans l'état actuel des groupes politiques présents dans les différents parlements nationaux (mars 2017). Par exemple, dans l'hypothèse d'une assemblée resserrée, les

105 membres issus des parlements nationaux se répartiraient en 44 membres issus de la droite et du centre droit (CDU/CSU, LR, PP, etc.), 47 issus de la gauche et des écologistes (SPD, Grünen, PS, PD, PSOE, etc.), 9 issus de la gauche dite radicale (Die Linke, Podemos, Syriza, etc.), et 5 non classés (Mouvement 5 étoiles, etc.) (voir tableau 2). La prise en compte des 25 membres issus du Parlement européen, en proportion des différents groupes, ne modifierait qu'à la marge cet équilibre.

Il faut également souligner que, sur les questions de la politique budgétaire, de la relance de l'économie européenne, de la restructuration de la dette, etc., la position de la droite française, espagnole ou italienne est souvent assez sensiblement différente de celle de la droite allemande, qui ne compterait que 12 sièges (sur 105 membres issus des parlements nationaux) au sein de l'assemblée de la zone euro.

Pour résumer : l'assemblée de la zone euro n'est pas la panacée, notre proposition de traité peut et doit être améliorée et complétée, et nous ne prétendons nullement que les décisions qui seront prises par cette assemblée seront toujours conformes à nos vœux ou permettront de résoudre comme par enchantement tous les problèmes de l'Europe. Mais il nous semble légitime de dire que cette assemblée fournit un cadre démocratique permettant de placer l'austérité en minorité, ou tout du moins de modifier très substantiellement les rapports de force actuels, et de faire enfin prévaloir une logique de délibération publique, pluraliste et démocratique sur le culte du huis clos et de l'opacité. À chacun de dire – en particulier Jean-Luc Mélenchon, Emmanuel Macron et François Fillon – comment ils proposent d'amender et de modifier cette proposition de composition de l'assemblée, ou bien s'ils envisagent de gouverner durablement la zone euro sans assemblée et de s'en tenir au *statu quo* intergouvernemental actuel.

Tableau 2

Assemblée de la zone euro : répartition des sièges entre groupes politiques

(membres issus des Parlements nationaux)

	Nombre de sièges dans l'Assemblée de la zone euro	**Répartition des sièges au prorata des groupes politiques présents dans les parlements nationaux (plus forte moyenne) (février 2017)**			
	(prorata de la population sur une base de 100 sièges, avec ajout d'un siège minimum pour les petits pays)	*Droite (CDU/CSU, LR, PP, etc.)*	*Gauche (SPD, Grünen, PS, PD, PSOE, etc.)*	*Gauche radicale (Die Linke, Podemos, Syriza, etc.)*	*Autres (M5S,..)*
Allemagne	**24**	**12**	**10**	**2**	**0**
France	**20**	**9**	**11**	**0**	**0**
Italie	**18**	**3**	**12**	**0**	**3**
Espagne	**14**	**7**	**4**	**3**	**0**
Pays-Bas	5	2	2	1	0
Belgique	3	2	1	0	0
Grèce	3	1	0	2	0
Portugal	3	1	1	1	0
Autriche	3	1	1	0	1
Finlande	2	1	0	0	1
Slovaquie	2	1	1	0	0
Irlande	1	1	0	0	0
Lituanie	1	0	1	0	0
Slovénie	1	0	1	0	0
Lettonie	1	0	1	0	0
Estonie	1	1	0	0	0
Chypre	1	1	0	0	0
Luxembourg	1	1	0	0	0
Malte	1	0	1	0	0
Total	**105**	**44**	**47**	**9**	**5**

Note : la répartition indiquée ici prend uniquement en compte les Chambres basses (Bundestag, Assemblée nationale, etc.). Les résultats prenant également en compte les Chambres hautes (Bundesrat, Sénat, etc.) ne varieraient qu'à un ou deux sièges près par pays.
Sources et séries : voir piketty.pse.ens.fr.

Dernier point : il n'est peut-être pas inutile de souligner que les résultats ne seraient guère différents si l'on répartissait les sièges en proportion du produit intérieur brut (PIB) des différents pays, et non de leur population. Un tel système électoral, qui reviendrait à appliquer une règle « un euro, une voix » entre pays (système d'ailleurs en vigueur pour les votes au conseil des gouverneurs du Mécanisme européen de stabilité [MES] ainsi qu'à la Banque centrale européenne [BCE] pour les votes qui concernent la restructuration de son capital), serait évidemment bien moins satisfaisant d'un point de vue démocratique, et à nos yeux totalement inacceptable (pourquoi ne pas l'appliquer également entre régions, entre individus ?). Mais le fait est qu'il conduirait à des résultats peu différents pour la composition de l'assemblée, tout simplement parce que les PIB par habitant sont en vérité assez proches au sein de la zone euro (voir tableau 3). Concrètement, l'Allemagne représente 24 % de la population de la zone, contre 51 % pour la France, l'Italie et l'Espagne, et 25 % pour les autres pays. En proportion du PIB, la répartition est de 28 % pour l'Allemagne, 48 % pour la France, l'Italie et l'Espagne réunies, et 24 % pour tous les autres pays. Autrement dit, si l'on appliquait cette clé de répartition, le nombre de sièges alloués à l'Allemagne augmenterait légèrement, mais l'équilibre politique ne serait affecté que très marginalement : par exemple la droite allemande aurait 14 sièges au lieu de 12 (sur 105 membres issus des parlements nationaux).

Abordons maintenant la question qui fâche : que se passe-t-il si certains de nos partenaires refusent toute discussion sur le traité de démocratisation de la zone euro ? Prenons un cas d'école : que se passe-t-il si les responsables politiques allemands, de peur de se faire mettre en minorité dans une assemblée démocratique de la zone euro, ferment la porte à toute négociation ? On peut apporter trois séries de réponses à cette question.

Premièrement, même dans l'hypothèse la plus sombre où certains de nos partenaires refuseraient toute discussion, il nous semble essentiel de poser sur la table une alternative

Tableau 3

Zone euro : répartition de la population *vs* répartition du PIB

	Population (millions) *(Eurostat, estimations au 1er janvier 2016)*	**Population (% zone euro)**	**PIB (milliards d'euros)** *(2015, SEC 2010, prix de marché) (Eurostat, dernière mise à jour 21/02/2017)*	**PIB (% zone euro)**
Allemagne	**82**	**24 %**	**2 791**	**28 %**
France	**67**	**20 %**	**2 095**	**21 %**
Italie	**61**	**18 %**	**1 554**	**16 %**
Espagne	**46**	**14 %**	**1 068**	**11 %**
Pays-Bas	17	5 %	656	7 %
Belgique	11	3 %	384	4 %
Grèce	11	3 %	184	2 %
Portugal	10	3 %	172	2 %
Autriche	9	3 %	310	3 %
Finlande	5	2 %	187	2 %
Slovaquie	5	2 %	76	1 %
Irlande	5	1 %	229	2 %
Lituanie	3	1 %	34	0 %
Slovénie	2	1 %	37	0 %
Lettonie	2	1 %	21	0 %
Estonie	1	0 %	17	0 %
Chypre	1	0 %	18	0 %
Luxembourg	1	0 %	46	0 %
Malte	0	0 %	8	0 %
Total	**340**	**100 %**	**9 888**	**100 %**
dont : Allemagne	**82**	**24 %**	**2 791**	**28 %**
France-Italie-Espagne	**174**	**51 %**	**4 717**	**48 %**
Autres pays	**84**	**25 %**	**2 380**	**24 %**

Sources et séries : voir piketty.pse.ens.fr.

possible. Jusqu'à présent, les responsables politiques français n'ont jamais proposé de véritable projet d'union parlementaire et politique à leurs partenaires de la zone euro. La France se plaint régulièrement de Bruxelles, de l'Allemagne, du monde entier parfois, mais on ne l'a guère vue faire de proposition publique et précise permettant de mettre en place une Europe plus démocratique et plus sociale. Même dans l'hypothèse la plus sombre où ces propositions seraient rejetées purement et simplement par nos partenaires, cette étape de proposition et d'explicitation des désaccords nous semble essentielle d'un point de vue politique et historique. Si la France proposait publiquement la démocratie parlementaire à la zone euro et à l'Allemagne, sur une base un homme-une voix, et que l'Allemagne refusait obstinément toute discussion sur une telle proposition, alors il est probable qu'il résulterait de tout cela un climat de méfiance et d'exaspération qui finirait par avoir raison de la zone euro. Il est probable que d'autres votes, à d'autres élections en France ou ailleurs, conduisent à de nouvelles sorties et à une explosion du projet européen. Mais même dans ce cas de figure extrêmement sombre, il nous semble essentiel qu'une alternative démocratique plausible ait d'abord été explicitement débattue.

Deuxièmement, ce scénario extrêmement pessimiste ne nous semble pas le plus réaliste, loin s'en faut. Nos partenaires, en particulier nos partenaires allemands, sont au moins aussi attachés que nous aux valeurs de la démocratie parlementaire, et sont souvent beaucoup plus avancés dans leurs réflexions sur l'union politique. Outre que le pouvoir politique pourrait fort bien changer de mains et basculer à gauche dans un proche avenir en Allemagne, il existe de très nombreux citoyens et responsables politiques allemands, y compris bien sûr à droite, qui accueilleraient très favorablement une proposition française d'union parlementaire de la zone euro. À tout le moins, il ne fait aucun doute qu'une négociation s'engagerait, et un compromis devrait être trouvé, dont personne ne peut préjuger ce qu'il sera. La pression des peuples et des opinions, notamment en Italie et en Espagne, pousse dans le sens de la démocratisation de l'Europe.

Troisièmement, le projet de T-Dem prévoit lui-même, dans ses conditions de ratification (art. 20), une possible sortie de crise. Il suffit que 10 pays de la zone euro sur 19, représentant au moins 70 % de la population, ratifient le T-Dem pour qu'il entre en vigueur. Dans l'absolu, il est possible d'envisager une entrée en vigueur sans l'un des grands pays, par exemple sans l'Allemagne. Cette voie ne semble pas la plus souhaitable, ni la plus probable, loin s'en faut. Mais il existe au moins un chemin permettant aux pays qui le souhaitent de montrer leur bonne volonté, en lançant un processus de ratification partielle, ce qui permettra d'accroître la pression sur des pays qui refuseraient toute discussion. L'enjeu aujourd'hui n'est pas de fixer des dates butoirs au-delà desquelles on se mettrait à jouer au Brexit. Il est de poser des actes concrets pouvant montrer qu'il existe un chemin démocratique permettant de sortir des contradictions dans lesquelles notre continent s'est enferré.

Capital public, capital privé

14 mars 2017

Le débat économique actuel est surdéterminé par deux réalités que l'on oublie trop souvent de relier l'une à l'autre : d'un côté, la forte progression des dettes publiques ; et, de l'autre, la prospérité des patrimoines détenus par les propriétaires privés. Du côté de la dette publique, les chiffres sont bien connus : elle atteint ou dépasse un peu partout 100 % du revenu national (près d'une année de produit intérieur brut), contre à peine 30 % dans les années 1970. Loin de moi l'idée de minimiser l'ampleur du problème : il s'agit du plus haut niveau d'endettement public observé depuis la Seconde Guerre mondiale, et l'expérience historique montre qu'il est difficile de réduire une telle dette par des moyens ordinaires. Mais justement, pour bien comprendre les enjeux et les alternatives, il est essentiel de remettre en perspective cette réalité par rapport à l'évolution d'ensemble de la structure de la propriété.

Résumons. L'ensemble de ce qui est possédé dans un pays peut se décomposer entre le capital public, c'est-à-dire la différence entre les actifs publics (bâtiments, terrains, infrastructures, portefeuilles financiers, participations dans des entreprises, etc., détenus par la puissance publique sous ses différentes formes : État, collectivités, etc.) et les dettes publiques ; et le capital privé, c'est-à-dire la différence entre les actifs et les dettes des ménages privés.

Pendant les « trente glorieuses », les actifs publics étaient très substantiels (autour de 100 %-150 % du revenu national, du fait d'un très large secteur public à la suite des nationalisations d'après-guerre), et nettement supérieurs aux dettes (elles-mêmes faibles historiquement – moins de 30 % du revenu national – à la suite de l'inflation, des annulations de dettes et des prélèvements exceptionnels sur le capital privé des années 1945-1955). Au total, le capital public – net de dettes – était largement positif, de l'ordre de 100 % du revenu national.

Depuis les années 1970, la situation s'est totalement transformée. Le mouvement de privatisations qui débute vers 1980 conduit à une stagnation des actifs publics autour de 100 % du revenu national, en dépit de la hausse des prix immobiliers et boursiers. Dans le même temps, la dette publique s'approche de 100 % du revenu national, si bien que le capital public net est devenu quasi nul. À la veille de la crise de 2008, il était déjà négatif en Italie. Les dernières données disponibles pour 2015-2016 montrent que le capital public net est devenu négatif aux États-Unis, au Japon et au Royaume-Uni. Dans tous ces pays, la mise en vente de l'ensemble des actifs publics ne suffirait pas à rembourser la dette. En France et en Allemagne, le capital public est à peine positif[1].

Mais cela ne signifie pas que les pays riches soient devenus pauvres : ce sont leurs gouvernements qui se sont appauvris,

1. Voir Facundo Alvaredo, Lucas Chancel, Thomas Piketty, Emmanuel Saez et Gabriel Zucman, « Global Inequality Dynamics : New Findings from WID.world », National Bureau of Economic Research, Working Paper n° 23119, 2017.

La chute de la part de la propriété publique, 1978-2018

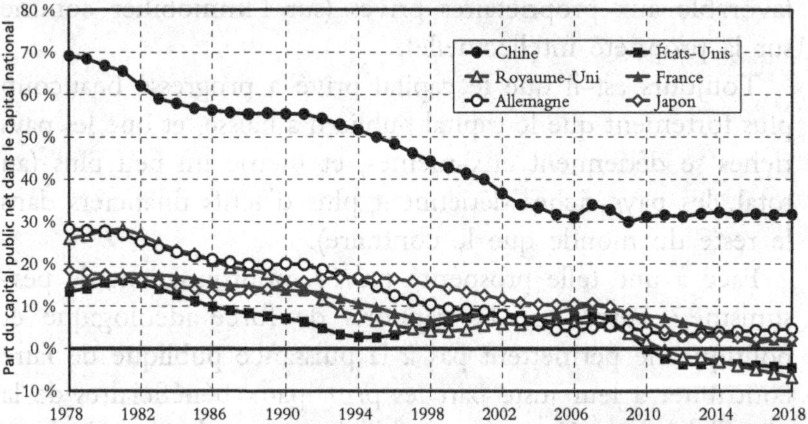

Lecture : la part du capital public (actifs publics nets de dettes, toutes collectivités publiques et tous actifs confondus : entreprises, immeubles, terres, participations et actifs financiers, etc.) dans le capital national (c'est-à-dire la somme du capital public et privé) était d'environ 70 % en Chine en 1978, et elle s'est stabilisée autour de 30 % depuis le milieu des années 2000. Elle était autour de 15 %-30 % dans les pays capitalistes à la fin des années 1970 ; elle est quasi nulle ou négative à la fin des années 2010.
Sources et séries : voir piketty.pse.ens.fr/ideologie. Thomas Piketty, *Capital et idéologie, op. cit.*, p. 706.

ce qui est très différent. De fait, dans le même temps, les patrimoines privés – nets de dettes – ont progressé de façon spectaculaire : ils représentaient 300 % du revenu national dans les années 1970, alors qu'en 2015 ils approchent ou dépassent 600 % dans tous les pays riches.

Cette prospérité des patrimoines privés a des causes multiples : hausse de l'immobilier (effets d'agglomération dans les grandes métropoles), vieillissement de la population et baisse de la croissance (ce qui accroît mécaniquement l'épargne accumulée dans le passé relativement au revenu courant, et contribue à gonfler les prix des actifs), et aussi, bien sûr, privatisation d'actifs publics et accroissement de la dette (qui est détenue d'une façon ou d'une autre par les propriétaires privés, via les banques). On peut ajouter les très forts rendements obtenus par les plus hauts patrimoines financiers (qui progressent structurellement plus vite que la taille de l'économie mondiale) et une évolution du système légal globalement très favorable aux propriétaires privés (sur l'immobilier comme sur la propriété intellectuelle).

Toujours est-il que le capital privé a progressé beaucoup plus fortement que le capital public n'a baissé, et que les pays riches se détiennent eux-mêmes, et même un peu plus (au total, les pays riches détiennent plus d'actifs financiers dans le reste du monde que le contraire).

Face à une telle prospérité privée, pourquoi tant de pessimisme ? Parce que les rapports de force idéologique et politique ne permettent pas à la puissance publique de faire contribuer à leur juste part les principaux bénéficiaires de la mondialisation. Cette impossibilité perçue de l'impôt juste nourrit la fuite vers la dette. Le sentiment d'impuissance est renforcé par l'ampleur inédite de l'interpénétration financière et patrimoniale : chaque pays est détenu par ses voisins, notamment en Europe, d'où un sens profond de perte de contrôle.

Dans l'histoire, les grandes transformations de la structure de la propriété vont souvent de pair avec de profonds bouleversements politiques. On le voit avec la Révolution française, la guerre civile américaine, les guerres euro-mondiales du XXe siècle, la Libération. Les forces nationalistes à l'œuvre aujourd'hui pourraient conduire à un retour aux monnaies nationales et à l'inflation, ce qui favoriserait certaines redistributions plus ou moins chaotiques, au prix d'une violente mise en tension de la société et d'une ethnicisation du conflit politique. Face à ce risque mortifère auquel mène le *statu quo* actuel, il n'existe qu'une solution : il faut tracer un chemin démocratique permettant de sortir de l'impasse et d'organiser les nécessaires redistributions dans le cadre de l'État de droit.

QUELLES RÉFORMES POUR LA FRANCE ?

2017-2018

De l'inégalité en France

18 avril 2017

Selon une légende tenace, la France serait un pays profondément égalitaire, et qui aurait échappé comme par miracle à l'explosion des inégalités observée partout ailleurs. Comment dès lors expliquer l'inquiétude face à la mondialisation et à l'Europe qui s'exprime si fortement dans cette campagne présidentielle ? D'abord parce que ce grand mythe national de l'exception égalitaire française est très exagéré, et ensuite car il est trop souvent utilisé par les groupes dominants pour justifier nos hypocrisies hexagonales.

Le fait n'est pas nouveau. La France fut le dernier pays à adopter l'impôt progressif sur le revenu, lors de la loi du 15 juillet 1914, votée *in extremis* pour financer la guerre, alors que cet impôt était déjà en place en Allemagne, au Royaume-Uni, en Suède, aux États-Unis ou au Japon, parfois depuis des décennies, pour financer les écoles et les services publics. Jusqu'en 1914, les élites politiques et économiques de la IIIe République refusent obstinément une telle réforme, au nom du fait que la France serait déjà devenue égalitaire par la grâce de la Révolution, et n'aurait donc nullement besoin d'un impôt spoliateur et intrusif, plus adapté aux peuples aristocratiques et autoritaires qui nous entourent. En réalité, les archives successorales démontrent que la concentration de la propriété et des revenus était tout aussi extrême dans la France de l'époque que dans les autres sociétés européennes (et plus forte qu'aux États-Unis).

On retrouve aujourd'hui la même hypocrisie face aux inégalités béantes de notre système éducatif. En France, on choisit en toute bonne conscience républicaine de consacrer trois fois plus de ressources publiques aux étudiants des filières sélectives que ce que l'on accorde à ceux des cursus universitaires, où se concentrent nombre de jeunes socialement moins favorisés. Or cette tendance élitiste et austéritaire, qui a déjà conduit à une baisse de 10 % de la dépense par étudiant entre 2007 et 2017 (alors même que l'on ne parle que d'économie de la connaissance, d'innovation, etc.), risque fort de s'aggraver dans le quinquennat qui vient, si l'on en juge par certains programmes. La France est également le seul pays où les écoles et collèges privés sont financés presque intégralement par le contribuable, tout en conservant le droit de choisir les élèves qui leur conviennent, ce qui contribue à des niveaux insupportables de ségrégation sociale. Là encore, le *statu quo* a malheureusement le vent en poupe.

Concernant l'évolution des inégalités monétaires, une nouvelle étude réalisée avec Bertrand Garbinti et Jonathan Goupille-Lebret[1] démontre également les limites du mythe égalitaire français. Certes, l'explosion des inégalités a été moins massive qu'aux États-Unis, où la part des 50 % les plus pauvres dans le revenu national s'est littéralement effondrée. Il reste que la France a connu elle aussi un fort accroissement des

1. Bertrand Garbinti, Jonathan Goupille-Lebret et Thomas Piketty, « Income Inequality in France, 1900-2014 : Evidence from Distributional National Accounts (DINA) », WID.world, Working Paper Series n° 2017/4.

Les « trente glorieuses » ne sont pas finies pour tout le monde

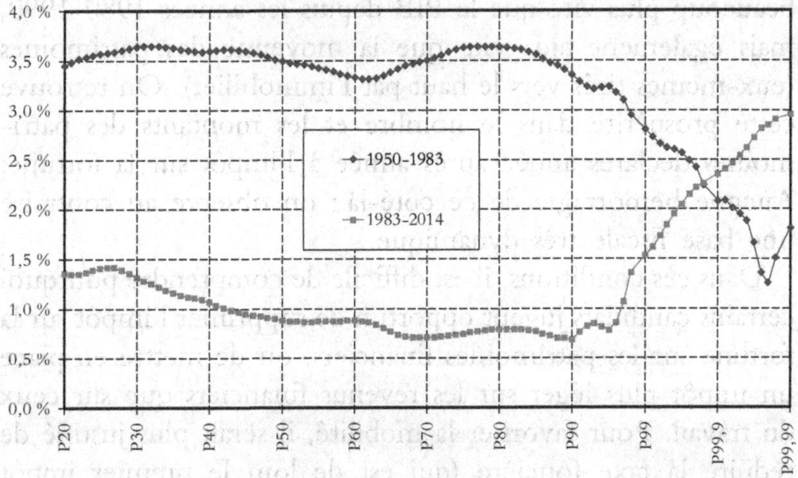

Lecture : taux de croissance réels annuels moyens du revenu avant impôt par adulte en percentiles. Données individuelles (revenu des couples mariés divisé par deux).
Source : Bertrand Garbinti, Jonathan Goupille-Lebret et Thomas Piketty, « Income Inequality in France, 1900-2014 : Evidence from Distributional National Accounts (DINA) », WID.world, Working Paper Series n° 2017/4.

inégalités. Entre 1983 et 2015, le revenu moyen des 1 % les plus aisés a progressé de 100 % (en sus de l'inflation), et celui des 0,1 % les plus aisés de 150 %, contre à peine 25 % pour le reste de la population (soit moins de 1 % par an). Les 1 % les plus riches ont capté à eux seuls 21 % de la croissance totale, contre 20 % pour les 50 % les plus pauvres. La rupture avec les « trente glorieuses » est frappante : entre 1950 et 1983, les revenus progressaient de près de 4 % par an pour l'immense majorité de la population, et ce sont au contraire les plus hauts revenus qui devaient se contenter d'une croissance d'à peine 1 % par an. Le fait que les « trente glorieuses » ne soient pas terminées pour tout le monde n'est pas passé inaperçu : il suffit de lire les magazines sur les rémunérations des dirigeants et les classements de fortunes pour s'en rendre compte.

L'étude confirme également la forte croissance des plus hauts patrimoines, qui au-delà de 10 millions d'euros sont à 90 %

des portefeuilles financiers, et qui ont progressé non seulement beaucoup plus vite que le PIB depuis les années 1980-1990, mais également plus vite que la moyenne des patrimoines (eux-mêmes tirés vers le haut par l'immobilier). On retrouve cette prospérité dans le nombre et les montants des patrimoines déclarés année après année à l'impôt sur la fortune. Aucune hémorragie de ce côté-là : on observe au contraire une base fiscale très dynamique.

Dans ces conditions, il est difficile de comprendre pourquoi certains candidats jugent opportun de supprimer l'impôt sur la fortune sur les patrimoines financiers, ou de mettre en place un impôt plus léger sur les revenus financiers que sur ceux du travail. Pour favoriser la mobilité, il serait plus justifié de réduire la taxe foncière (qui est de loin le premier impôt sur le patrimoine : 30 milliards de recettes, contre 5 milliards pour l'ISF) pour les ménages endettés en voie d'accession à la propriété.

Certains évoqueront des retours d'ascenseur en rapport avec les financements politiques observés. On peut aussi voir dans ces choix fiscaux les effets d'une idéologie sincère mais fausse, selon laquelle la mise en concurrence généralisée des personnes et des territoires conduirait spontanément à l'harmonie sociale et la prospérité pour tous. Ce qui est certain, c'est qu'il est dangereux de s'adresser en priorité aux gagnants de la mondialisation et d'inventer une nouvelle passion française pour l'impôt régressif, alors même que les groupes sociaux les plus fragilisés ont le sentiment d'être abandonnés, et sont de plus en plus souvent tentés par les sirènes xénophobes. Il est urgent d'en finir avec le déni inégalitaire français.

Quelles réformes pour la France ?

16 mai 2017

L'élection d'Emmanuel Macron va-t-elle permettre de relancer la France et l'Europe ? On aimerait y croire, mais rien n'est gagné. Le nouveau président a quelques bonnes intuitions, mais l'ensemble reste brouillon et opportuniste.

Le chantier le plus prometteur est la modernisation et l'unification de notre protection sociale. Plus encore qu'ailleurs, notre système social s'est construit par strates et empilements. Il en résulte beaucoup de complexité et d'illisibilité.

Le cas des retraites est le plus extrême. Le système est bien financé, mais la multitude des régimes et des règles fait que personne ne comprend rien à ses droits futurs. Une unification d'ensemble s'impose, notamment pour les jeunes générations, dont les parcours professionnels comprennent souvent de multiples passages par le public, le privé et l'entrepreneuriat, qui devraient ouvrir aux mêmes droits. Il reste à se mettre d'accord sur de nouvelles règles communes, le traitement réservé aux carrières émiettées, aux métiers pénibles, etc. Ce ne sera pas une mince affaire, d'autant plus que l'on part de presque rien – l'unification des retraites tient en une ligne dans le programme de M. Macron.

Autre chantier majeur : l'assurance-chômage. À condition, là aussi, de ne pas se tromper de cible. Le durcissement des règles imposées aux demandeurs d'emploi est supposé conduire à d'énormes (et peu crédibles) économies, et l'extension des droits aux départs volontaires et aux non-salariés est mal pensée. On devrait plutôt étendre le système au secteur public, où l'on a laissé se développer, dans la plus grande hypocrisie, des statuts ultraprécaires totalement exclus de l'assurance-chômage.

Quant au code du travail, on connaît les conditions d'une réforme équilibrée : une clarification et un éventuel assouplissement des conditions de rupture du contrat à durée indéterminée (CDI) ne peuvent se concevoir que si l'embauche à durée indéterminée devient la norme et que l'on restreint l'usage du contrat à durée déterminée (CDD). Par ailleurs, l'hyperdécentralisation des négociations salariales a contribué à l'abyssal excédent allemand, et n'est pas la recette pour un développement européen équilibré.

Sur l'éducation, le programme macronien comprend une bonne intuition : donner enfin de réels moyens supplémentaires aux écoles défavorisées, que l'on s'est jusqu'ici contenté de stigmatiser. La mesure proposée paraît toutefois trop ciblée sur les premières classes du primaire (l'inégalité des chances doit être combattue au moins jusqu'au collège), et n'est guère cohérente avec les coupes budgétaires annoncées, sauf à augmenter fortement les tailles des classes dans les autres écoles. Le retour prévu à la néfaste semaine de quatre jours, inconnue partout ailleurs, montre aussi les ambiguïtés du macronisme : une pincée de réformisme, une louche de conservatisme.

Plus généralement, on peine à voir une vision d'ensemble pour une réelle stratégie d'investissement dans la formation. L'enjeu est pourtant crucial. La France a actuellement la main-d'œuvre la plus productive du monde (à égalité avec l'Allemagne, et avec un modèle beaucoup plus égalitaire que les États-Unis), mais cette position est loin d'être garantie[1]. Le pays sort d'une récession de dix ans – le produit intérieur brut (PIB) par habitant est, en 2017, inférieur de 5 % à ce qu'il était en 2007 –, avec pour conséquence catastrophique une chute de près de 10 % de l'investissement par étudiant dans l'enseignement supérieur. Ne l'oublions jamais : la population française est en progression constante (contrairement à celle de l'Allemagne), et le nombre d'étudiants augmente plus rapidement encore. C'est une excellente chose, à condition qu'on y mette les moyens adéquats.

Sur le financement de la protection sociale et la fiscalité, M. Macron est terriblement conservateur. Il mise tout sur l'augmentation de la contribution sociale généralisée (CSG), alors que l'urgence aujourd'hui est la mise en place du prélèvement à la source pour l'impôt sur le revenu (IR). C'est une réforme que la France s'apprête enfin à appliquer en janvier 2018, un demi-siècle après tous les autres pays, mais que M. Macron veut maintenant repousser, ce qui ne manque pas de sel pour quelqu'un qui prétend moderniser le pays ! Elle permettrait de rapprocher enfin l'IR et la CSG, qui doit devenir progressive et non plus proportionnelle, pour les salariés comme pour les retraités et les autres revenus.

M. Macron a visiblement un problème avec la notion même d'impôt progressif, puisqu'il propose de plafonner à 30 % l'imposition des plus hauts revenus financiers (contre 55 % pour les hauts revenus du travail équivalents), et de supprimer l'impôt sur le patrimoine pour les portefeuilles financiers (pour des raisons étranges, il s'imagine qu'un investissement financier est forcément plus productif qu'un investissement immobilier).

1. Voir « De la productivité en France et en Allemagne », 5 janvier 2017.

Évoquons enfin la réforme de l'Europe. L'enjeu central est de donner à la zone euro des institutions démocratiques solides permettant de faire face aux crises futures[1]. Quand les taux d'intérêt remonteront, quand il faudra une légitimité démocratique forte pour prendre des décisions difficiles sur le rééchelonnement des dettes, ce n'est pas dans le huis clos des réunions de chefs d'État et de ministres des Finances que les problèmes se régleront. Il faudra s'appuyer sur la délibération publique et la pluralité des opinions présentes dans chaque pays, et donc sur une assemblée de l'union monétaire reposant à la fois sur les députés nationaux et européens.

L'absence d'institutions démocratiques fortes est le danger le plus grave qui menace l'Europe. Malheureusement, rien n'indique que les élections françaises et allemandes de cette année permettront de le surmonter.

1. Voir « À quoi ressemblerait une assemblée de la zone euro ? », 9 mars 2017.

Reagan puissance dix

13 juin 2017

Trump est-il un ovni dans l'histoire américaine, ou bien peut-on le voir comme le prolongement de tendances longues ? Sans chercher à nier les spécificités évidentes du « Donald » et de son inimitable art du tweet, force est de constater que les éléments de continuité l'emportent.

Le programme fiscal qu'il vient de déposer au Congrès est éloquent. Il tient en deux mesures centrales : réduction du taux de l'impôt fédéral sur les bénéfices des sociétés de 35 % à 15 % (taux que Trump voudrait aussi appliquer aux revenus des entrepreneurs individuels tels que lui-même) ; suppression totale des droits de succession. Il s'agit clairement de la prolongation directe du programme de démolition de l'impôt progressif lancé par Reagan dans les années 1980.

Revenons en arrière. Afin de contrer la montée des inégalités et la concentration excessive des fortunes (alors perçue comme contraire à l'esprit démocratique américain), et afin aussi de ne pas ressembler un jour à la Vieille Europe (considérée au XIXe siècle et à la Belle Époque comme aristocratique et oligarchique outre-Atlantique, non sans raisons), les États-Unis mettent en place dans les années 1910 et 1920 un niveau de progressivité fiscale inconnu dans l'histoire. Ce grand mouvement de compression des inégalités implique à la fois l'impôt sur le revenu (le taux appliqué aux revenus les plus élevés fut en moyenne de 82 % entre 1930 et 1980) et sur les successions (avec des taux atteignant 70 % sur les transmissions des patrimoines les plus importants).

Tout change avec l'élection de Reagan en 1980 : la réforme de 1986 réduit à 28 % le taux supérieur de l'impôt sur le revenu, et tourne le dos aux politiques sociales issues du New Deal rooseveltien, accusées d'avoir ramolli l'Amérique et favorisé le rattrapage par les vaincus de la guerre. Mais Reagan laisse subsister un impôt sur les sociétés élevé et des taux fortement progressifs sur les successions. Trente ans après Reagan, et dix ans après une première tentative par Bush fils d'abolir les droits de succession, Trump lance en 2017 une nouvelle vague de cadeaux aux grandes entreprises et aux plus fortunés, tout cela après avoir supprimé l'Obamacare.

Et il a de bonnes chances d'être suivi par le Congrès. Les républicains tenteront certes d'ajouter une mesure dite d'« ajustement aux frontières », consistant à autoriser la déduction des exportations du bénéfice imposable, et inversement à interdire la déduction des importations (le fameux plan Ryan). Ce mélange inédit d'impôt sur les sociétés et de TVA à l'européenne suscite déjà l'ire de l'Organisation mondiale du commerce (OMC, ce qui n'est pas pour déplaire à Trump), mais aussi celle des importateurs (par exemple les supermarchés Walmart), ce qui est plus gênant. En théorie, la mesure pourrait être neutralisée par une appréciation du dollar, mais en pratique les taux de change sont déterminés par bien d'autres facteurs, et personne ne veut prendre le risque.

Il est probable que l'on se contentera de mesures ciblées sur des importations et exportations spécifiques (histoire de faire passer le message que les républicains défendent mieux l'industrie américaine que les démocrates, sournoisement libre-échangistes, et toujours prêts à tout céder aux Mexicains et aux autres peuples envieux qui entourent l'Amérique), et qu'un compromis sera trouvé aussi bien sur les successions que sur une réduction massive du taux de l'impôt sur les sociétés, sans doute autour de 15 %-20 %, ce qui risque de relancer le dumping fiscal en Europe et dans le monde.

Il reste la question essentielle : comment un programme aussi clairement proriches et antisocial parvient-il à séduire une majorité d'Américains, en 1980 comme en 2016 ? La réponse classique est que la mondialisation et la concurrence exacerbée entre territoires conduisent au triomphe du chacun pour soi. Mais cela ne suffit pas : il faut y ajouter l'habileté des républicains à manier la rhétorique nationaliste, à cultiver un certain anti-intellectualisme, et surtout à diviser les classes populaires en exacerbant les clivages ethniques, culturels et religieux.

Dès les années 1960, les républicains commencent à bénéficier du report graduel d'une partie des voix des classes populaires blanches et sudistes, mécontentes du mouvement des droits civiques et des politiques sociales accusées de trop profiter aux Noirs. Ce mouvement long et profond se poursuit avec la victoire cruciale de Nixon en 1972 (face au démocrate McGovern, qui propose d'instituer un revenu minimum universel au niveau fédéral, financé par un nouvel alourdissement des droits de succession : c'est le sommet du programme rooseveltien), Reagan en 1980, et finalement Trump en 2016 (qui n'hésite pas à manier la stigmatisation raciale au sujet de l'Obamacare, comme Nixon et Reagan avant lui).

Pendant ce temps, l'électorat démocrate se concentre de plus en plus sur les plus diplômés et les minorités, et finit par ressembler par certains aspects à l'électorat républicain de la fin du XIXe siècle (Blancs favorisés et Noirs émancipés), comme si la grande boucle avait été bouclée et que la coalition rooseveltienne rassemblant les classes populaires au-delà des clivages raciaux n'avait finalement été qu'une parenthèse.

Espérons que l'Europe – qui par certains côtés est menacée d'une évolution semblable, avec des classes populaires qui font davantage confiance pour les défendre aux forces anti-immigrés qu'aux partis qui se disent progressistes – sache en tirer les leçons. Et que l'échec social prévisible du trumpisme ne conduise pas le « Donald » à une fuite en avant nationaliste et militaire, comme tant d'autres avant lui.

Députés marcheurs, prenez le pouvoir !

20 juin 2017

Avec plus de 350 sièges, les députés élus sous l'étiquette « La République en marche » (LRM) vont disposer d'une écrasante majorité à l'Assemblée nationale. Vont-ils l'utiliser pour être à la pointe de la réforme et du renouveau de la politique française ? Ou bien vont-ils se contenter de jouer le rôle de simple chambre d'enregistrement, en votant docilement les textes que leur enverra le gouvernement, sans aucun esprit critique ?

Il se trouve qu'un premier test grandeur nature va arriver très vite, avec la question du prélèvement à la source, dont le gouvernement souhaite repousser la mise en place en 2019, et peut-être éternellement, pour des raisons totalement opportunistes et injustifiées. Ce recul augure très mal de la prétendue volonté de réforme et de modernisation du système fiscalo-social français affichée par le nouveau pouvoir (volonté malheureusement assez floue dès lors qu'on entre dans les détails[1]), et fait craindre le pire pour la suite. Or,

1. Voir « Quelles réformes pour la France ? », 16 mai 2017.

contrairement à ce qui a été dit, le gouvernement ne peut pas prendre une telle décision sans un vote du Parlement, qui devrait par conséquent avoir lieu dans les jours ou les semaines qui viennent.

De deux choses l'une. Soit les députés LRM imposent le maintien de cette réforme emblématique et son application dès janvier 2018, comme cela a été voté par le Parlement sortant à l'automne 2016 dans le cadre de la loi de finances pour 2017. On saura alors que les nouveaux élus sont prêts à prendre toute leur place dans les réformes futures et à s'opposer quand il le faut au pouvoir exécutif. Soit ils acceptent de suivre le gouvernement dans son conservatisme, ce qui semble malheureusement le plus probable. Cela signerait le fait que nous avons affaire avec cette nouvelle majorité et ce nouveau pouvoir à des réformateurs en carton-pâte.

De quoi s'agit-il ? Le prélèvement à la source a été mis en place pour l'impôt sur le revenu dès 1920 en Allemagne et en Suède, au cours de la Seconde Guerre mondiale aux États-Unis, au Royaume-Uni et aux Pays-Bas, et dans les années 1960-1970 en Italie et en Espagne. Parmi les pays développés, la France est le seul à ne pas l'avoir mis en place. Cela fait partie des archaïsmes les plus criants de notre système fiscal et de notre administration : nous avons sur ce sujet entre un siècle et un demi-siècle de retard sur tous les autres pays.

C'est d'autant plus regrettable que le prélèvement à la source permettrait un gain d'efficacité appréciable pour l'ensemble des parties prenantes. D'abord pour les contribuables, qui se retrouvent dans le système actuel à payer leurs impôts avec plus d'un an de retard sur leurs revenus, alors que leur situation professionnelle et financière peut parfois avoir évolué du tout au tout. Le nouveau système permettrait au contraire d'ajuster en temps réel l'impôt payé à la situation de chacun.

Pour l'administration fiscale ensuite : cela permettrait aux agents du fisc de concentrer leur énergie sur des tâches plus importantes, en particulier le contrôle fiscal et la lutte contre la fraude.

Pour les entreprises enfin : même si certains chefs d'entreprise prétendent par conservatisme que cette réforme leur donnera du travail supplémentaire (le même argument a toujours été utilisé dans tous les pays où cette réforme a été mise en œuvre depuis un siècle...), la vérité est que le prélèvement à la source est déjà en place dans l'Hexagone depuis 1945 pour les cotisations sociales et les autres prélèvements sociaux (avec au total des recettes prélevées à la source supérieures à 20 % du PIB si l'on inclut les cotisations et la CSG, alors que l'impôt sur le revenu représente moins de 4 % du PIB), et que son extension à l'impôt sur le revenu sera une source de simplification de l'ensemble de notre système fiscal, ce qui *in fine* bénéficiera aux entreprises et à tous les acteurs sociaux et économiques.

De fait, le report perpétuel de cette réforme nous a conduits à des absurdités bureaucratiques d'une complexité inouïe. Exemple criant : la prime pour l'emploi (PPE), récemment rebaptisée prime d'activité. Actuellement, un salarié rémunéré au smic à plein temps voit son salaire réduit d'environ 300 euros par mois (de 1 450 euros bruts à tout juste 1 150 euros nets) après déduction à la source des cotisations sociales et de la CSG. Puis, s'il en fait la demande, il peut plusieurs mois plus tard recevoir de la part des caisses d'allocations familiales l'équivalent de 130 euros par mois au titre de la prime d'activité. Il serait évidemment préférable de moins prélever à la source, de façon que chacun dispose d'un salaire net plus élevé sur son bulletin mensuel et puisse organiser sa vie en fonction de ressources connues avec certitude, plutôt que de perdre son temps dans des démarches administratives incertaines, stigmatisantes et aléatoires. Pourquoi s'est-on retrouvé avec un système aussi absurde ? Parce que l'impôt sur le revenu n'est pas prélevé à la source, si bien que la PPE – qui relevait de l'impôt sur le revenu lors de sa mise en place – n'a jamais pu être versée automatiquement sur les bulletins de salaire. Cela fait partie des multiples situations concrètes qui pourraient enfin être débloquées si la réforme était instaurée.

Au-delà de ces aspects pratiques, qui sont essentiels, la mise en place du prélèvement à la source revêt un enjeu démocratique, politique et philosophique beaucoup plus large. Il s'agit d'un des éléments importants permettant de clarifier les relations entre l'État et le citoyen-contribuable, et de penser de façon unifiée la question des impôts et celle des transferts, le problème de la justice fiscale et celui de la justice sociale, la question du revenu juste et celle du salaire juste.

De façon générale, rien ne serait plus faux que de traiter ces questions de fiscalité et de mode de prélèvement comme des questions purement techniques. Sans prélèvement juste et accepté, sans consentement à l'impôt, il ne peut exister de capacité commune à agir. Toutes les grandes révolutions politiques mettent en jeu à leur cœur des révolutions fiscales. Sans le prélèvement à la source, la Sécurité sociale n'aurait pu être mise en place : imagine-t-on chaque salarié faire des chèques aux caisses de Sécurité sociale avec un an de retard, pour des montants portant sur plus de 20 % du PIB ? Le fait que le prélèvement à la source n'ait jamais été étendu aux impôts d'État traduit une limite forte de notre capacité collective à construire une relation de confiance entre le citoyen-contribuable et l'État central dans notre pays. Il s'agit d'une question qui engage l'ensemble de notre contrat social.

Malheureusement, cela fait des décennies que l'on débat régulièrement de la généralisation du prélèvement à la source en France, et que cette réforme est à chaque fois repoussée. En 1999, face aux protestations d'une partie des agents du fisc et des entreprises, le gouvernement Jospin avait finalement décidé de sacrifier son ministre Sautter qui portait la réforme, qui avait alors été repoussée d'un an. C'était il y a dix-huit ans.

Après avoir longtemps hésité, les gouvernements socialistes au pouvoir entre 2012 et 2017 ont finalement décidé de présenter et de faire adopter par l'Assemblée à l'automne 2016 un projet extrêmement abouti permettant la mise en place de la réforme en janvier 2018. On peut certes regretter que ce nouveau système ne soit pas entré en application plus tôt, avant les élections et non après, afin que la réforme ne puisse plus être remise en cause. Sans doute peut-on y voir un dernier coup de billard à cinq bandes de François Hollande, qui espérait ainsi aider sa campagne de réélection ; on sait ce qu'il en advint.

Toujours est-il qu'il s'agit d'une bonne réforme, sans aucun doute la plus importante depuis des décennies dans le domaine fiscal, et que le système solennellement adopté par les députés à l'automne 2016 dans le cadre de loi de finances pour 2017 est un bon système, qui en particulier s'appuie sur les technologies informatiques modernes (dont ne disposaient pas les réformateurs allemands, suédois, américains et britanniques de l'entre-deux-guerres ou de la Seconde Guerre mondiale) pour permettre la transmission en temps réel et anonymisée de toutes les informations nécessaires pour que les entreprises appliquent le bon taux de prélèvement. Toutes les concertations avec les agents du fisc et les entreprises avaient eu lieu, plus personne ne contestait la réforme, tout était prêt pour une mise en œuvre en janvier 2018.

Suite à l'utile discussion parlementaire de l'automne 2016, il avait même été prévu que les contribuables qui le souhaitent puissent aisément choisir l'application d'un taux neutre (ne prenant pas en compte les autres revenus les concernant ou leur situation de famille) ou d'un taux individualisé (permettant au conjoint qui gagne le moins, souvent la femme, d'être prélevé à un taux inférieur à celui appliqué à l'autre). Aucun autre pays dans l'histoire n'avait pu offrir autant de garanties et de choix lors de la mise en place du prélèvement à la source (c'est l'avantage des réformes tardives : on dispose de moyens techniques supérieurs).

Et voici qu'arrive en mai 2017 un nouveau président, Emmanuel Macron, autoproclamé « reformator » en chef du pays. Et qu'annonce-t-il lors d'un communiqué publié le 7 juin, à quelques jours du premier tour des législatives ? Que l'application du prélèvement à la source est repoussée *sine die*. Certes, une mise en place en 2019 est évoquée. Mais vu que le dernier report d'un an a eu lieu en 1999, on peut légitimement s'inquiéter. L'expérience historique sur ces questions suggère que ce type de réforme doit être conduit en début de quinquennat (surtout quand la réforme est déjà prête !), faute de quoi il existe un risque élevé de report perpétuel.

Tout cela est d'autant plus inquiétant que l'excuse officielle – selon laquelle la charge serait trop lourde pour les entreprises et que la réforme n'est pas encore prête – n'est tout simplement pas crédible. Les entreprises allemandes, suédoises, américaines, britanniques, néerlandaises, espagnoles, italiennes, etc., sont prêtes depuis un siècle ou un demi-siècle (suivant les cas) pour appliquer le prélèvement à la source, à des époques où l'informatique n'existait même pas, et on voudrait nous faire croire que les entreprises françaises ne seraient pas prêtes pour appliquer ce système en 2018 ? Aucun de ces pays n'est jamais revenu sur cette réforme, et on en est encore à se demander si la France est prête pour tenter l'aventure ? Tout cela n'a strictement aucun sens.

En vérité, tout le monde sait bien que les véritables raisons du report sont ailleurs. Il s'agit d'une part de faire plaisir à la frange la plus conservatrice des chefs d'entreprise, et d'autre part et surtout de garantir le maximum de visibilité à la micro-réforme fiscale que Macron souhaite mettre en place en janvier 2018, à savoir la hausse de la CSG de 1,7 % permettant de financer une baisse de cotisations sociales de 3 % pour les salariés (au détriment notamment des retraités). Cette réforme doit se traduire par une hausse de salaire net, et Macron souhaite éviter que la mise en place concomitante du prélèvement à la source brouille le message.

Soyons clair : il s'agit d'une excuse particulièrement lamentable. D'abord parce que les contribuables peuvent parfaitement comprendre qu'il s'agit de deux réformes distinctes, pour peu qu'on prenne la peine de le leur expliquer. Ensuite parce que la bidouille sur les taux de CSG et de cotisations est particulièrement indéfendable sur le fond : *de facto*, on s'apprête à réduire les pensions de retraite à partir de 1 400 euros par mois pour augmenter les salaires mensuels de 5 000 euros, 10 000 euros ou 20 000 euros. Je souhaite bonne chance aux députés LRM qui devront expliquer à leurs électeurs la logique d'une telle redistribution, et j'espère que le moment venu ils feront preuve de plus de bon sens que leur « reformator » en chef. En l'occurrence, la bonne solution serait évidemment une réforme reposant sur des taux progressifs, c'est-à-dire plus faibles sur les plus bas revenus mensuels et plus importants sur les plus élevés, qu'il s'agisse de salaires ou de pensions de retraite.

En tout état de cause, il est extrêmement inquiétant de voir un président prendre le risque de plomber durablement une réforme aussi structurelle que la mise en place du prélèvement à la source, simplement pour pouvoir donner plus de visibilité à une micro-réforme fiscale (qui, quoi qu'on puisse en penser sur le fond, n'est qu'une petite réforme paramétrique : on augmente un taux d'un impôt existant pour en baisser un autre).

Dernière excuse d'une totale mauvaise foi, parfois relayée par des médias complaisants ou mal informés : le prélèvement à la source serait impossible à mettre en place en France du fait de la « familialisation » de l'impôt sur le revenu, c'est-à-dire le fait que l'impôt dépende de la situation de famille (enfants à charge et conjoint). En réalité, il en va de même dans tous les pays. Partout dans le monde, l'impôt dépend d'une façon ou d'une autre du nombre d'enfants à charge, avec différents systèmes de déductions du revenu imposable ou de réductions d'impôt. Ces systèmes diffèrent certes du quotient familial à la française, mais ils ont eux aussi pour conséquence que le taux de prélèvement à appliquer dépend du nombre d'enfants à charge (parfois de façon plus forte qu'en France, compte tenu du plafonnement du quotient familial), et cela n'empêche nullement le prélèvement à la source de s'appliquer. Rappelons également qu'en Allemagne et aux États-Unis le calcul de l'impôt dépend également du revenu du conjoint, suivant un système très proche du quotient conjugal à la française, et que là encore cela n'empêche aucunement le prélèvement à la source de s'appliquer depuis près d'un siècle. Sur toutes ces questions, la réforme française offre en réalité beaucoup plus de flexibilité et de confidentialité que toutes les réformes similaires pratiquées dans les autres pays.

Concluons : le communiqué du gouvernement du 7 juin annonce le report de la réforme, comme si tout était déjà décidé, tout en précisant discrètement que « des mesures législatives et réglementaires adéquates » seront bientôt prises pour « organiser ce report ». De fait, même si le nouveau pouvoir exécutif aimerait bien se passer de tout contre-pouvoir parlementaire, c'est heureusement impossible dans l'état actuel du droit. La réforme du prélèvement à la source, avec un calendrier précis de mise en place, a été adoptée de façon solennelle par l'Assemblée à l'automne 2016. Seul un nouveau vote de l'Assemblée permettra de modifier ce calendrier et de repousser cette réforme. Espérons que les députés LRM sauront se saisir de cette occasion en or pour affirmer leur foi dans le renouveau démocratique, la réforme et la modernisation de notre pays.

P-S : Aux dernières nouvelles[1], il semblerait que le gouvernement s'apprête à faire passer le report du prélèvement à la source dans le même paquet d'ordonnances que la réforme du code du travail. Autrement dit, le pouvoir en place s'apprête à utiliser un procédé supposé permettre d'accélérer les réformes pour en torpiller une qui est déjà prête ! Il ne reste donc plus aux députés attachés au prélèvement à la source et à la modernisation fiscale du pays que de supprimer l'article correspondant de la loi d'habilitation, lors du débat parlementaire qui aura lieu dans les jours qui viennent.

1. Sarah Belouezzane et Bertrand Bissuel, « Code du travail : ce qu'il y a dans le projet de loi d'habilitation », *Le Monde*, 21 juin 2017.

La comédie du CICE
11 juillet 2017

Et un report de plus ! Le gouvernement d'Emmanuel Macron et d'Édouard Philippe avait déjà annoncé le report, pour 2019, du prélèvement de l'impôt sur le revenu à la source, pour des raisons totalement opportunistes[1]. Avec le risque que cette réforme élémentaire de modernisation fiscale, attendue en France depuis des décennies, ne voie finalement jamais le jour, alors même que le dispositif était prêt pour une application en janvier 2018. Et voici que le gouvernement annonce maintenant le report pour 2019 du remplacement du crédit d'impôt pour la compétitivité et l'emploi (CICE) par un allégement pérenne de cotisations patronales, réforme qui avait pourtant été promise pendant la campagne… et aussi par François Hollande depuis 2014. Soyons clair : ces deux reculs sont extrêmement inquiétants et traduisent l'impréparation du nouveau pouvoir pour réformer le pays. Ou peut-être, plutôt, une très grande préparation pour exercer le pouvoir avec cynisme et sans réelle volonté de réforme.

1. Voir « Députés marcheurs, prenez le pouvoir ! », 20 juin 2017.

Revenons en arrière. Lorsque Hollande arrive au pouvoir en 2012, il commence par supprimer – à tort – les allégements de cotisations patronales que son prédécesseur vient de mettre en place. Puis, quelques mois plus tard, il invente le fameux CICE, un dispositif complexe qui vise à rembourser aux entreprises, avec un an de retard, une partie des cotisations patronales acquittées un an plus tôt. Le nouveau système est totalement illisible pour les entreprises, qui se retrouvent le plus souvent à recevoir des chèques sans savoir pourquoi. En outre, ce type de dispositif se caractérise toujours par une instabilité chronique et une imprévisibilité quasi totale à l'horizon de quelques années, ce qui n'encourage guère les décisions à long terme, y compris pour les entreprises les mieux informées. En réalité, le CICE ne fait qu'ajouter une couche de complexité sur un système fiscalo-social qui en compte déjà beaucoup trop.

Pourtant, toute la technostructure hollandaise – avec, à sa tête, l'actuel président de la République – n'en démord pas. Il s'agit d'une idée géniale, car cela permet de repousser le coût budgétaire à 2014 (le crédit d'impôt est en effet remboursé avec un an de retard, contrairement aux allégements de cotisations, qui auraient coûté au budget de l'État dès 2013). De cette façon, on allait avoir le beurre et l'argent du beurre : la baisse immédiate des déficits européens, et les créations d'emplois. Pas de chance : nous n'avons eu ni l'une ni les autres, en partie à cause de ce complexe gaspillage d'argent public.

Dès 2014, François Hollande en arrive donc à la conclusion évidente : il faut supprimer le CICE et revenir à un allégement pérenne de cotisations patronales. Sauf que ni lui ni Emmanuel Macron aujourd'hui n'ont visiblement le moindre plan précis pour nous débarrasser de la verrue qu'ils ont eux-mêmes créée et qui, entre-temps, a pris des proportions monumentales (plus de 20 milliards d'euros par an). Le problème est que ce qui faisait l'attrait du CICE aux yeux de ses concepteurs (le report du coût dans le temps) est maintenant devenu un boulet : lors de l'année de suppression du dispositif (mettons, en 2018), le coût sera double, puisqu'il faudra à la fois rembourser des cotisations acquittées en 2017 et alléger celles dues en 2018. Il est pourtant plus que temps d'avoir ce courage politique, faute de quoi cette usine à gaz durera éternellement.

Le plus inquiétant est que M. Macron – comme d'ailleurs M. Hollande en 2014-2015 – semble vouloir faire porter la responsabilité du *statu quo* aux employeurs. Il propose en effet à ces derniers de remplacer 100 euros de CICE par 100 euros d'allégement de cotisations, en sachant pertinemment que l'opération conduira mécaniquement à 30 euros d'impôt sur les sociétés supplémentaires (car les allégements conduisent à une hausse du bénéfice imposable, contrairement au CICE). Placées face à un tel choix, il est bien évident que les entreprises choisiront toujours le maintien du CICE. Il faut cesser cette lamentable comédie : si le gouvernement veut vraiment réparer les erreurs passées, alors il faut remplacer 100 euros de CICE par 140 euros d'allégements de cotisations, pour un coût budgétaire inchangé pour l'État (compte tenu des recettes supplémentaires d'impôt sur les sociétés).

Le plus triste est que ces petits tripatouillages empêchent d'avancer sur le débat de fond, à savoir la réforme de notre système de financement de la protection sociale, qui repose effectivement de façon excessive sur les cotisations. Encore faut-il préciser les recettes alternatives. Pour certains, la bonne approche est la TVA sociale. Mais l'addition serait lourde pour les plus modestes. La seule véritable alternative est la CSG progressive : il faut mettre à contribution de la même façon tous les revenus (salaires du privé, traitements du public, pensions de retraite, revenus du patrimoine), avec un barème progressif dépendant du niveau du revenu global.

Plutôt que de refuser par principe les allégements de cotisations, les « frondeurs » socialistes auraient été bien inspirés de porter ce débat.

Que conclure de tout cela ? D'abord, qu'il ne suffit pas de se proclamer réformateur pour l'être réellement. Le pouvoir absolu enivre et fait perdre tout sens des réalités. Le présidentialisme à la française et ses courtisaneries n'arrangent rien. Ensuite, qu'il serait plus facile à la gauche de s'opposer utilement à la droite et au centre si elle commençait par formuler des propositions. Et, enfin, qu'il est temps que l'on sorte de la macronmania actuelle et que l'on parle enfin du fond. C'est le meilleur service à rendre pour la réussite du quinquennat et du pays.

Repenser le code du capital

12 septembre 2017

Que faut-il penser de la réforme du code du travail défendue par le gouvernement ? La principale mesure, et aussi la plus critiquée, consiste à plafonner les indemnités pour licenciement abusif à un mois de salaire par année d'ancienneté (et un demi-mois au-delà de dix ans). Autrement dit, un employeur pourra librement licencier un salarié présent depuis dix ans dans l'entreprise sans avoir à démontrer la moindre « cause réelle et sérieuse », et sans que le juge puisse lui imposer une indemnité supérieure à 10 mois de salaire. Pour un salarié présent depuis trente ans, l'indemnité ne pourra excéder 20 mois.

Le problème est que le coût social du licenciement, en termes d'indemnités chômage et de reclassement, est souvent bien supérieur. Supposé renforcer les incitations à embaucher, ce véritable permis de licencier risque surtout d'accroître le pouvoir arbitraire de l'employeur, de développer un sentiment de défiance peu propice aux investissements à long terme de la part des salariés, et aussi de multiplier les plaintes pour harcèlement ou discrimination (non soumises au plafonnement).

Il eût été plus utile d'accélérer les procédures de justice, qui sont scandaleusement lentes en France.

Le plus triste est que le gouvernement n'ait même pas saisi cette occasion pour renforcer l'implication des salariés dans la gouvernance des entreprises. En particulier, la réforme aurait été plus équilibrée si l'on avait décidé dans le même temps d'augmenter fortement le nombre de sièges des salariés dans les conseils d'administration, comme le demandait la Confédération française démocratique du travail (CFDT). Cela aurait aussi permis de promouvoir un véritable modèle européen de démocratie économique.

Revenons en arrière. Certains s'imaginent parfois que les règles définissant le pouvoir des actionnaires et des salariés dans les sociétés par actions ont été fixées une bonne fois pour toutes au XIXe siècle : une action, une voix, point final ! En réalité, il n'en est rien. Dès les années 1950, les pays germaniques et nordiques ont mis en place des législations transformant radicalement cet équilibre. L'objectif affiché était de promouvoir la « codétermination », c'est-à-dire un véritable partage du pouvoir entre capital et travail. Ces règles ont été consolidées au fil des décennies. Actuellement, les représentants des salariés détiennent ainsi la moitié des sièges dans les conseils d'administration des grandes entreprises en Allemagne, et un tiers des sièges en Suède, indépendamment de toute participation au capital. Il existe un très large consensus sur le fait que ces règles ont contribué à une meilleure implication des salariés dans la stratégie des entreprises allemandes et suédoises, et, *in fine*, à une plus grande efficacité économique et sociale.

Malheureusement, jusqu'à récemment, ce mouvement de démocratisation ne s'est pas étendu à l'étranger autant qu'on aurait pu l'imaginer. En particulier, le rôle des salariés est longtemps resté purement consultatif dans les sociétés françaises, britanniques, américaines. Pour la première fois, une loi française de 2014 a introduit un siège avec voix décisionnelle pour les représentants des salariés dans les conseils d'administration (un siège sur douze, ce qui reste très faible). Aux États-Unis et au Royaume-Uni, les actionnaires détiennent toujours la totalité des sièges, même si le débat commence à se faire de plus en plus pressant outre-Manche, poussé par les travaillistes, mais également par certains conservateurs.

Dans un tel contexte, si le gouvernement français décidait d'amplifier le mouvement en introduisant un nombre substantiel de sièges pour les salariés (mettons, entre un tiers et la moitié, de façon à rejoindre l'axe germano-nordique), il s'agirait d'un acte majeur. Cela permettrait de promouvoir une nouvelle norme mondiale en matière de droit des sociétés et, plus généralement, de contribuer à définir une véritable doctrine européenne dans le domaine économique et social, autrement plus intéressante et imaginative que la sacralisation quasi religieuse du principe de « concurrence libre et non faussée » qui a jusqu'ici caractérisé l'Union européenne.

Des travaux récents de chercheurs européens ont également montré que la réflexion sur la codétermination germano-nordique était loin d'être achevée, et que ce modèle pouvait lui-même être dépassé et amélioré. Pour sortir des jeux de rôle parfois stériles opposant les administrateurs désignés par les actionnaires et les salariés, Ewan McGaughey a ainsi proposé que les membres des conseils d'administration soient élus par des assemblées mixtes actionnaires-salariés. Ils seraient ainsi conduits à défendre des programmes d'action combinant des aspirations multiples. Isabelle Ferreras a quant à elle défendu l'idée d'un véritable bicaméralisme dans les entreprises, avec obligation pour le conseil des actionnaires et le conseil des salariés de se mettre d'accord et d'adopter les mêmes textes et décisions stratégiques. Julia Cagé a proposé que les droits de vote des actionnaires hégémoniques soient plafonnés et, inversement, que ceux des petits actionnaires et autres « crowdfunders » soient majorés d'autant. Initialement conçu pour les sociétés de médias à but non lucratif, ce modèle basé sur une relation non proportionnelle entre apports en capital et droits de vote pourrait être étendu à d'autres secteurs. Tous ces travaux ont un point commun : ils montrent que la réflexion sur le pouvoir et la propriété, que l'on a cru un instant éteinte après le désastre soviétique, ne fait en réalité que commencer. L'Europe et la France doivent y prendre toute leur place.

Suppression de l'ISF : une faute historique

10 octobre 2017

Disons-le d'emblée : la suppression de l'impôt sur la fortune (ISF) constitue une lourde faute morale, économique et historique. Cette décision montre une profonde incompréhension des défis inégalitaires posés par la mondialisation.

Revenons en arrière. Pendant la première mondialisation, entre 1870 et 1914, un puissant mouvement international avait fini par se développer pour promouvoir un nouveau type de redistribution et de fiscalité. Fondé sur l'impôt progressif sur le revenu, le patrimoine et les successions, ce nouveau modèle visait à mieux répartir les gains de la croissance et à réduire structurellement la concentration de la propriété et du pouvoir économique. Il fut mis en place avec succès des années 1920 aux années 1970, en partie sous la pression d'événements historiques dramatiques, mais également grâce à ce long processus intellectuel et politique. On observe peut-être aujourd'hui les prémices d'un mouvement similaire. Face à la montée des inégalités, la prise de conscience s'accélère. Les tenants du repli identitaire tentent certes d'exploiter le sentiment d'abandon des classes populaires, parfois avec succès. Mais on voit également monter une demande nouvelle de démocratie, d'égalité et de redistribution. Le Royaume-Uni pourrait ainsi basculer nettement à gauche dans les années qui viennent – et peut-être aussi les États-Unis en 2020, si l'on en juge par les candidats démocrates qui se préparent.

Dans un tel contexte, supprimer l'ISF en France aujourd'hui, près de quarante ans après l'arrivée au pouvoir de Reagan et Thatcher, est totalement à côté de la plaque. Cela n'a aucun sens de faire des cadeaux fiscaux aux groupes âgés et fortunés qui ont déjà beaucoup prospéré ces dernières décennies. D'autant plus que les pertes de recettes sont tout sauf symboliques. Si l'on ajoute les cadeaux accordés aux dividendes et intérêts (qui seront désormais taxés à un taux maximum de 30 %, contre 55 % pour les salaires et revenus d'activité non salariée), on aboutit à un coût total dépassant les 5 milliards d'euros. Soit l'équivalent de 40 % du budget total accordé aux universités et à l'enseignement supérieur, qui stagnera à 13,4 milliards en 2018, alors que les effectifs ne cessent d'augmenter et que la priorité devrait être d'investir dans la formation. Gageons que les étudiants sauront se le rappeler quand le gouvernement tentera d'ajouter la sélection à l'austérité dans les prochains mois.

L'argument du gouvernement est que l'ISF aboutirait à une hémorragie fiscale. Le problème est que cette affirmation est totalement fausse. Si l'on examine sereinement et objectivement l'ensemble des données disponibles – comptes nationaux, déclarations de revenus et de fortunes, enquêtes sur les patrimoines – alors la conclusion est sans appel : les plus hauts patrimoines se portent très bien en France, et il n'existe aucune hémorragie de ce côté-là.

Rappelons les faits principaux (tous les détails sont sur WID.world[1]). Entre 1980 et 2016, le revenu national moyen par adulte, exprimé en euros de 2016, est passé de 25 000 euros à un peu plus de 33 000 euros, soit une hausse d'environ 30 %. Pendant ce temps, le patrimoine moyen par adulte, tiré notamment par l'immobilier, a été multiplié par deux, passant de 90 000 à 190 000 euros. Plus frappant encore : le patrimoine des 1 % les plus fortunés, qui comprend plus de 70 % d'actifs financiers, est passé de 1,4 à 4,5 millions d'euros, soit une multiplication par plus de trois. Quant aux 0,1 % les plus fortunés, dont le patrimoine est financier à 90 %, et qui seront les principaux bénéficiaires de la suppression de l'ISF, leur patrimoine est passé de 4 à 20 millions d'euros, soit une multiplication par cinq. Autrement dit, les plus hauts patrimoines financiers ont progressé encore plus vite que les actifs immobiliers, alors que le contraire aurait dû se produire si l'hypothèse de fuite fiscale était vérifiée.

On retrouve d'ailleurs ce même résultat dans les classements de fortunes, en France comme dans tous les pays. D'après Forbes, les plus hauts patrimoines mondiaux – qui sont presque exclusivement financiers – ont progressé à un rythme de 6 %-7 % par an (en sus de l'inflation) depuis les années 1980, soit trois à quatre fois plus vite que la croissance du PIB et du patrimoine mondial par habitant. Certains y voient le signe quasi messianique d'un bénéfique dynamisme entrepreneurial. En vérité, on observe les mêmes progressions pour de nombreuses fortunes héritées (comme celle issue de L'Oréal, dont l'héritière a récemment disparu). Cette évolution

1. Voir en particulier Bertrand Garbinti, Jonathan Goupille-Lebret et Thomas Piketty, « Accounting for Wealth Inequality Dynamics : Methods, Estimates and Simulations for France (1800-2014) », WID.world, Working Paper Series n° 2016/5.

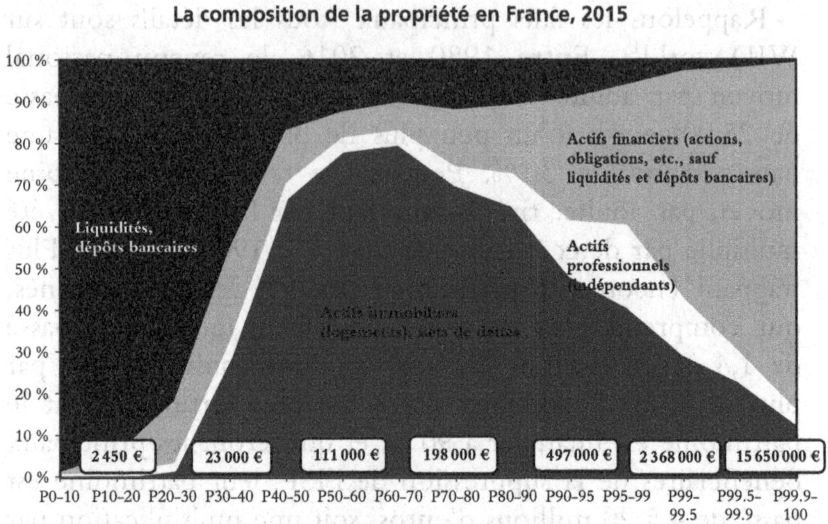

Lecture : en France en 2015 (comme dans tous les pays pour lesquels des données sont disponibles), les bas patrimoines sont composés principalement de liquidités et dépôts bancaires, les patrimoines moyens d'actifs immobiliers, et les hauts patrimoines d'actifs financiers (surtout des actions).
Note : la distribution indiquée ici est celle du patrimoine par adulte (patrimoine des couples divisé par deux).
Sources et séries : voir piketty.pse.ens.fr/ideologie. Thomas Piketty, *Capital et idéologie*, *op. cit.*, p. 647.

doit aussi beaucoup à des privatisations avantageuses et des positions de monopole particulièrement bénéfiques, notamment dans l'énergie, les télécoms et les nouvelles technologies, en Europe et aux États-Unis comme en Russie, au Mexique, en Inde ou en Chine. En tout état de cause, quelle que soit l'opinion de chacun sur l'importance de ces différents facteurs, on devrait pouvoir se mettre en accord sur le fait qu'un impôt sur la fortune avec un taux supérieur de 1,5 % ou 2 % (voire davantage) ne menace pas sérieusement une base fiscale qui progresse à un tel rythme, et qu'il existe d'autres priorités que de faire des cadeaux à ceux qui se portent le mieux.

Quant au stratagème politique consistant à transformer l'ISF en impôt sur la fortune immobilière (IFI), pour éviter d'afficher une suppression sèche de l'ISF, on reste sans voix. Il n'existe aucune raison logique d'imposer davantage une personne investissant sa fortune dans une maison ou un immeuble plutôt que dans un portefeuille financier, un yacht ou tout autre bien mobilier. Espérons que les députés se rappellent qu'ils n'ont pas été élus pour se prêter à une telle mascarade.

Budget 2018 : la jeunesse sacrifiée
12 octobre 2017

Le débat sur le budget 2018 s'est jusqu'ici concentré sur la question des cadeaux aux plus riches. De fait, la suppression de l'ISF et les mesures en faveur des dividendes et des intérêts vont coûter plus de 5 milliards d'euros au budget de l'État. Mais il est important d'insister aussi sur le revers de la médaille, autrement dit sur les perdants du budget 2018, et en particulier sur le sacrifice de la jeunesse, à travers la chute de la dépense par étudiant dans l'enseignement supérieur. Cela me permettra également de préciser plusieurs points soulevés par des internautes au sujet de ma dernière chronique[1].

Officiellement, le projet de loi de finances pour 2018 que vient de déposer le gouvernement affiche un chiffre en légère hausse pour le supérieur. Le budget du programme « Formations supérieures et recherche universitaire », qui regroupe la totalité des budgets de fonctionnement et d'équipement alloués à l'ensemble des universités françaises et des établissements

1. Voir « Suppression de l'ISF : une faute historique », 10 octobre 2017.

d'enseignement supérieur, passera ainsi de 13,3 milliards d'euros en 2017 à 13,4 milliards en 2018[1].

Si l'on reprend le fil des lois de finances présentées depuis 2008 par les gouvernements Sarkozy puis Hollande, on constate une stratégie de communication similaire : la hausse des budgets alloués à l'enseignement supérieur est minimale, mais on se débrouille généralement pour qu'elle soit légèrement positive. Au total, le budget nominal du programme « Formations supérieures et recherche universitaire » est ainsi passé de 11,3 milliards d'euros en 2008 à 13,4 milliards en 2018. Officiellement, l'honneur est sauf, l'université a été préservée ! Sauf qu'il s'agit d'un trompe-l'œil particulièrement grossier. Il faut d'abord prendre en compte la hausse des prix : même si elle est faible chaque année (elle sera d'environ 1 % en 2017, et sans doute autant en 2018, ce qui est déjà plus élevé que la hausse de 0,1 milliard du budget nominal du supérieur proposée pour 2018), elle représente tout de même près de 10 % sur dix ans, ce qui suffit à absorber un peu plus de la moitié de la hausse nominale entre 2008 et 2018. Si l'on raisonne en euros constants, c'est-à-dire après prise en compte de l'inflation, alors on constate que le budget de l'enseignement supérieur est passé de 12,4 milliards à 13,4 milliards d'euros en dix ans (voir le 1er graphique ci-contre).

De plus, et surtout, il faut prendre en compte la hausse considérable du nombre d'étudiants, qui est passé d'un peu plus de 2,2 millions en 2008 à près de 2,7 millions en 2018, soit une progression d'environ 20 % (je me contente de reprendre ici les chiffres des effectifs étudiants publiés par le ministère et les prévisions pour 2017-2018) (voir le 2nd graphique ci-contre).

1. Voir le document budgétaire officiel déposé par le gouvernement, p. 39, https://www.performance-publique.budget.gouv.fr/sites/performance_publique/files/farandole/ressources/2018/pap/pdf/DBGPGM-PGM150.pdf.

Évolution du budget de l'enseignement supérieur en France

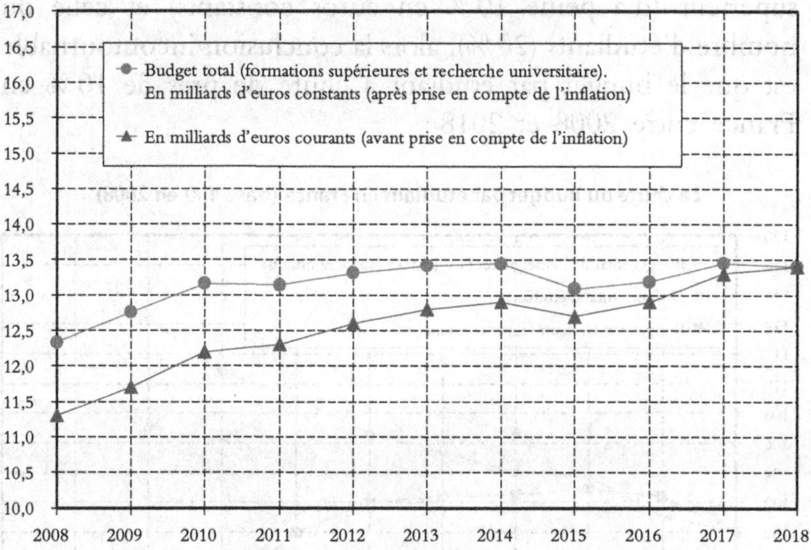

Source : calculs de l'auteur à partir des données budgétaires du ministère de l'Enseignement supérieur.

Évolution du nombre total d'étudiants en France (toutes filières)

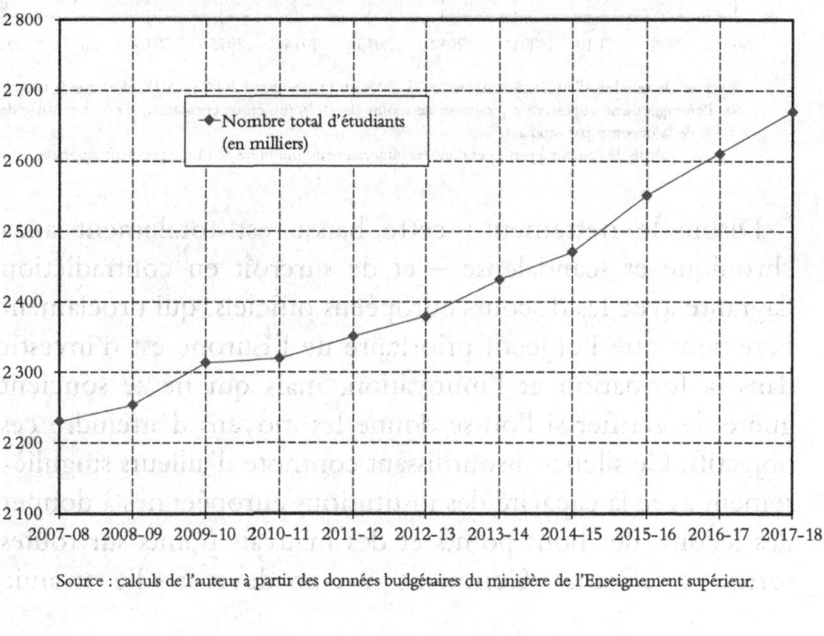

Source : calculs de l'auteur à partir des données budgétaires du ministère de l'Enseignement supérieur.

Si l'on combine l'évolution du budget de l'enseignement supérieur (d'à peine 10 % en euros constants) et celle du nombre d'étudiants (20 %), alors la conclusion incontournable est que le budget par étudiant a chuté de près de 10 % en France entre 2008 et 2018 :

La chute du budget par étudiant en France (base 100 en 2008)

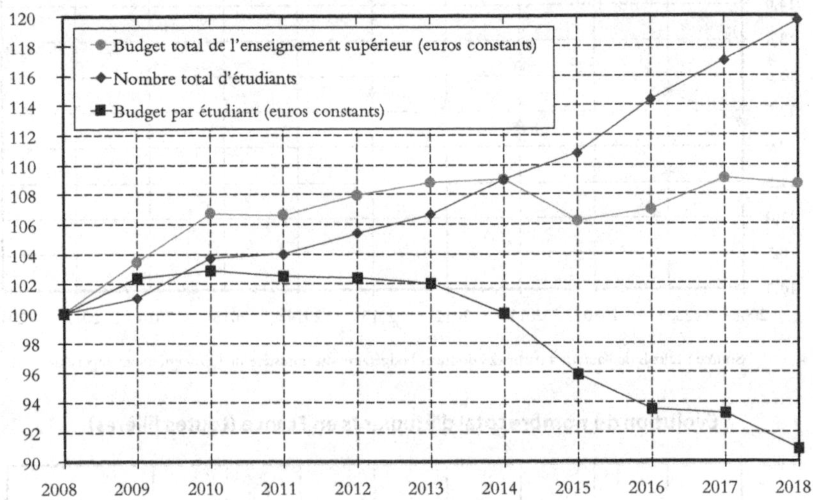

Lecture : le nombre d'étudiants a augmenté de 20 % en France entre 2008 et 2018, alors que le budget de l'enseignement supérieur a progressé de moins de 10 % (en euros constants), d'où une baisse de 10 % de la dépense par étudiant.
Source : calculs de l'auteur à partir des données budgétaires du ministère de l'Enseignement supérieur.

Disons-le nettement : cette baisse est totalement anachronique et scandaleuse – et de surcroît en contradiction flagrante avec les discours européens officiels, qui proclament fièrement que l'objectif prioritaire de l'Europe est d'investir dans la formation et l'innovation, mais qui ne se soucient guère de vérifier si l'on se donne les moyens d'atteindre ces objectifs. Ce silence assourdissant contraste d'ailleurs singulièrement avec la capacité des institutions européennes à donner des leçons, des bons points et des mauvais points sur toutes sortes de réformes. Comment va-t-on devenir « l'économie de la connaissance la plus compétitive du monde » d'ici à 2020 (objectif proclamé par les dirigeants européens à Lisbonne en 2000, avec pour cible initiale l'année 2010, régulièrement décalée depuis), si l'on commence par réduire de 10 % l'investissement par étudiant en France entre 2008 et 2018 ?

Précisons également que l'augmentation du nombre d'étudiants n'est évidemment pas un problème en soi, bien au contraire : elle traduit le dynamisme démographique français, et aussi le fait que la jeunesse cherche à se former de plus en plus, ce qui est une excellente chose. Le haut niveau de formation est ce qui a permis à la société et à l'économie françaises d'être parmi les plus productives du monde[1], et cela doit continuer. À condition toutefois d'y mettre les moyens, ce qui n'est absolument pas le cas actuellement. Notamment dans les universités, qui étaient déjà très mal dotées il y a dix ans, et où la situation s'est nettement détériorée depuis. Croit-on vraiment bien préparer l'avenir du pays avec une telle politique ? La responsabilité de cette triste situation est certes partagée par les gouvernements qui se sont succédé depuis dix ans, et s'explique pour une bonne part par la gestion calamiteuse de la crise de 2008 par les pays de la zone euro[2], qui a conduit à un véritable sacrifice de la jeunesse : chômage élevé et faible investissement dans l'avenir.

Il reste que le gouvernement actuel a une responsabilité particulière : d'une part parce qu'il est plus que temps de corriger le tir et de reconnaître les multiples erreurs commises depuis 2008 ; et d'autre part parce que le budget 2018 choisit de consacrer immédiatement 5 milliards d'euros de baisses d'impôts pour les plus aisés, contre 0,1 milliard pour les

1. Voir « De la productivité en France et en Allemagne », 5 janvier 2017.
2. Voir Thomas Piketty, « 2007-2015 : une si longue récession », art. cit.

universités et l'enseignement supérieur (immédiatement absorbés par l'inflation). Quoi que l'on pense sur le fond de la baisse de l'ISF et de la « flat tax » (et mon opinion personnelle qu'elle n'est absolument pas justifiée[1], compte tenu du fait que les hauts patrimoines financiers se portent très bien en France et ne manifestent aucune hémorragie fiscale), on ne peut qu'être frappé par la comparaison de ces deux chiffres, qui traduit un curieux sens des priorités.

Si le gouvernement avait choisi de consacrer ces 5 milliards à l'enseignement supérieur il aurait pu augmenter le budget 2018 de près de 40 % (très exactement 37 % : 5 milliards/13,4 milliards). En y consacrant simplement la moitié, il aurait pu augmenter de près de 20 % les budgets du supérieur, ce qui aurait suffi à annuler la baisse observée de 2008 à 2017, et même à assurer en 2018 un budget par étudiant environ 10 % plus élevé qu'en 2008 – progression qui, sur dix ans, n'aurait rien d'excessif, compte tenu de la relative pauvreté des universités françaises et des moyens observés ailleurs.

Pour résumer : en choisissant par idéologie de tout consacrer aux groupes les plus fortunés (qui en pratique appartiennent souvent aux groupes les plus âgés), le budget 2018 tourne le dos à la jeunesse, alors que la priorité devrait être d'investir dans la formation et dans l'avenir. Le plus triste est que notre enseignement supérieur aurait également besoin de réformes de fond, trop longtemps différées : il faut réduire les écarts entre les universités et les grandes écoles, et il faut enfin apporter de la transparence démocratique dans le fonctionnement du système d'affectation APB[2]. Mais de telles réformes ne pourront être menées à bien que si l'on

1. Voir « Suppression de l'ISF : une faute historique », 10 octobre 2017.
2. Voir Thomas Piketty, « Le scandale APB », piketty.blog.lemonde.fr, 12 juillet 2016.

commence par mettre fin à la chute des moyens dans les universités. Si le gouvernement tente d'introduire de la sélection en plus de l'austérité (qui n'est qu'une autre forme de sélection par les moyens), alors il y a fort à parier qu'il se dirige droit dans le mur.

Le syndrome catalan

14 novembre 2017

La crise catalane est-elle due à un excès de centralisation et à la brutalité du pouvoir madrilène ? Ou bien plutôt à une logique de mise en concurrence généralisée des territoires et des pays qui a déjà été beaucoup trop loin, en Espagne comme en Europe, et qui conduit à toujours plus de surenchère vers le chacun pour soi ?

Revenons en arrière. Pour expliquer le durcissement indépendantiste, on évoque souvent la décision du Tribunal constitutionnel espagnol d'invalider, en 2010, le nouveau statut d'autonomie de la Catalogne, à la suite des multiples recours déposés par des députés du Parti populaire. De fait, même si certaines des mesures retoquées par les juges posaient de sérieux problèmes de fond (notamment sur la régionalisation de la justice), la méthode utilisée avait tout pour déplaire, d'autant plus que le statut avait été adopté en 2006 par le Parlement espagnol (alors sous majorité socialiste), ainsi que par un référendum en Catalogne.

On oublie, cependant, que les nouvelles règles de décentralisation fiscale ont bien été validées en 2010, pour la

Niveau d'activité économique (PIB) (base 100 = 2007 4e trimestre)

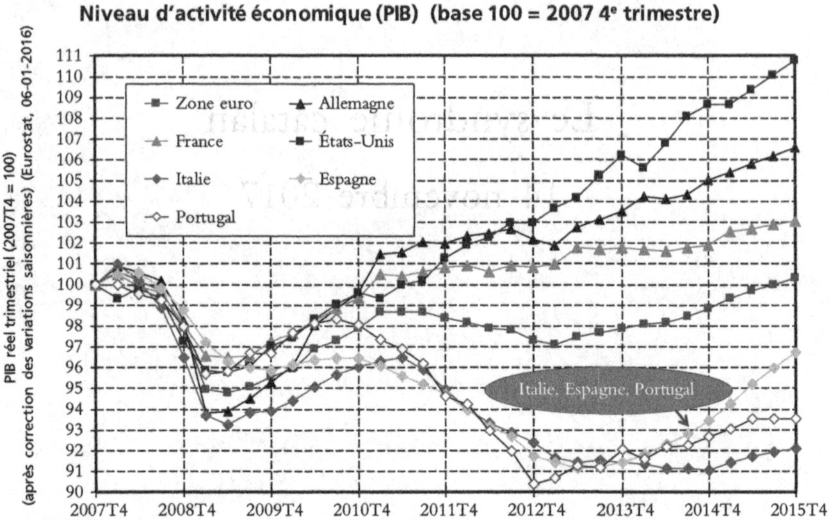

Source et séries : voir piketty.pse.ens.fr.

Catalogne comme pour l'ensemble des régions espagnoles. Or ces règles, qui s'appliquent depuis 2011, font d'ores et déjà de l'Espagne l'un des pays les plus décentralisés au monde sur le plan fiscal et budgétaire, y compris lorsqu'on le compare à des États fédéraux de beaucoup plus grande taille. En particulier, l'assiette de l'impôt sur le revenu est partagée, depuis 2011, à 50-50 entre le gouvernement fédéral et les régions. Concrètement, en 2017, les taux de l'impôt sur le revenu alimentant le budget fédéral s'échelonnent de 9,5 % (pour les revenus imposables annuels inférieurs à 12 450 euros) à 22,5 % (au-delà de 60 000 euros). Si une région décide d'appliquer ces mêmes taux pour la part qui la concerne, alors les contribuables de cette région paieront au total des taux d'impôt sur le revenu allant de 19 % à 45 %, et les recettes seront partagées à 50-50 entre Madrid et la région. Chaque région peut aussi décider d'appliquer ses propres tranches et ses propres taux additionnels, plus élevés ou plus faibles que les taux fédéraux[1]. Dans tous les cas, elle touche les recettes correspondantes et n'a plus à les partager avec les autres régions.

Un tel système pose de nombreux problèmes. Il met à mal l'idée même de solidarité à l'intérieur du pays et revient à opposer les régions entre elles, ce qui est particulièrement problématique s'agissant d'un outil comme l'impôt sur le revenu, supposé permettre de réduire les inégalités entre les plus pauvres et les plus riches, au-delà des identités régionales ou professionnelles. Ce système de concurrence interne a également conduit, depuis 2011, à des stratégies de dumping et de domiciliation fiscale fictive de ménages aisés et d'entreprises, ce qui risque, à terme, de mettre à mal la progressivité d'ensemble[2].

Par comparaison, l'impôt sur le revenu a toujours été un impôt presque exclusivement fédéral aux États-Unis, pays pourtant sept fois plus peuplé que l'Espagne, et bien connu pour son attachement à la décentralisation et aux droits des États. En particulier, c'est l'impôt fédéral sur le revenu qui assure, depuis sa création en 1913, la fonction de progressivité fiscale, avec des taux applicables aux revenus les plus élevés qui se sont établis à plus de 80 % en moyenne entre 1930 et 1980, et se sont stabilisés un peu au-dessous de 40 % depuis les années 1980-1990. Les États fédérés peuvent voter des taux additionnels, mais en pratique il s'agit de taux très réduits, généralement entre 5 % et 10 %. Sans doute les contribuables de Californie (État qui est à lui seul presque

1. Pour la liste des taux en 2017, voir, p. 505 et suivantes, https://www.agenciatributaria.es/static_files/AEAT/DIT/Contenidos_Publicos/CAT/AYUWEB/Biblioteca_Virtual/Manuales_practicos/Renta/ManualRentaPatrimonio2016_es_es.pdf.

2. Voir David R. Agrawal et Dirk Foremny, « Relocation of the Rich : Migrations in Response to Top Tax Rate Changes from Spanish Reforms », 2018, https://papers.ssrn.com/sol3/papers.cfm?abstract_id=2796472.

aussi peuplé que l'Espagne, et six fois plus que la Catalogne) auraient-ils bien aimé conserver pour eux et leurs enfants la moitié des recettes de l'impôt fédéral ; mais le fait est qu'ils n'y sont jamais parvenus (à dire vrai, ils n'ont jamais vraiment essayé).

En République fédérale d'Allemagne, exemple plus proche de l'Espagne, l'impôt sur le revenu est exclusivement fédéral : les Länder n'ont pas la possibilité de voter des taux additionnels ni de conserver pour eux la moindre partie des recettes, quoi que puissent en penser les contribuables bavarois.

Précisons que la logique des taux additionnels au niveau régional ou local n'est pas forcément néfaste en soi (cela pourrait permettre, en France, de remplacer la taxe d'habitation), à condition que cela reste mesuré. En choisissant de partager à 50-50 l'impôt sur le revenu avec les régions, l'Espagne a été trop loin et se retrouve, aujourd'hui, dans une situation où une partie des Catalans veulent conserver 100 % des recettes en devenant indépendants.

L'Europe porte également une lourde responsabilité dans cette crise. Outre la gestion calamiteuse de la crise de la zone euro, notamment au détriment de l'Espagne[1], voici des décennies que l'on promeut un modèle de civilisation fondé sur l'idée qu'il est possible de tout avoir en même temps : l'intégration à un grand marché européen et mondial, tout cela sans réelle obligation de solidarité et de financement du bien public. Dans ces conditions, pourquoi ne pas tenter sa chance en faisant de la Catalogne un paradis fiscal à la mode luxembourgeoise ? Il existe, certes, un budget fédéral européen, mais il est extrêmement réduit. Surtout, il devrait en toute logique reposer sur ceux qui bénéficient le plus de l'intégration économique, avec un impôt européen commun sur les bénéfices des sociétés et

1. Voir Thomas Piketty, « 2007-2015 : une si longue récession », art. cit.

les plus hauts revenus, comme cela se fait aux États-Unis (on peut aussi essayer de faire mieux, mais on en est loin). C'est en mettant enfin la solidarité et la justice fiscale au cœur de ses pratiques que l'Europe pourra s'opposer aux séparatismes.

Trump, Macron : même combat

12 décembre 2017

On a coutume d'opposer Trump et Macron : d'un côté le vulgaire businessman américain, aux tweets xénophobes et climato-sceptiques ; de l'autre l'esprit européen éclairé, soucieux de dialogue des cultures et de développement durable. Tout cela n'est pas entièrement faux, et de surcroît bien agréable pour nos oreilles françaises. Mais si l'on regarde de plus près les politiques menées, on est frappé par les similitudes. En particulier, Trump comme Macron viennent de faire adopter des réformes fiscales extrêmement proches, et qui dans les deux cas constituent une incroyable fuite en avant dans le mouvement de dumping fiscal en faveur des plus riches et des plus mobiles.

Récapitulons. Aux États-Unis, le Sénat a validé les grandes lignes du plan Trump : le taux de l'impôt fédéral sur les bénéfices des sociétés sera réduit de 35 % à 20 % (avec en outre une amnistie quasi complète pour les profits rapatriés des multinationales) ; un taux réduit d'environ 25 % va être institué pour les revenus des propriétaires de sociétés (en lieu et place du taux supérieur de l'impôt sur le revenu de 40 %

applicable aux plus hauts salaires) ; et l'impôt sur les successions va être fortement réduit pour les plus hautes fortunes (et même totalement supprimé dans la version adoptée par la Chambre des représentants).

Voici ce que cela donne du côté de Macron et de la France : le taux de l'impôt sur les sociétés va être réduit graduellement de 33 % à 25 % ; un taux réduit de 30 % va être institué pour les dividendes et intérêts (en lieu et place du taux de 55 % applicable aux plus hauts salaires) ; et l'impôt sur la fortune va être supprimé pour les plus hauts patrimoines financiers et professionnels (alors que la taxe foncière n'a jamais été aussi lourde pour les moins riches).

Pour la première fois depuis l'Ancien Régime, on décide ainsi d'instituer dans les deux pays un régime fiscal explicitement dérogatoire pour les catégories de revenus et de patrimoines détenues par les groupes sociaux les plus favorisés. Avec à chaque fois un argument supposé imparable : la masse des contribuables captifs et immobiles n'a d'autre choix que de bien traiter les plus riches, faute de quoi ces derniers auront tôt fait de quitter le territoire et de ne plus les faire bénéficier de leurs bienfaits (emplois, investissements, et autres idées géniales inaccessibles au commun). « Job creators » pour Trump, « premiers de cordée » pour Macron : les mots varient pour désigner ces nouveaux bienfaiteurs que les masses doivent chérir, mais le fond est le même.

Trump comme Macron sont sans doute sincères. Il n'en reste pas moins qu'ils témoignent tous deux d'une profonde incompréhension des défis inégalitaires posés par la mondialisation. Ils refusent de prendre en compte des faits qui sont pourtant aujourd'hui bien documentés, à savoir que les groupes qu'ils favorisent sont déjà ceux qui ont accaparé une part démesurée de la croissance des dernières décennies. En niant cette réalité, ils nous font courir trois risques majeurs. Au sein des pays riches, le sentiment d'abandon des classes populaires nourrit une attitude de rejet vis-à-vis de la mondialisation, et de l'immigration en particulier. Trump s'en sort en flattant la xénophobie de ses électeurs, alors que Macron espère se maintenir au pouvoir en misant sur l'attachement majoritaire de l'opinion française à la tolérance et l'ouverture, et en rejetant ses opposants dans l'antimondialisme. Mais, en réalité, cette évolution est lourde de menaces pour l'avenir, en Ohio et en Louisiane comme en France ou en Suède.

Ensuite, le refus de s'attaquer aux inégalités complique considérablement la résolution du défi climatique. Comme l'a bien montré Lucas Chancel[1], les ajustements considérables des modes de vie exigés par le réchauffement ne pourront être acceptés que si l'on garantit une répartition équitable des efforts. Si les plus riches continuent de polluer la planète avec leurs 4×4 et leurs yachts immatriculés à Malte (exemptés de tout impôt, y compris de TVA, comme les « Paradise Papers » viennent de le démontrer), alors pourquoi les plus pauvres accepteraient-ils la hausse par ailleurs nécessaire de la taxe carbone ?

Enfin, le refus de corriger les tendances inégalitaires de la mondialisation a des conséquences extrêmement néfastes sur notre capacité à réduire la pauvreté mondiale. Les prévisions inédites qui seront publiées le 14 décembre dans le Rapport sur les inégalités mondiales[2] sont claires : suivant les politiques et les trajectoires inégalitaires choisies, les conditions de vie de la moitié la plus défavorisée de la planète suivront des évolutions totalement différentes d'ici à 2050.

Terminons sur une note optimiste : sur le papier, Macron défend une approche des coopérations internationales et européennes qui est évidemment plus prometteuse que

1. Lucas Chancel, *Insoutenables Inégalités. Pour une justice sociale et environnementale*, Paris, Les Petits Matins, 2017.

2. World Inequality Report 2018, https://wir2018.wid.world.

l'unilatéralisme de Trump. La question est de savoir quand nous sortirons de la théorie et de l'hypocrisie. Le CETA – le traité de libre-échange conclu entre l'Union européenne et le Canada quelques mois après l'accord de Paris – ne contient par exemple aucune mesure contraignante sur le climat et la justice fiscale. Quant aux prétendues propositions françaises de réforme de l'Europe, qui font frémir de fierté nos oreilles hexagonales, la vérité est qu'elles sont totalement floues : on ne sait toujours pas quelle sera la composition du parlement de la zone euro ni quels seront ses pouvoirs (de menus détails, sans doute). Le risque est grand que tout cela aboutisse à du vide. Pour éviter que le rêve macronien ne débouche sur le cauchemar trumpiste, il est temps d'abandonner les petites satisfactions nationalistes et de se pencher sur les faits.

2018, l'année de l'Europe

16 janvier 2018

La crise de 2008, qui conduisit à la plus forte récession mondiale depuis la crise de 1929, avait clairement pour origine les faiblesses de plus en plus criantes du système américain : excès de dérégulation, explosion des inégalités, endettement des plus pauvres. Portée par un modèle de développement plus égalitaire et inclusif, l'Europe aurait pu saisir cette occasion pour promouvoir un meilleur système de régulation du capitalisme global. Patatras : faute d'une confiance suffisante entre ses membres, prisonnière de règles rigides appliquées à contretemps, l'UE provoqua en 2011-2013 une nouvelle récession dont on se remet à peine[1].

L'arrivée au pouvoir de Trump en 2017 a révélé une nouvelle faille béante du modèle américain. Cela relance la demande d'Europe, d'autant plus que l'évolution des modèles alternatifs (Chine, Russie) n'est guère rassurante.

Pour répondre aux attentes, l'Europe devra toutefois surmonter de multiples défis. D'abord un défi général : la dérive

1. Voir Thomas Piketty, « 2007-2015 : une si longue récession », art. cit.

inégalitaire de la mondialisation. L'Europe ne rassurera pas ses citoyens en leur expliquant que la situation y est meilleure qu'aux États-Unis ou au Brésil. Les inégalités progressent dans tous les pays, encouragées par une concurrence fiscale exacerbée en faveur des plus mobiles, que l'Europe continue toujours à attiser. Les risques de repli identitaire et de logiques de bouc émissaire ne seront surmontés que si l'on parvient à proposer aux classes populaires et aux jeunes générations une véritable stratégie de réduction des inégalités et d'investissement dans l'avenir.

Deuxième défi : le clivage Nord-Sud, qui s'est dramatiquement creusé au sein de la zone euro, et qui repose sur des récits contradictoires des événements. En Allemagne et en France, on continue de s'imaginer que l'on a aidé les Grecs, puisqu'on leur a prêté de l'argent à un taux d'intérêt inférieur à celui auquel ils auraient dû faire face sur les marchés financiers, mais supérieur à celui auquel nous empruntons sur ces mêmes marchés. En Grèce, la lecture est très différente : on y voit surtout une juteuse marge financière. En vérité, la purge imposée à l'Europe du Sud, avec des conséquences sécessionnistes dramatiques en Catalogne, est le résultat direct d'un égoïsme franco-allemand à courte vue.

Troisième défi : le clivage Est-Ouest. À Paris, Berlin ou Bruxelles, on ne comprend pas l'ingratitude de pays qui ont bénéficié de transferts publics massifs. Mais à Varsovie ou à Prague, on voit les choses différemment. On fait valoir que les investissements privés venus de l'Ouest ont été payés au prix fort, et que les flux de profits aujourd'hui versés aux propriétaires des entreprises dépassent de loin les transferts européens allant dans l'autre sens.

De fait, si l'on examine les chiffres, ils n'ont pas complètement tort. Après l'effondrement du communisme, les investisseurs occidentaux (allemands en particulier) sont graduellement devenus propriétaires d'une part considérable du capital des ex-pays de l'Est : environ un quart si l'on considère l'ensemble du stock de capital (immobilier inclus), et plus de la moitié si l'on se limite à la détention des entreprises (et plus encore pour les grandes entreprises). Les travaux de Filip Novokmet[1] ont montré que, si les inégalités ont moins fortement progressé en Europe de l'Est qu'en Russie ou aux États-Unis, c'est simplement parce qu'une bonne partie des hauts revenus issus du capital est-européen sont versés à l'étranger (à l'image d'ailleurs de ce qui se produisait avant le communisme, avec des détenteurs du capital qui étaient déjà allemands ou français, et parfois autrichiens ou ottomans). Entre 2010 et 2016, les flux annuels sortants de profits et de revenus de la propriété (nets des flux entrants correspondants) ont ainsi représenté en moyenne 4,7 % du produit intérieur brut en Pologne, 7,2 % en Hongrie, 7,6 % en République tchèque et 4,2 % en Slovaquie, réduisant d'autant le revenu national de ces pays. Par comparaison, sur la même période, les transferts annuels nets venant de l'UE, c'est-à-dire la différence entre la totalité des dépenses reçues et des contributions versées au budget de l'UE, étaient sensiblement plus faibles : 2,7 % du PIB en Pologne, 4,0 % en Hongrie, 1,9 % en République tchèque et 2,2 % en Slovaquie (pour mémoire, la France, l'Allemagne et le Royaume-Uni sont contributeurs nets au budget de l'UE à hauteur d'environ 0,3 %-0,4 % de leur PIB).

1. Filip Novokmet, « Entre communisme et capitalisme. Essais sur l'évolution des inégalités de revenus et de patrimoines en Europe de l'Est, 1890-2015 », thèse, École des hautes études en sciences sociales, 2017. Voir également Pawel Bukowski et Filip Novokmet, « Inequality in Poland : Estimating the Whole Distribution by g-Percentile, 1893-2015 », WID.world, Working Paper Series n° 2017/21, et Filip Novokmet, Thomas Piketty et Gabriel Zucman, « From Soviets to Oligarchs : Inequality and Property in Russia, 1905-2016 », WID.world, Working Paper Series n° 2017/09.

Flux entrants et flux sortants en Europe de l'Est, 2010-2016

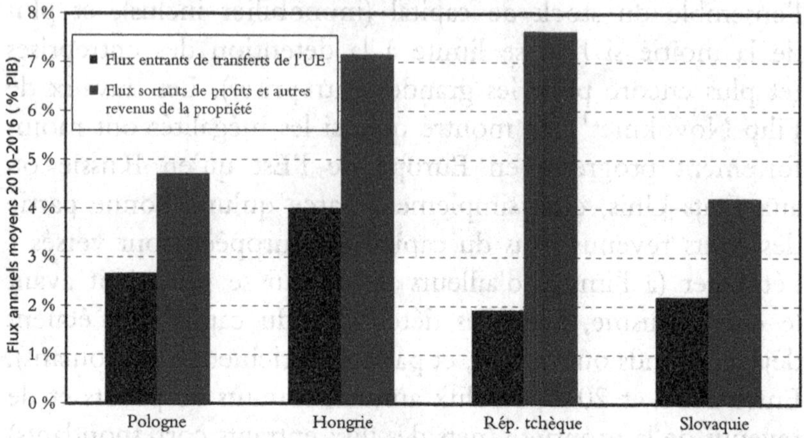

Lecture : entre 2010 et 2016, le flux annuel de transferts nets en provenance de l'UE (différence entre la totalité des dépenses reçues et des contributions versées au budget de l'UE) s'est élevé à 2,7 % du PIB par an en moyenne en Pologne ; sur la même période, le flux sortant de profits et autres revenus de la propriété (net du flux sortant correspondant) s'est élevé à 4,7 % du PIB. Pour la Hongrie, ces mêmes chiffres étaient de 4 % et 7,2 %.
Sources : voir piketty.pse.ens.fr/ideologie. Thomas Piketty, *Capital et idéologie, op. cit.*, p. 743.

On objectera certes que les investissements occidentaux ont permis d'augmenter la productivité des économies en question, et ont donc bénéficié à tous. Mais les dirigeants est-européens ne manquent pas une occasion de rappeler que les investisseurs abusent de leur position de force pour comprimer les salaires et maintenir des marges excessives[1]. De la même façon qu'avec la Grèce les puissances économiques dominantes ont au contraire tendance à naturaliser les inégalités : on part du principe que le marché et la « libre concurrence » conduisent à une répartition juste des richesses, et on considère les transferts réalisés à partir de cet équilibre « naturel » comme un acte de générosité de la part des gagnants du système. En vérité, les relations de propriété

1. Voir par exemple cette interview du Premier ministre tchèque, Andrej Babis, « L'Europe à deux vitesses, ça me fait rigoler », *Le Monde*, 6 décembre 2017.

sont toujours complexes, surtout au sein de communautés politiques de grande taille comme l'UE, et ne peuvent être régulées par la seule grâce du marché.

On ne sortira de ces contradictions qu'au prix d'une refondation intellectuelle et politique d'envergure, ainsi que d'une véritable démocratisation des institutions européennes[1]. Espérons que l'année 2018 y contribue.

1. Voir Thomas Piketty, « Reconstruire l'Europe après le "Brexit" », art. cit.

Parcoursup : peut mieux faire

13 février 2018

Chaque société a besoin d'un grand récit pour justifier ses inégalités. Dans les sociétés contemporaines, il s'agit du récit méritocratique : l'inégalité moderne est juste, car elle découle d'un processus librement choisi où chacun a les mêmes chances. Le problème est qu'il existe un gouffre béant entre les proclamations méritocratiques officielles et la réalité. Aux États-Unis, les chances d'accès à l'enseignement supérieur sont presque entièrement déterminées par le revenu des parents : elles sont d'à peine 20 % pour les 10 % les plus pauvres, et dépassent 90 % pour les 10 % les plus riches[1]. Encore faut-il préciser qu'il ne s'agit pas du tout du même enseignement supérieur dans les deux cas. Il est possible que les choses soient un peu moins extrêmes en France. Mais, en vérité, on ne sait pas très bien, car il est impossible d'accéder aux mêmes données.

1. Voir Raj Chetty, John N. Friedman, Emmanuel Saez, Nicholas Turner et Danny Yagan, « Mobility Report Cards : The Role of Colleges in Intergenerational Mobility », The Equality of Opportunity Project, 2017.

Revenu parental et accès à l'université : États-Unis, 2014

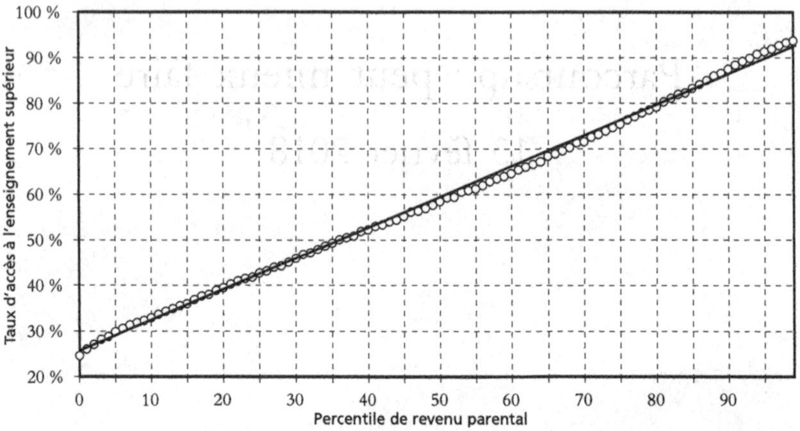

Lecture : en 2014, le taux d'accès à l'enseignement supérieur (pourcentage de personnes âgées de 19 à 21 ans inscrites dans une université, un collège ou tout autre établissement d'enseignement supérieur) était d'à peine 30 % pour les enfants des 10 % les plus pauvres aux États-Unis, et de plus de 90 % pour les enfants des 10 % les plus riches.
Sources et séries : voir piketty.pse.ens.fr/ideologie. Thomas Piketty, *Capital et idéologie, op. cit.*, p. 53.

Dans un tel contexte, la réforme française du système d'affectation des étudiants, avec le passage de la plateforme APB à Parcoursup, est potentiellement pleine de promesses[1]. Malheureusement, il est à craindre que tout cela ne fasse que renforcer l'inégalité et l'opacité du système.

Précisons d'emblée que la prise en compte des notes, des séries et du dossier scolaire dans les admissions universitaires (principale nouveauté de Parcoursup) n'est pas forcément une mauvaise chose en soi. À partir du moment où les notes sont prises en compte depuis toujours pour les admissions en classes préparatoires (dans le cadre d'APB comme de Parcoursup),

1. Le projet de loi déposé par le gouvernement est sur http://www.assemblee-nationale.fr/dyn/15/textes/l15b0391_projet-loi.pdf ; la version adoptée en décembre 2017 en première lecture par l'Assemblée nationale, peu différente, sur http://www.assemblee-nationale.fr/dyn/15/textes/l15t0061_texte-adopte-provisoire.pdf.

ce que personne ne semble remettre en cause, on voit mal pourquoi elles ne joueraient aucun rôle pour les universités. Certes, les notes ne sont pas toujours justes, et le système de notation lui-même doit être repensé. Mais elles contiennent tout de même un peu d'informations utiles, *a priori* davantage que le tirage au sort utilisé jusqu'ici (espérons).

Pour contrer le risque évident de dérive inégalitaire et d'hyperstratification universitaire d'un tel système, deux conditions doivent toutefois être remplies. Il faut d'abord que les moyens investis permettent à chaque bachelier d'avoir accès à une formation de qualité. C'est d'autant plus urgent que le système français se caractérise par un dualisme particulièrement extrême et hypocrite : d'un côté, des filières sélectives richement dotées (classes préparatoires et grandes écoles), et, de l'autre, des universités laissées à l'abandon, et dans lesquelles il faudrait investir massivement. Malheureusement, le gouvernement a choisi de prolonger la chute de l'investissement public observé depuis 2008, et de consacrer toutes les marges disponibles pour réduire les impôts des plus aisés. Rappelons que le budget par étudiant a baissé de 10 % en dix ans, et que les 5 milliards d'euros de cadeaux aux plus riches auraient permis de l'augmenter de 40 %[1].

Au-delà de la question des moyens, la prise en compte des notes doit impérativement être tempérée par d'autres critères, ce qui pose des questions de fond non résolues à ce jour. La loi adoptée en première lecture à l'Assemblée nationale prévoit que soit fixé pour chaque filière – dans les universités comme dans les prépas – un pourcentage minimal de bacheliers boursiers. Autrement dit, pour de mêmes notes, un bachelier boursier (environ 20 % des lycéens) pourra être accepté, et un autre dont le revenu parental est légèrement au-dessus du seuil sera refusé. L'idée n'est pas forcément

1. Voir « Budget 2018 : la jeunesse sacrifiée », 12 octobre 2017.

mauvaise en soi, même s'il aurait sans doute été préférable, pour limiter les effets de seuil, d'utiliser un système à points prenant en compte de façon plus continue et graduelle les origines familiales (comme cela se pratique déjà dans certaines universités indiennes).

En tout état de cause, le problème est que la façon dont ce système potentiellement explosif sera paramétré dans Parcoursup reste totalement obscure. La loi évoque que le pourcentage de bacheliers boursiers par filière soit fixé « par l'autorité académique » (le recteur, donc), en prenant en compte « le rapport entre le nombre de candidats boursiers et le nombre total de candidats », mais également « en concertation avec les chefs d'établissement concernés », sans qu'il soit possible d'en savoir plus. Il a été annoncé à de multiples reprises que le code source de Parcoursup serait entièrement rendu public (comme, d'ailleurs, l'avait annoncé le précédent gouvernement), mais aucune date n'a été fixée. Quant aux lycéens, ils ont jusqu'au 13 mars pour faire leurs choix de filières. Envisage-t-on de rendre publiques les règles du jeu avant cette date, ou bien après ? Personne ne sait.

La loi prévoit également que « les meilleurs élèves dans chaque série de chaque lycée bénéficient d'un accès prioritaire dans toutes les formations » (notamment en prépas). Mais, là encore, on n'en saura pas plus : « Le pourcentage des élèves bénéficiant de cet accès prioritaire sera fixé par décret. » Il s'agit en réalité de la reprise d'un article adopté en 2013, qui, en pratique, a été appliqué dans la plus grande opacité et de façon purement symbolique, à la toute fin du processus d'affectation, dans le cadre des ultimes repêchages prévus par le système (donc beaucoup trop tard pour que les lycéens concernés puissent véritablement en bénéficier). Envisage-t-on de révéler aux élèves le code source prévu pour appliquer cet article dans le cadre de Parcoursup, et si oui à quelle date ? Mystère.

Soyons clair : il s'agit de questions complexes, qu'aucun pays n'a résolues de façon pleinement satisfaisante. Mais, à partir du moment où le gouvernement annonce la transparence, il ne peut se permettre de maintenir une telle opacité, tout cela en y ajoutant l'inégalité et l'austérité pour les plus modestes.

Pour une Union dans l'Union

13 mars 2018

Après les élections italiennes et les pitreries commerciales trumpistes, il pourrait être tentant de déprimer et d'utiliser l'Europe pour jouer au même jeu stupide du repli : durcissement migratoire, escalade protectionniste. Ce faisant, on oublierait deux points essentiels.

Un : contrairement à ce que l'on entend parfois, la montée du populisme européen ne s'explique pas par une quelconque déferlante migratoire. En vérité, le nombre de migrants entrants dans l'UE était beaucoup plus élevé avant la crise financière (1,2 million par an entre 2000 et 2008). Il s'est effondré ensuite (500 000 par an entre 2008 et 2016), alors que la situation géopolitique aurait exigé une ouverture accrue[1]. Si l'on n'avait pas commis de lourdes fautes de politique économique, provoquant une nouvelle récession en 2011-2013, et une explosion du chômage en Europe du Sud, alors l'Europe aurait pu – et pourrait encore – être plus ouverte, et éviter

1. Voir Thomas Piketty, « Sur la situation migratoire en Europe », piketty.blog.lemonde.fr, 31 mars 2016.

de se défausser sur les camps turcs pour gérer la crise des réfugiés. Les responsables de la montée du populisme sont ceux qui ont conduit ces politiques austéritaires à contretemps, et non les migrants et ceux qui les soutiennent.

Deux : les sanctions commerciales américaines, aussi bêtes soient-elles, ne sont que des gesticulations symboliques permettant à Trump de se démarquer des démocrates et de faire vibrer à peu de frais la corde nationaliste. Le cœur du programme trumpiste, ce sont les centaines de milliards de dollars englouties dans la réforme fiscale adoptée en décembre, qui vise à réduire massivement l'imposition des bénéfices des sociétés et des revenus et patrimoines des contribuables les plus aisés.

Ce qui menace le monde aujourd'hui, ce n'est pas la guerre commerciale : c'est la guerre sociale, menée à grands coups de dumping fiscal au profit des plus riches et des plus mobiles. Cela nourrit le sentiment d'abandon des classes populaires et conduit à paupériser la puissance publique : le capital public est en passe de devenir négatif dans tous les pays riches, ce qui signifie que les propriétaires de patrimoines privés détiennent non seulement tous les actifs publics (écoles, hôpitaux, etc.) au travers de leurs actifs financiers, mais également un droit de tirage sur les recettes fiscales futures. Un bel exemple de ce type de transfert nous est donné par l'actualité française récente : on commence par offrir aux plus fortunés 6 milliards d'euros de cadeaux fiscaux par an, puis on propose de leur vendre Aéroports de Paris pour 8 milliards. Il aurait été plus simple de transférer la propriété gratuitement.

Cette évolution inégalitaire vient de loin : elle débute avec les politiques de libéralisation financière et commerciale menées à partir des années 1980 sans mise en place de nouveaux outils de régulation et d'imposition coordonnés. Sur le papier, la solution est simple : il faut changer le cours de la mondialisation, en conditionnant tous les traités internationaux à l'écriture de règles contraignantes visant à promouvoir un développement équitable et durable (taux minimaux d'imposition, seuils d'émissions carbone, etc.). Cela ne pose aucun problème technique : la seule difficulté est que chaque pays se sent trop petit pour dénoncer seul les traités en vigueur. Face à ce défi mondial, l'Europe a une responsabilité particulière : elle s'est construite comme une zone de libre concurrence sans règle fiscale commune, et elle a fortement contribué à la course-poursuite à la baisse sur l'imposition des sociétés (que les États-Unis ne font que suivre aujourd'hui). Tout découle de la règle européenne de l'unanimité en matière fiscale, que rien ne semble pouvoir ébranler.

La seule solution est que la France, l'Allemagne, l'Italie et l'Espagne (qui à elles quatre représentent plus de 75 % de la population et du PIB de la zone euro) mettent enfin en place une union politique et fiscale renforcée au sein de l'UE, ouverte à tous les membres bien sûr, mais sans que personne puisse la bloquer. Le problème des propositions macroniennes est qu'elles sont floues : on parle de budget de la zone euro, sans rien dire de la composition du parlement chargé de le voter ni des impôts à même de l'alimenter.

Avec Stéphanie Hennette, Guillaume Sacriste et Antoine Vauchez, nous avons proposé la création d'une nouvelle assemblée européenne entre les pays qui le souhaitent[1], s'appuyant sur les membres des parlements nationaux, en proportion des populations et des groupes. Cette assemblée adopterait souverainement un budget d'investissement dans l'avenir (formation, énergie renouvelable) alimenté par un impôt commun sur les sociétés (auquel pourrait s'ajouter un impôt commun sur les plus hauts revenus et patrimoines).

La proposition est imparfaite mais a le mérite d'exister. En choisissant de s'appuyer sur les parlements nationaux, on

1. Voir « À quoi ressemblerait une assemblée de la zone euro ? », 9 mars 2017.

prend acte du fait que l'Assemblée nationale et le Bundestag ne sont pas près d'abandonner leur pouvoir fiscal. Et surtout on transforme *de facto* les élections législatives nationales en élections européennes : les députés nationaux devront dire ce qu'ils comptent faire dans l'assemblée européenne et ne pourront plus se plaindre de l'Europe et se défausser sur Bruxelles. Pour rassurer l'opinion allemande, on pourrait ajouter une clause garantissant que chaque pays bénéficie de dépenses proches de sa contribution fiscale : le but n'est pas d'organiser des transferts entre pays mais de bâtir une puissance publique démocratique et sociale permettant de réguler la mondialisation.

Mettons tout sur la table et avançons ! Notre incapacité collective à débattre de l'Europe dont nous voulons serait la plus grande victoire des populistes et trumpistes de tous poils.

Le capital en Russie

10 avril 2018

Le mois prochain, Karl Marx aura deux cents ans. Qu'aurait-il pensé du triste état de la Russie, pays qui n'a cessé de se réclamer du « marxisme-léninisme » pendant la période soviétique ? Sans doute aurait-il décliné toute responsabilité face à un régime apparu longtemps après sa mort. Marx a grandi dans un monde d'oppression censitaire et de sacralisation de la propriété privée, où même les propriétaires d'esclaves devaient être grassement compensés si l'on attentait à leur bien (pour les « libéraux » comme Tocqueville, cela allait de soi). Difficile pour lui d'anticiper les succès de la social-démocratie et de l'État social au XXe siècle. Marx a trente ans lors des révolutions de 1848 et disparaît en 1883, quand naît Keynes. L'un et l'autre ont été des chroniqueurs aiguisés de leur temps ; sans doute a-t-on eu tort de les prendre pour des théoriciens achevés du futur.

Toujours est-il que, quand les bolcheviques prennent le pouvoir en 1917, leurs plans d'action sont loin d'être aussi « scientifiques » qu'ils ne le prétendent. La propriété privée sera abolie, c'est entendu. Mais comment seront organisés les rapports de production, et qui seront les nouveaux maîtres ? Par quels mécanismes les décisions seront-elles prises et les richesses réparties au sein du gigantesque appareil d'État et de planification ? Faute de solutions, on se replie sur l'hyperpersonnalisation du pouvoir ; et, faute de résultats, on trouve vite des boucs émissaires, on enferme et on purge à tout-va. À la mort de Staline, en 1953, 4 % de la population soviétique est en prison, dont plus de la moitié pour des « vols de propriété socialiste » et autres petits larcins permettant d'améliorer l'ordinaire. C'est la « société des voleurs » décrite par Juliette Cadiot, et elle signe le dramatique échec d'un régime qui se voulait émancipateur. Pour dépasser un tel niveau d'enfermement, il faut considérer le cas de la population masculine noire américaine aujourd'hui (5 % des hommes adultes en prison).

Les investissements soviétiques dans les infrastructures, l'éducation et la santé permettent certes un certain rattrapage : le revenu national par habitant stagnait avant la révolution à environ 30 %-40 % du niveau ouest-européen, il fait un bond à plus de 60 % dans les années 1950. Mais le retard se creuse de nouveau dans les années 1960-1970, l'espérance de vie se mettant même à diminuer (phénomène unique par temps de paix). Le régime est au bord de l'implosion.

Le démantèlement de l'Union soviétique (URSS) et de son appareil productif conduit à une chute du niveau de vie en 1992-1995. Le revenu par habitant remonte à partir de 2000 et se situe en 2018 à environ 70 % du niveau ouest-européen en parité de pouvoir d'achat (mais deux fois plus bas si l'on utilise le taux de change courant, compte tenu de la faiblesse du rouble). Malheureusement, les inégalités ont progressé beaucoup plus vite que ne le prétendent les statistiques officielles[1].

1. Voir Filip Novokmet, Thomas Piketty et Gabriel Zucman, « From Soviets to Oligarchs : Inequality and Property in Russia, 1905-2016 », art. cit.

Plus généralement, le désastre soviétique a conduit à l'abandon de toute ambition de redistribution. Depuis 2001, l'impôt sur le revenu est de 13 %, que votre revenu soit de 1 000 roubles ou de 100 milliards de roubles. Même Reagan et Trump n'ont pas été aussi loin dans la démolition de l'impôt progressif. Il n'existe aucun impôt sur les successions en Russie, ni d'ailleurs en Chine populaire. Si vous voulez transmettre votre fortune en paix en Asie, mieux vaut mourir dans les anciens pays communistes, et surtout pas dans les pays capitalistes, Taïwan, Corée du Sud ou Japon, où le taux appliqué aux successions les plus élevées vient de passer de 50 % à 55 %.

Mais là où la Chine a su préserver un certain contrôle sur les sorties de capitaux et les accumulations privées, la Russie poutinienne se caractérise par une dérive kleptocratique sans limites. Entre 1993 et 2018, elle a réalisé des excédents commerciaux gigantesques : environ 10 % du produit intérieur brut (PIB) par an en moyenne pendant vingt-cinq ans, soit un total de 250 % du PIB (deux années et demie de production nationale). En principe, cela aurait dû permettre l'accumulation de réserves financières du même ordre : c'est d'ailleurs à peu près la taille du fonds souverain public accumulé par la Norvège, sous le regard des électeurs. Mais les réserves officielles russes sont dix fois plus faibles : à peine 25 % du PIB.

Où est passé l'argent ? Selon nos estimations, les actifs offshore détenus par de riches Russes dépassent à eux seuls une année de PIB, soit l'équivalent de la totalité des actifs financiers officiels détenus par les ménages russes. Autrement dit, les richesses naturelles du pays (qui, soit dit en passant, auraient mieux fait de rester dans le sol pour limiter le réchauffement climatique) ont été massivement exportées pour alimenter des structures opaques permettant à une minorité de détenir d'énormes actifs financiers russes et internationaux. Ces riches

Russes vivent entre Londres, Monaco et Moscou ; certains n'ont jamais quitté la Russie et détiennent leur pays via des entités offshore ; de nombreux intermédiaires et des sociétés occidentales ont également récupéré au passage de grosses miettes, et continuent de le faire aujourd'hui dans le sport ou les médias (on appelle parfois cela de la philanthropie). L'ampleur du détournement est sans équivalent dans l'histoire.

Plutôt que d'appliquer des sanctions commerciales, l'Europe serait bien inspirée de s'en prendre enfin à ces actifs et de s'adresser à l'opinion russe. Le postcommunisme est aujourd'hui devenu le pire allié de l'hypercapitalisme : Marx aurait apprécié l'ironie, mais ce n'est pas une raison pour s'en accommoder.

Mai 68 et les inégalités

8 mai 2018

Faut-il brûler Mai 68 ? Selon ses détracteurs, l'esprit de Mai 68 aurait contribué au triomphe de l'individualisme, voire de l'ultralibéralisme. En vérité, de telles affirmations ne résistent pas à l'examen : le mouvement de Mai 68 a au ontraire été le coup d'envoi d'une période historique de très forte réduction des inégalités sociales en France, qui s'est ensuite essoufflée pour de tout autres raisons. La question est importante, car elle conditionne l'avenir.

Revenons en arrière. La période 1945-1967 se caractérise en France par une forte croissance, mais également par un mouvement de reconstitution des inégalités, avec à la fois une forte hausse de la part des profits dans le revenu national et une reconstitution des hiérarchies salariales. La part des 10 % des revenus les plus élevés, qui était d'à peine 31 % du revenu total en 1945, s'élève progressivement à 38 % en 1967. Le pays est tout entier concentré sur la reconstruction, et la priorité n'est pas la diminution des inégalités, d'autant plus que chacun sent bien qu'elles ont énormément diminué à la suite des guerres (destructions, inflation) et des bouleversements politiques de la Libération (Sécurité sociale, nationalisations, grilles salariales resserrées).

Dans ce nouveau contexte, les salaires des cadres et ingénieurs progressent structurellement plus vite que les salaires bas et moyens dans les années 1950-1960, et dans un premier temps personne ne semble s'en émouvoir. Un salaire minimum a bien été créé en 1950, mais il n'est presque jamais revalorisé par la suite, si bien qu'il décroche fortement par comparaison à l'évolution du salaire moyen. La société n'a jamais été aussi patriarcale : dans les années 1960, 80 % de la masse salariale est touchée par les hommes. Les femmes sont dotées de nombreuses missions (en particulier s'occuper des enfants, apporter du réconfort et de la tendresse à l'âge industriel), mais la maîtrise du portefeuille n'en fait clairement pas partie. La société est aussi profondément productiviste : les 40 heures promises en 1936 ne s'appliquent toujours pas, car les syndicats ont accepté d'aller au maximum des quotas d'heures supplémentaires afin de favoriser le rattrapage du pays.

La rupture intervient en 1968. Pour sortir de la crise, le gouvernement du général de Gaulle signe les accords de Grenelle, qui comprennent notamment une hausse de 20 % du salaire minimum. Le salaire minimum sera officiellement indexé – partiellement – sur le salaire moyen en 1970, et surtout tous les gouvernements successifs de 1968 à 1983 se sentiront tenus d'accorder presque chaque année de très forts « coups de pouce », dans un climat social et politique en pleine ébullition. C'est ainsi que le pouvoir d'achat du salaire minimum progresse au total de plus de 130 % entre 1968 et 1983, alors que dans le même temps le salaire moyen ne progresse que d'environ 50 %, d'où une très forte compression des inégalités salariales. La rupture avec la période précédente est franche et massive : le pouvoir d'achat du salaire minimum avait progressé d'à peine 25 % entre 1950 et 1968, alors que le salaire moyen avait plus que doublé. Tirée par la forte hausse des bas salaires, la masse salariale dans son ensemble progresse sensiblement plus vite que la production au cours des années 1968-1983, d'où une forte baisse de la part du capital dans le revenu national. Tout cela en diminuant le temps de travail et en allongeant les congés payés.

Le mouvement s'inverse de nouveau en 1982-1983. Le nouveau gouvernement socialiste issu des élections de mai 1981 aurait sans doute aimé poursuivre indéfiniment sur cette lignée. Malheureusement pour lui, le mouvement social a déjà imposé le grand rattrapage des bas salaires à des gouvernements de droite, damant le pion à la démocratie électorale. Pour prolonger le mouvement de réduction des inégalités, il aurait fallu inventer d'autres outils : pouvoirs réels pour les salariés dans les entreprises, investissement massif et égalité dans l'éducation, mise en place d'un système universel d'assurance-maladie et de retraite, développement d'une Europe sociale et fiscale. Au lieu de cela, le gouvernement utilise l'Europe comme bouc émissaire lors du tournant de la rigueur de 1983, alors même qu'elle n'est pour rien dans le blocage des salaires : le salaire minimum ne peut pas éternellement progresser trois fois plus vite que la production, que l'économie soit ouverte ou fermée.

Pire encore : à partir de 1988, les gouvernements français contribuent fortement au mouvement de dumping fiscal européen sur l'impôt sur les sociétés, puis mettent en place avec le traité de Maastricht de 1992 une union monétaire et commerciale pure et dure, sans budget et fiscalité communs, sans gouvernance politique. Une monnaie sans État, sans démocratie et sans souveraineté : un modèle dont on a vu, à la suite de la crise de 2008, à quel point il était fragile, et qui a contribué à la récession de dix ans dont nous sortons à peine.

Aujourd'hui, la crise de la social-démocratie européenne est générale. Elle est avant tout la conséquence d'un internationalisme inachevé. Au cours du XXe siècle, et particulièrement des années 1950 aux années 1980, la mise en place d'un nouveau compromis capital-travail a été pensée et réalisée à l'intérieur des États-nations. Avec d'indéniables succès, et en même temps de fortes fragilités, car les politiques nationales se sont retrouvées prises dans l'étau de la concurrence croissante entre pays. La solution n'est pas de tourner le dos à l'esprit de Mai 68 et au mouvement social : il faut au contraire s'appuyer sur lui pour développer un nouveau programme internationaliste de réduction des inégalités[1].

1. Pour en savoir plus, voir Thomas Piketty, *Les Hauts Revenus en France au XXe siècle*, *op. cit.*

Le fantasme de l'« union de transfert »
12 juin 2018

Alors que la crise politique s'aggrave en Italie et en Espagne, la France et l'Allemagne se montrent toujours aussi incapables de formuler des propositions précises et ambitieuses de réforme de l'Europe. Il suffirait pourtant que ces quatre pays, qui forment à eux seuls les trois quarts du PIB et de la population de la zone euro, se mettent d'accord sur une base commune pour débloquer la situation. Comment expliquer une telle inertie, et pourquoi est-ce si grave ?

En France, la théorie en vogue est que tout est de la faute des autres. Notre jeune et dynamique président n'a-t-il pas fait de merveilleuses propositions sur la refonte de la zone euro, son budget et son Parlement ? Pas de chance : nos voisins sont incapables de s'en rendre compte et d'y répondre avec la même audace gauloise ! Le problème de cette théorie paresseuse est que ces fameuses propositions françaises n'existent tout simplement pas : personne n'est capable d'aligner trois phrases permettant d'expliquer par quels impôts communs ce budget sera alimenté, quelle sera la composition de l'assemblée de la zone euro qui exercera cette nouvelle souveraineté fiscale, etc. Demandez donc à votre ami macronien préféré pour vérifier, ou bien si vous n'en avez pas – personne n'est parfait – écrivez à vos journaux préférés ! C'est un peu comme si les révolutionnaires de 1789, au lieu de former une assemblée nationale permettant de voter immédiatement l'abolition des privilèges et la mise en place d'un nouveau système fiscal, s'étaient contentés d'annoncer qu'il serait bon de prendre le temps de réfléchir à la mise en place d'une commission de réflexion visant à sauver à terme l'Ancien Régime. C'est la différence entre faire quelque chose et parler dans le vide.

En vérité, les propositions françaises sont tellement floues qu'il est possible d'y mettre tout et son contraire. Et c'est bien le problème : tous les discours nationalistes et antieuropéens peuvent s'y engouffrer. Il est aisé de dénoncer aujourd'hui la frilosité d'Angela Merkel, et de fait sa réponse aux « propositions françaises » est plus que timorée. Aux dernières nouvelles, elle dirait « oui » à un budget d'investissement de la zone euro, à condition toutefois qu'il soit minuscule (moins de 1 % du PIB de la zone). Tout cela sans rien dire évidemment des impôts communs susceptibles de le financer (si bien que l'on risque fort de se retrouver à recycler des investissements déjà réalisés, à grands coups de manipulations comptables, comme avec le plan Juncker). Et bien sûr sans rien proposer sur l'indispensable démocratisation de la zone euro. Il est simplement question de rebaptiser le Mécanisme européen de stabilité en « Fonds monétaire européen », ce qui exprime assez clairement une vision hyperconservatrice : il s'agit d'appliquer au gouvernement de l'Europe le modèle du FMI, c'est-à-dire un gouvernement à huis clos, piloté par les ministres des Finances et la technostructure. Aux antipodes du modèle de délibération parlementaire, publique, démocratique et contradictoire, qui devrait toujours avoir le dernier mot. Il est bien triste que Merkel et l'Allemagne en soient arrivées là, trente ans après la sortie du communisme et des certitudes de ses huis clos bureaucratiques.

Mais s'il est aisé de dénoncer la frilosité de Merkel, il est temps que les médias français comprennent qu'elle ne fait que répondre à la frilosité de Macron, qui en réalité partage le même conservatisme. Dans le fond, ces deux dirigeants ne veulent rien changer d'essentiel à l'Europe actuelle, car ils sont victimes du même aveuglement : ils trouvent que leurs deux pays ne s'en sortent pas si mal, et qu'ils ne sont pour rien dans les errements de l'Europe du Sud. Ce faisant, ils risquent de tout faire exploser. Après avoir humilié la Grèce en 2015, dont le gouvernement d'« extrême gauche » n'était peut-être pas parfait, mais avait au moins le mérite de promouvoir des valeurs de solidarité vis-à-vis des plus pauvres et des migrants, ils se retrouvent en 2018 avec l'extrême droite au pouvoir en Italie, un gouvernement dont le seul ciment – autorisé par les règlements européens – est la chasse aux étrangers.

Comment sortir de l'impasse ? Le problème est qu'une bonne part des dirigeants allemands et nord-européens ont expliqué depuis des années à leurs électeurs que tous les problèmes de l'Europe étaient causés par les paresseux du Sud, que ces derniers en voulaient à leur argent, et qu'il suffirait qu'ils se mettent à travailler et à exporter comme des Allemands ou des Néerlandais pour que tout soit réglé. Sur le plan économique, ces discours sont tout aussi délirants que les promesses du Front ou de la Ligue (puisque personne au monde ne pourrait absorber un excédent allemand généralisé au niveau de la zone euro). Il reste que ce fantasme de l'« union de transfert » (*Transferunion* en bon allemand) bloque aujourd'hui toute réflexion.

Pour en sortir, sans doute faut-il proposer que le futur budget de la zone euro, alimenté par des impôts communs sur les bénéfices des sociétés et les plus hauts revenus et patrimoines, voté par une véritable assemblée démocratique, bénéficie à chaque pays autant que sa contribution fiscale (avec des transferts nets limités à 0,1 % ou 0,5 % du PIB). Cette vision étroitement nationale de la solidarité n'est pas satisfaisante, mais dans le fond ce n'est pas l'essentiel : l'objectif est avant tout de permettre à une puissance publique européenne d'imposer les acteurs économiques les plus puissants au moins autant que les plus modestes, afin d'investir dans l'avenir et de réduire les inégalités à l'intérieur des pays. Débattons enfin de l'Europe et avançons !

L'Europe, les migrants et le commerce

10 juillet 2018

Alors que les dirigeants européens s'apprêtent à durcir les conditions d'entrée dans l'UE, il n'est pas inutile d'essayer d'y voir un peu plus clair sur les réalités migratoires actuelles, et plus généralement sur le positionnement de l'Europe dans la mondialisation. Les données disponibles sont imparfaites, mais suffisantes pour établir les principaux ordres de grandeur. Les plus complètes sont celles rassemblées par la division de la population des Nations unies, à partir des statistiques démographiques transmises par chaque pays et d'un patient travail d'homogénéisation[1]. Elles permettent de connaître l'évolution des flux migratoires entrants et sortants dans les différents pays du monde, et comprennent aussi les délicates « Perspectives de la population mondiale » établies pour les décennies à venir. Si l'on examine les dernières données disponibles, deux faits ressortent clairement.

1. « World Population Prospects », Nations unies, https://population.un.org/wpp/.

Tout d'abord, les flux migratoires entrants dans les pays riches (nets des sorties) ont diminué depuis 2010. Ils étaient d'environ 2 millions de personnes par an de 1990 à 1995, 2,5 millions de 1995 à 2000, avant de dépasser les 3 millions de 2000 à 2010, puis de retomber autour de 2 millions entre 2010 et 2018, niveau auquel les Nations unies situent leur prévision pour les années à venir. La population des pays riches avoisinant le milliard d'habitants (500 millions pour l'Union européenne, 350 pour États-Unis-Canada, 150 pour Japon-Océanie), cela signifie que les flux migratoires étaient inférieurs à 0,2 % par an dans les années 1990, avant de monter à près de 0,3 % entre 2000 et 2010, puis de repasser au-dessous de 0,2 % par an depuis 2010. Ces flux peuvent sembler minuscules, et d'une certaine façon ils le sont : la mondialisation des années 1990-2018 est d'abord financière et commerciale, et n'a jamais atteint les niveaux migratoires observés lors de la période 1870-1914.

La différence toutefois est que les nouveaux flux migratoires aboutissent à davantage de brassages multiculturels (alors que les flux anciens étaient surtout internes à l'Atlantique nord), et qu'ils s'inscrivent dans un contexte de stagnation démographique : le nombre annuel de naissances est maintenant inférieur à 1 % de la population dans nombre de pays riches, ce qui veut dire qu'un apport annuel de 0,2 % ou 0,3 % aboutit à terme à une modification sensible de la composition de la population. Ce n'est évidemment pas un problème en soi, mais l'expérience récente montre que cela peut malheureusement engendrer des tentatives réussies d'exploitations politiques identitaires, surtout si des politiques adéquates ne sont pas menées pour favoriser les créations d'emploi, de logements et d'infrastructures nécessaires.

La deuxième conclusion frappante qui ressort des données des Nations unies est que la baisse des flux migratoires est principalement le fait de l'Europe. Le nombre de migrants

Flux migratoires moyens entrants en Union europénne et aux États-Unis (nets des sorties) (en milliers de personnes par an)

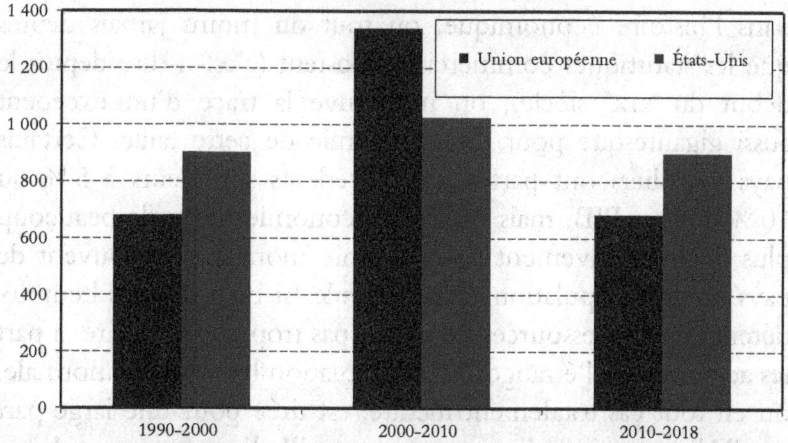

Lecture : les flux migratoires entrants en Union européenne (nets des sorties) étaient de près de 1,4 million de personnes par an en moyenne entre 2000 et 2010, et d'environ 0,7 million entre 2010 et 2018.
Source : Nations unies, « Perspectives de la population mondiale », 2018.

entrants en Union européenne (net des sorties) a été divisé par deux, passant de près de 1,4 million de personnes par an entre 2000 et 2010 à moins de 0,7 million par an entre 2010 et 2018, en dépit de l'afflux des réfugiés et du pic de 2015. Aux États-Unis, qui se sont relevés plus facilement que l'Europe de la récession de 2008, le flux est resté stable (1 million par an entre 2000 et 2010, 0,9 million entre 2010 et 2018).

Un troisième fait mérite d'être rapproché des deux premiers. D'après les dernières données de la BCE, l'excédent commercial de la zone euro s'établissait en 2017 à 530 milliards d'euros, soit près de 5 % du PIB de la zone (11 200 milliards d'euros), et se situe sur la même tendance en 2018[1]. Autrement dit, à chaque fois que les pays de la zone produisent 100 unités de biens et services, ils n'en consomment et n'en investissent

1. Bulletin économique de la BCE, juin 2018, tableau 3.1, p. S8, https://www.ecb.europa.eu/pub/pdf/ecbu/eb201804.en.pdf.

que 95 sur leur territoire. L'écart peut sembler mince, mais répété d'année en année il est en réalité considérable. Jamais dans l'histoire économique, ou tout du moins jamais depuis que les statistiques commerciales existent (c'est-à-dire depuis le début du XIXe siècle), on ne trouve la trace d'un excédent aussi gigantesque pour une économie de cette taille. Certains pays pétroliers ont parfois des excédents supérieurs à 5 % ou 10 % de leur PIB, mais il s'agit d'économies de taille beaucoup plus faible relativement à l'économie mondiale, et souvent de pays dont la population est minuscule (si bien que les heureux détenteurs des ressources ne savent pas trop quoi en faire, à part les accumuler à l'étranger). Cette situation hautement anormale, ou en tout cas totalement inédite, est tirée pour une large part par l'Allemagne, mais pas seulement : l'Italie a par exemple un excédent commercial qui dépasse 3 % du PIB depuis 2015.

Pour les partisans du marché omniscient et toujours efficace, cette situation serait la conséquence rationnelle du vieillissement : anticipant la petitesse de sa main-d'œuvre et de sa production à venir, voire sa disparition, l'Europe ferait tout simplement des réserves pour ses vieux jours. En vérité, il faut surtout y voir la conséquence d'une concurrence exacerbée sans pilotage politique, et d'une rigueur salariale excessive, qui ont conduit à tasser la croissance et à doper les excédents commerciaux.

Rappelons aussi que la zone euro est actuellement en excédent budgétaire primaire : les contribuables paient plus d'impôts qu'ils ne reçoivent de dépenses, avec un écart supérieur à 1 % du PIB. De même que les déficits budgétaires trumpistes ne font qu'aggraver le déficit commercial américain, les excédents budgétaires européens exacerbent notre excédent commercial. Si l'Europe veut un jour relancer sa machine à intégrer, il lui faudra d'abord réapprendre à investir et à consommer.

Social-nativisme, le cauchemar italien

11 septembre 2018

Depuis le printemps 2018, l'Italie est gouvernée par une étrange coalition sociale-nativiste, regroupant le Mouvement 5 étoiles (M5S), parti antisystème et antiélites, inclassable dans les typologies gauche-droite habituelles, mais dont un des leitmotivs est la création d'un revenu de base ; et la Lega, l'ancienne Ligue du Nord, mouvement régionaliste et anti-impôts, maintenant reconverti en parti nationaliste spécialisé dans la chasse aux étrangers. On aurait bien tort de mettre cet attelage étonnant sur le compte de l'exotisme italien. En réalité, tous les gouvernements européens partagent une responsabilité dans l'émergence de ce type de coalition, aussi désespérée qu'incohérente. Si l'on n'y prend garde, le cauchemar social-nativiste italien pourrait très vite nous concerner de près, d'abord par ses conséquences européennes, et ensuite parce qu'il n'est pas exclu que des coalitions similaires puissent un jour se généraliser à d'autres pays, y compris en France.

Résumons. Le M5S fait ses plus gros scores dans les catégories populaires du sud du pays et parmi les déçus de tous les partis, séduits par les promesses sur le social et le développement des régions délaissées. La Lega attire des voix populaires anti-immigrés, surtout dans le Nord, où le parti conserve aussi un socle de cadres et d'indépendants antipercepteurs. Une coalition avait un moment été envisagée entre le M5S et le PD (Parti démocrate, regroupant les anciens partis de gauche, et maintenant situé quelque part entre le centre-gauche et le centre-droit, on ne sait plus trop), mais ce dernier a finalement refusé, préférant miser sur l'échec des populistes.

La gauche électorale en Europe et aux États-Unis, 1945-2020 : du parti des travailleurs au parti des diplômés

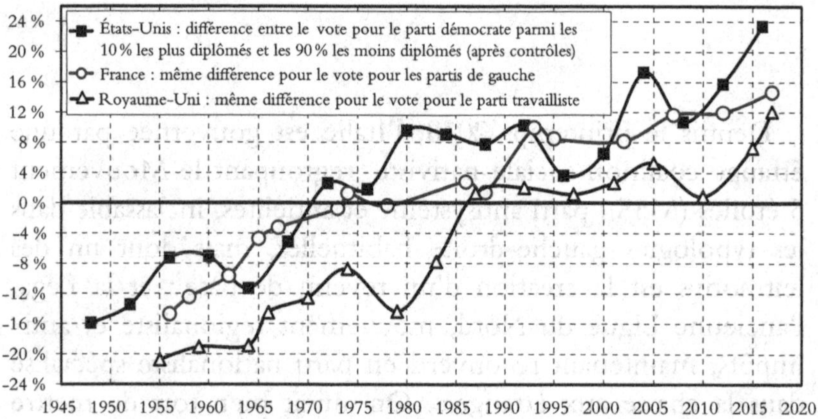

Lecture : dans les années 1950-1970, le vote pour le parti démocrate aux États-Unis, pour les partis de gauche (socialistes-communistes-radicaux-écologistes) en France et pour le parti travailliste au Royaume-Uni était associé aux électeurs les moins diplômés ; dans les années 1990-2010, il est devenu associé aux électeurs les plus diplômés.
Sources et séries : voir piketty.pse.ens.fr/ideologie. Thomas Piketty, « Brahmin Left vs Merchant Right : Rising Inequality and the Changing Structure of Political Conflict », WID.world, Working Paper Series n° 2018/7 ; repris dans Thomas Piketty, *Capital et idéologie, op. cit.*, p. 844.

Le M5S et la Lega se sont alors accordés sur un programme fondé sur la mise en place du revenu de base prôné par le M5S (qui pourrait ressembler au revenu de solidarité active à la française) et de la « flat tax » défendue par la Lega, c'est-à-dire un impôt prélevé à un même taux sur tous les niveaux de revenus, ce qui implique le démantèlement complet du système d'impôt progressif (avec des taux plus élevés sur les revenus importants), et une énorme perte de recettes fiscales. L'alliance M5S-Lega repose aussi et surtout sur une violente politique antiréfugiés, incarnée par le ministre de l'Intérieur Salvini, chef de la Lega, qui a passé son été à empêcher les navires de secours d'accoster, au mépris de toutes les règles, mais ce qui lui a permis de monter en flèche dans les sondages. Les deux partis se sont aussi accordés sur quelques autres mesures détonantes, par exemple contre les vaccins, associés aux élites je-sais-tout et aux rapaces labos pharmaceutiques.

Comment un tel cocktail idéologique peut-il tenir ? Dans le contexte français, on voit tout ce qui sépare aujourd'hui les Insoumis d'une telle alliance : au cœur de leurs valeurs se trouvent la solidarité avec les migrants et la défense de l'impôt progressif (même si l'on peut s'inquiéter de la récente sortie poujadiste de Mélenchon sur la « diablerie » du prélèvement à la source). Le fait que les 5 étoiles aient topé sur la « flat tax » en dit long sur leur manque de colonne vertébrale programmatique, sur les effets délétères de la lente décomposition politique italienne (en cours depuis 1992 et l'effondrement du système de partis d'après-guerre), et aussi sur les dégâts causés par des décennies de rhétorique anti-impôt et de dumping fiscal (puisque les plus riches échappent à l'impôt et que personne ne peut rien y faire, alors pourquoi ne pas baisser ouvertement les impôts de tous ?).

Mais si le cocktail fonctionne, c'est surtout parce que les responsables italiens excellent à dénoncer l'égoïsme du gouvernement français, qui donne des leçons sur les réfugiés tout en fermant ses ports et sa frontière, et plus généralement les hypocrisies européennes, qui imposent à l'Italie des règles budgétaires rigides, empêchant le pays d'investir et de se relever de la crise de 2008 et de la purge qui a suivi. On a surtout retenu de la rencontre Orban-Salvini l'affichage de la solidarité antimigrants : « Nous avons prouvé que l'immigration peut être arrêtée par la terre, [Salvini] prouve qu'elle peut être stoppée par la mer », a déclaré Orban. On devrait aussi porter attention aux mots de Salvini : « Aujourd'hui commence un parcours commun qui sera suivi de nombreuses autres étapes dans les prochains mois, pour mettre au premier plan le droit au travail, à la santé et à la sécurité. Tout ce que les élites européennes nous refusent. »

Ce qui rend Salvini si dangereux, c'est précisément sa capacité à allier le discours nativiste et social, le discours migratoire et celui sur la dette, tout cela englobé dans la dénonciation d'une même hypocrisie des élites. Puisque la BCE a imprimé des milliards pour sauver les banques, pourquoi ne pourrait-elle pas aider l'Italie en repoussant sa dette à des jours meilleurs ? Ce discours de bon sens séduira tant que l'Europe ne l'aura pas remplacé par un récit supérieur. En Pologne et en Hongrie, les pouvoirs illibéraux ont eux aussi soigné leur opinion en finançant des mesures sociales, sur les allocations familiales et les retraites, que refusaient les gouvernements proeuropéens.

On peut certes faire le pari que l'opinion italienne s'opposera toujours au clash ultime et au retour à la lire et à l'inflation. On peut aussi considérer qu'il est temps pour l'Europe de démontrer aux classes populaires qu'elle est la plus apte à les défendre, en mettant enfin en place une politique de relance économique et de justice fiscale. Tant que les centristes de tous bords pratiqueront un même libéralisme antisocial, le social-nativisme aura de beaux jours devant lui.

Brésil : la Première République menacée

16 octobre 2018

Aux États-Unis, c'est au milieu des années 1960 que les anciens esclaves ont pu finalement obtenir le droit de s'asseoir dans les mêmes bus que les Blancs, d'aller dans les mêmes écoles, et par la même occasion ont pu accéder au droit de vote. Au Brésil, le droit de vote pour les pauvres date de la Constitution de 1988, soit quelques années avant les premières élections multiraciales en Afrique du Sud en 1994.

La comparaison peut choquer : le Brésil est un pays autrement plus métissé que les deux autres. Lors du dernier recensement, en 2010, 48 % de la population s'est déclarée comme « blanche », 43 % comme « métisse », 8 % comme « noire », et 1 % comme « asiatique » ou « indigène ». En réalité, ce sont même plus de 90 % des Brésiliens qui ont des origines métissées. Il reste que les clivages sociaux et raciaux demeurent étroitement liés. C'est le pays du « racisme cordial », dit-on parfois, à défaut d'être le pays débarrassé de la race. Un pays où la démocratie est récente et fragile, et traverse actuellement une crise très grave.

Le Brésil a aboli l'esclavage en 1888, à un moment où les esclaves représentaient encore 30 % de la population dans certaines provinces, en particulier dans les régions sucrières du Nordeste. Au-delà du cas extrême de l'esclavage, il s'agit d'un pays où les relations de travail sont longtemps restées extrêmement dures, en particulier entre les propriétaires terriens et les ouvriers agricoles et paysans sans terre. Sur le plan politique, la Constitution de 1891 prit soin de préciser que les personnes non alphabétisées n'auraient pas le droit de vote, règle reprise par les Constitutions de 1934 et 1946. Cela permit d'éliminer d'entrée de jeu 70 % de la population adulte du processus électoral dans les années 1890, et toujours plus de 50 % en 1950 et environ 20 % en 1980. En pratique, ce sont non seulement les anciens esclaves mais plus généralement les pauvres qui ont ainsi été exclus du jeu politique pendant un siècle. Par comparaison, l'Inde n'a pas hésité à instituer un suffrage véritablement universel dès 1947, en dépit des énormes clivages sociaux et statutaires issus du passé, et de l'immense pauvreté du pays.

Au Brésil, l'exclusion politique des illettrés ne s'est pas pour autant accompagnée d'une politique scolaire volontariste. Si le pays est resté aussi inégalitaire, c'est d'abord parce que les classes possédantes n'ont jamais vraiment tenté d'inverser le lourd héritage historique. La qualité des services publics et des écoles ouvertes au plus grand nombre est longtemps restée extrêmement faible, et demeure insuffisante aujourd'hui.

Il fallut attendre la fin de la dictature militaire (1964-1985) et la Constitution de 1988 pour que le droit de vote soit étendu à tous, sans condition d'éducation. La première élection présidentielle au suffrage universel se déroule en 1989, et l'ancien ouvrier tourneur Lula atteint déjà le second tour et réunit 47 % des voix. Son élection triomphale en 2002, avec 61 % des voix au second tour, puis sa réélection en 2006 avec le même score, lui qui avait été tant moqué pour son manque d'éducation, et dont on disait qu'il ne pourrait représenter dignement le pays à l'étranger, marquent l'entrée symbolique du Brésil dans l'ère du suffrage universel. À l'inverse, l'élection de Bolsonaro signerait une régression terrible pour le pays, et irait bien au-delà d'une alternance normale, après les nouvelles victoires arrachées par le Parti des travailleurs (PT) et Dilma Roussef (56 % en 2010, 52 % en 2014), avec un électorat de plus en plus clivé socialement, racialement et géographiquement[1].

Militariste, machiste, homophobe, le député de Rio est aussi antisocial et antipauvres, comme en témoigne son programme économique ultralibéral. Il surfe également sur la nostalgie de l'ordre de l'homme blanc, dans un pays où les « Blancs » ont cessé d'être majoritaires (ils étaient encore 54 % au recensement de 2000). Vues les conditions douteuses de la destitution de Roussef en 2016 et de l'empêchement de Lula en 2018, cette élection risque de laisser des traces terribles.

Au pouvoir, le PT n'a pourtant pas démérité. Grâce aux hausses du salaire minimum et au nouveau système d'allocations familiales (Bolsa Familia), la croissance s'est accompagnée d'une baisse inédite de la pauvreté. Le PT a également mis en place des mécanismes d'accès préférentiel aux universités pour les classes populaires et les populations noires et métissées. Mais, faute d'avoir réformé le système électoral, le PT n'a jamais réussi à s'attaquer à la régressivité fiscale structurelle du pays (les taxes indirectes montent à 30 % sur les factures d'électricité, alors que les hautes successions sont taxées à 4 %). Avec pour effet que la réduction des

1. Sur l'évolution des clivages électoraux brésiliens, voir Amory Gethin, « Cleavage Structures and Distributive Politics. Party Competition, Voter Alignment and Economic Inequality in Comparative Perspective », Master Analysis and Policy in Economics, École d'économie de Paris, 2018.

inégalités s'est faite au détriment des classes moyennes et non des plus riches[1].

Si le camp progressiste est parvenu à réduire les inégalités au XXe siècle, c'est parce qu'il s'est battu pour un ambitieux agenda égalitaire, à base de réformes politiques tout autant que de réformes fiscales et sociales. Aux États-Unis, il fallut amender la Constitution en 1913 pour créer un impôt fédéral sur le revenu et sur l'héritage, qui devint le plus progressif de l'histoire et permit de financer le New Deal. Il fallut mettre fin au veto des Lords au Royaume-Uni et à celui du Sénat en France, sans quoi les réformes sociales de 1945 n'auraient jamais vu le jour. Aujourd'hui, le camp progressiste refuse tout débat ambitieux sur la démocratisation des institutions américaines, européennes ou brésiliennes. Ce n'est pourtant pas en laissant aux nativistes et aux réactionnaires le monopole de la rupture que l'on sauvera l'égalité et la démocratie.

1. Sur l'évolution des inégalités au Brésil, voir Marc Morgan, « Falling Inequality beneath Extreme and Persistent Concentration : New Evidence for Brazil Combining National Accounts, Surveys and Fiscal Data, 2001-2015 », WID.world, Working Paper Series n° 2017/12.

Le Monde et les milliardaires
13 novembre 2018

Ainsi donc l'actionnariat du journal *Le Monde* va changer. Un banquier d'affaires français va vendre ses parts à un milliardaire tchèque, qui a lui-même fait fortune dans les mines de charbon et a souvent eu recours aux paradis fiscaux. Doit-on s'accommoder de cette situation, ou bien n'est-il pas temps de réfléchir à un régime légal et fiscal permettant de repenser le modèle des médias ? Soyons bien clair : il ne s'agit en aucune façon de mettre en cause ici les journalistes ou la direction des journaux, qui se battent avec courage et intégrité pour obtenir des actionnaires toutes les garanties d'indépendance qu'il est possible d'obtenir, au *Monde* comme dans les autres quotidiens. Il reste qu'il n'est pas interdit de réfléchir aux lois qu'il faudrait changer pour éviter à l'avenir ce type de situations.

Précisons qu'il existe en France comme ailleurs des règles limitant la concentration de la propriété des médias. Mais, outre qu'elles sont insuffisantes et peu appliquées, et qu'elles n'ont pas été mises à jour et adaptées à l'âge numérique, ces lois n'ont jamais cherché à redéfinir la forme juridique des organes de presse. On continue de partir du principe que la société par actions constitue l'organisation normale des médias, avec à son fondement le principe « un euro, une voix » : celui qui apporte un milliard aura toujours un milliard de fois plus de voix que celui qui apporte un euro. Pourtant, de nombreux secteurs d'activités sont organisés tout à fait différemment. On pense par exemple à l'éducation, la culture et la santé, qui au total regroupent incomparablement plus d'emplois que les médias ou l'industrie automobile. Dans ces secteurs, quand ils prennent la forme d'établissements privés, les acteurs ont généralement recours à des formes associatives ou à des fondations, comme nombre de grandes universités états-uniennes et internationales. Les lois en vigueur interdisent généralement l'utilisation de sociétés par actions pour créer des écoles primaires ou des lycées, et quand elles l'autorisent pour les universités, les quelques expériences réalisées ont conduit à de tels désastres (comme avec l'université Trump) qu'elles n'ont guère été suivies.

Prenons par exemple l'université Harvard. Sa dotation de 37 milliards de dollars a été accumulée grâce aux dons d'anciens élèves et de milliardaires, et surtout d'ailleurs grâce au rendement financier obtenu sur les dons passés, sans compter que nombre de ses programmes de recherches sont financés sur fonds publics, et que l'ensemble ne pourrait guère exister sans les infrastructures et les écoles publiques. Toujours est-il que, quand un généreux donateur apporte de l'argent à Harvard, il peut certes en tirer quelques avantages, comme d'être nommé au conseil d'administration, et parfois même d'obtenir l'admission de l'un de ses enfants aux notes insuffisantes. En l'occurrence, ces avantages mériteraient d'être sérieusement écornés. Il serait normal que la puissance publique joue un rôle beaucoup plus important dans les procédures d'admission comme dans la gouvernance de ces universités, ce qui d'ailleurs fut le cas dans le passé, et le redeviendra peut-être à l'avenir : tout dépend du législateur. Il n'en reste pas moins que ce généreux donateur est dans une situation beaucoup plus précaire qu'un actionnaire : rien ne dit que le conseil d'administration le renouvellera indéfiniment, et surtout il ne peut en aucune façon menacer de reprendre ses billes. Son don a été incorporé définitivement à la dotation de l'université, et pourtant cela ne l'a pas empêché de donner.

À l'inverse, nos généreux donateurs-actionnaires des médias peuvent à tout moment menacer de sortir de l'affaire et de revendre leurs parts, comme aujourd'hui au *Monde*, et c'est là que le bât blesse. S'agissant des médias, compte tenu du besoin de renouvellement permanent des structures, la bonne solution serait sans doute une forme intermédiaire entre les fondations et les sociétés par actions. Par exemple, avec les sociétés de médias à but non lucratif proposées par Julia Cagé[1], les apports des journalistes, des lecteurs et des donateurs seraient traités différemment suivant leur taille. Au-dessous d'un certain seuil, ils donnent lieu à des droits de vote élevés, et pourraient éventuellement être remboursables (sans profit). Au-delà de ce seuil, les apports s'apparentent à des dons définitifs (non remboursables, comme pour Harvard), et conduisent à des droits de vote plafonnés (ce qui est plus favorable que Harvard). Par exemple, on peut imaginer que seuls un tiers des apports supérieurs à 10 % du capital donnent lieu à des droits de vote, et que les votes des apports plus faibles soient majorés d'autant. Si les milliardaires qui affluent actuellement dans les médias sont aussi désintéressés qu'ils le disent, alors cela ne devrait pas leur poser de problème de partager le pouvoir avec les journalistes, les lecteurs et les donateurs moins riches qu'eux.

Qu'est-ce qui empêche l'actuelle majorité d'adopter une telle réforme ? Peut-être la crainte de déplaire aux milliardaires, et

1. Voir Julia Cagé, *Sauver les médias…*, *op. cit.*

plus encore le besoin d'y mettre les moyens financiers nécessaires. Car, dès lors qu'il s'agit de dons non remboursables, il serait logique d'étendre aux médias les réductions d'impôt dont bénéficient les dons au secteur éducatif ou médical, ce qui a toujours été refusé. Ce serait pourtant de l'argent bien investi, et il pourrait aisément être obtenu en rétablissant l'impôt sur la fortune sur les patrimoines financiers. Tant que le gouvernement ne sera pas revenu sur cette faute originelle, il aura bien du mal à convaincre le pays qu'il se soucie de justice fiscale et de combattre le populisme.

AIMER L'EUROPE, C'EST LA CHANGER

2018-2020

Manifeste pour la démocratisation de l'Europe

10 décembre 2018

Ce manifeste a été élaboré par un collectif d'intellectuels et de chercheurs (Manon Bouju, Lucas Chancel, Anne-Laure Delatte, Stéphanie Hennette, Thomas Piketty, Guillaume Sacriste, Antoine Vauchez) et a été signé par plus de 100 000 citoyens européens (www.tdem.eu).

Nous, citoyens européens venus d'horizons et de pays différents, lançons aujourd'hui un appel pour transformer profondément les institutions et les politiques européennes. Ce manifeste contient des propositions concrètes, en particulier un projet de traité de démocratisation et un projet de budget, qui peuvent être adoptés et appliqués en l'état par les pays qui le souhaitent, sans qu'aucun pays puisse bloquer ceux qui souhaitent avancer. Il peut être signé en ligne[1] par tous les citoyens européens et les citoyennes européennes qui s'y reconnaissent. Il peut être repris et amélioré par tous les mouvements politiques.

1. www.tdem.eu.

Après le Brexit et l'élection de gouvernements antieuropéens à la tête de plusieurs pays membres, il n'est plus possible de continuer comme avant. Il n'est plus possible de se contenter d'attendre les prochaines sorties, les prochains démantèlements, sans rien changer de fondamental à l'Europe actuelle.

Notre continent se retrouve aujourd'hui pris en tenaille entre d'un côté des mouvements politiques dont le seul programme est la chasse aux étrangers et aux réfugiés, un programme qu'ils ont maintenant commencé à appliquer ; et de l'autre des partis qui se disent européens, mais qui au fond continuent de s'imaginer que le libéralisme pur et dur et la mise en concurrence généralisée de tous (États, entreprises, territoires, individus) suffisent à définir un projet politique, sans réaliser que c'est précisément le manque d'ambition sociale qui nourrit le sentiment d'abandon.

Certains mouvements sociaux et politiques essaient de briser ce dialogue mortifère en tentant la voie d'une refondation politique, sociale et environnementale de l'Europe. Car les urgences proprement européennes ne manquent pas au terme d'une décennie de crise : sous-investissement public structurel, notamment dans le domaine de la formation et de la recherche, montée des inégalités sociales, accélération du réchauffement climatique, crise de l'accueil des migrants et des réfugiés. Mais ces mouvements peinent souvent à formuler un projet alternatif concret, c'est-à-dire à décrire précisément comment ils souhaiteraient organiser l'Europe de l'avenir et la prise de décision démocratique en son sein.

Nous, citoyens européens, mettons sur la place publique avec ce manifeste, ce traité et ce budget des propositions précises. Elles sont imparfaites mais ont le mérite d'exister : chacun pourra s'en saisir pour les améliorer. Elles reposent sur une conviction simple : l'Europe doit bâtir pour ses citoyens un modèle original de développement social, équitable et durable, et elle ne pourra les en convaincre qu'en sortant des promesses vagues et théoriques. L'Europe ne se réconciliera avec ses citoyens que si elle apporte la preuve concrète qu'elle est capable d'établir une solidarité entre Européens et de faire contribuer, de manière équitable, les gagnants de la mondialisation au financement des biens publics dont l'Europe a aujourd'hui cruellement besoin : c'est-à-dire de faire contribuer les grandes sociétés davantage que les petites et moyennes entreprises, et les contribuables les plus riches davantage que les plus modestes, ce qui n'est pas le cas aujourd'hui.

Nos propositions reposent sur la création d'un budget de démocratisation discuté et voté par une assemblée européenne souveraine, qui permette enfin de doter l'Europe d'une puissance publique capable à la fois de faire face sans attendre aux urgences européennes et de produire un ensemble de biens publics dans le cadre d'une économie durable et solidaire. C'est ainsi qu'on pourra donner enfin sens à la promesse inscrite dès le traité de Rome d'une « égalisation dans le progrès des conditions de vie et de travail ».

Ce budget, si l'assemblée européenne le souhaite, sera financé par quatre grands impôts européens marqueurs concrets de cette solidarité européenne, qui porteront sur les bénéfices des grandes sociétés, les hauts revenus (au-delà de 200 000 euros par an), les hauts patrimoines (au-delà de 1 million d'euros) et les émissions carbone (avec un prix minimum de 30 euros par tonne, qui a vocation à être rehaussé annuellement). S'il était fixé à 4 % du PIB, comme nous le proposons, ce budget pourrait financer la recherche, la formation et les universités européennes, un ambitieux programme d'investissements pour transformer notre mode de croissance, financer l'accueil des migrants et accompagner les acteurs de la transformation ; mais aussi redonner une marge de manœuvre budgétaire aux États membres pour réduire les prélèvements régressifs pesant sur les salaires ou la consommation.

Il ne s'agit pas ici de créer une « Europe des transferts » qui chercherait à prendre l'argent des pays « vertueux » pour le donner à ceux qui le seraient moins. Le projet de traité de démocratisation[1] le dit explicitement en limitant l'écart entre les dépenses reçues et les recettes versées par un pays à un seuil de 0,1 % de son PIB. Ce seuil pourra être augmenté s'il existe un consensus en ce sens, mais le véritable enjeu est ailleurs : il s'agit avant tout de réduire les inégalités *à l'intérieur* des différents pays et d'investir dans l'avenir de *tous* les Européens, à commencer bien sûr par les plus jeunes d'entre eux, sans favoriser *un* pays plutôt qu'un autre. Ce calcul exclut les dépenses et investissements réalisés dans un pays en vue de satisfaire un objectif d'intérêt commun bénéficiant également à tous les pays, comme par exemple la lutte contre le réchauffement climatique. Parce qu'il permettra de financer des biens publics européens qui bénéficieront de manière similaire à l'ensemble des États membres, le budget de démocratisation induira *de facto* un effet de convergence *entre* les États européens.

Parce qu'il faut aller vite mais aussi sortir l'Europe de l'ornière technocratique, nous proposons la création d'une assemblée européenne qui permettra de discuter et de voter ces nouveaux impôts européens comme ce budget de démocratisation, sans qu'il soit nécessaire dans un premier temps de modifier l'ensemble des traités européens.

Cette assemblée européenne devra bien sûr dialoguer avec les instances de décision actuelles (en particulier l'Eurogroupe qui réunit de façon mensuelle et informelle les ministres des Finances de la zone euro), mais c'est elle qui, en cas de désaccord, aura le *dernier mot*. Il en va de sa capacité à être le lieu où se forme un nouvel *espace politique transnational* où partis, mouvements sociaux et organisations non gouvernementales (ONG)

1. www.tdem.eu.

pourront reprendre enfin la main. Mais il en va aussi de son efficacité même puisqu'il s'agit d'arracher enfin l'Europe à l'éternel immobilisme des négociations intergouvernementales. N'oublions pas que la règle de l'unanimité fiscale en vigueur dans l'Union européenne bloque depuis des années l'adoption de tout impôt européen et nourrit l'éternelle fuite en avant vers le dumping fiscal en faveur des plus riches et des plus mobiles, qui continue encore aujourd'hui, malgré tous les discours, et qui continuera tant que d'autres règles de décision n'auront pas été mises en place.

Parce que cette assemblée européenne aura compétence pour adopter des impôts et rentrer au cœur même du pacte démocratique, fiscal et social des États membres, il importe d'y associer parlementaires nationaux et européens. En accordant aux premiers une place centrale, on transformera *de facto* les élections législatives nationales en élections européennes : les députés nationaux ne pourront plus se contenter de se défausser sur Bruxelles, et n'auront d'autre choix que d'expliquer aux électeurs les projets et budgets qu'ils comptent défendre au sein de l'assemblée européenne. En réunissant les parlementaires nationaux européens au sein d'une même assemblée, on créera des habitudes de cogouvernance, qui n'existent aujourd'hui qu'entre chefs d'État et ministres des Finances.

C'est pourquoi nous proposons, dans le traité de démocratisation, que l'assemblée européenne repose pour 80 % de ses membres sur les députés des parlements nationaux des pays qui rejoindront le traité (en proportion des populations des pays et des groupes politiques), et pour 20 % des membres de l'actuel Parlement européen (en proportion des groupes politiques). Ce choix mérite une ample discussion. En particulier, notre projet pourrait également fonctionner avec une proportion plus faible de députés nationaux (par exemple 50 %). Mais si cette proportion devenait trop faible, alors l'assemblée européenne risquerait à nos yeux d'être moins légitime pour engager l'ensemble des citoyens européens sur la voie d'un nouveau pacte social et fiscal, et des conflits de légitimité démocratique entre élections nationales et élections européennes pourraient vite miner le projet.

Il faut maintenant agir sans tarder. S'il est souhaitable que tous les pays de l'Union européenne rejoignent ce projet rapidement, et s'il est préférable que les quatre plus grands pays de la zone euro (qui représentent ensemble plus de 70 % du PIB et de la population de la zone) l'adoptent d'emblée, l'ensemble du projet a été conçu pour qu'il puisse être juridiquement et économiquement adopté et appliqué par n'importe quel sous-ensemble de pays qui le souhaite. Le point est important, car il permet aux pays et aux mouvements politiques qui le souhaitent de démontrer leur volonté concrète d'avancer en adoptant dès maintenant ce projet, ou une forme améliorée de ce dernier. Nous appelons chacune et chacun à prendre ses responsabilités et à participer à un débat précis et constructif pour l'avenir de l'Europe.

« Gilets jaunes » et justice fiscale
11 décembre 2018

La crise des « gilets jaunes » pose à la France et à l'Europe[1] une question centrale : celle de la justice fiscale. Depuis son élection, Emmanuel Macron a passé son temps à expliquer au pays qu'il fallait chérir les « premiers de cordée », et que la première des priorités était d'accorder des baisses d'impôts aux plus hauts patrimoines, à commencer par la suppression de l'ISF. Tout cela a été mené tambour battant, avec un sentiment de toute-puissance et une totale bonne conscience. Même Nicolas Sarkozy avait été plus prudent en 2007 avec son bouclier fiscal, qu'il a néanmoins dû annuler en 2012. Inévitablement, tous ceux qui ne se voient pas comme des « premiers de cordée » se sont sentis abandonnés et humiliés par le discours macronien, et voici comment nous nous retrouvons dans la situation actuelle. Le pouvoir en place a commis une série d'erreurs factuelles, historiques et politiques, qu'il est urgent et possible de corriger aujourd'hui.

1. Voir « Manifeste pour la démocratisation de l'Europe », 10 décembre 2018.

Il a tout d'abord cherché à justifier la suppression de l'ISF par l'idée que cet impôt suscitait une hémorragie des patrimoines hors de France. Le problème est que cette affirmation est totalement fausse d'un point de vue factuel. On observe depuis 1990 une hausse spectaculaire et continue du nombre et des montants des patrimoines déclarés à l'ISF. Cette évolution a eu lieu dans toutes les tranches de l'ISF, en particulier dans les plus élevées, où le nombre et le montant des patrimoines financiers ont progressé encore plus vite que les patrimoines immobiliers, qui ont eux-mêmes progressé beaucoup plus rapidement que le PIB et la masse salariale. Les baisses boursières de 2001 et 2008 ont temporairement calmé cette évolution, mais sitôt les crises passées les tendances longues ont repris leur cours.

Les recettes de l'ISF 1990-2022 : une forte croissance interrompue

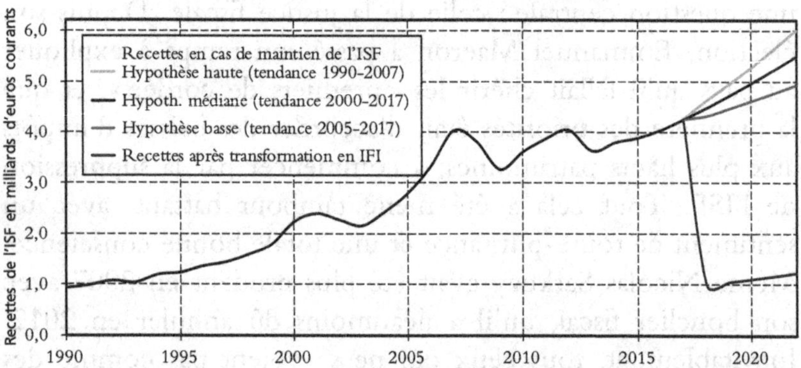

Lecture : les recettes de l'ISF ont plus que quadruplé entre 1990 et 2017 (passant de 1,0 à 4,2 milliards d'euros), alors que le PIB nominal doublait en France. Cela s'explique par une très forte croissance du nombre et des montants des patrimoines déclarés à l'ISF, dans toutes les tranches, en particulier les plus élevées, où les hauts patrimoines financiers ont progressé encore plus vite que les patrimoines immobiliers. Cette forte croissance des recettes a été obtenue en dépit des diverses mesures d'allégements et de plafonnements (en particulier le bouclier fiscal en 2007), et du fait que le seuil d'entrée a été progressivement augmenté de 0,6 million d'euros en 1990 à 1,3 million d'euros depuis 2012. La prévision de recettes 2018-2022 suppose que le patrimoine total des ménages progresse au même rythme que les tendances précédentes (trois variantes), que les tranches du barème de l'ISF sont indexées sur la croissance du patrimoine moyen, et que les hauts patrimoines progressent comme la moyenne. Il s'agit donc de prévisions minimalistes, d'autant plus que le contrôle fiscal sur l'ISF pourrait par ailleurs être aisément amélioré (déclarations préremplies, etc.).

Source et séries : piketty.blog.lemonde.fr, 11-12-2018.

Au total, les recettes de l'ISF ont plus que quadruplé entre 1990 et 2017, passant de 1 milliard à plus de 4 milliards, alors que le PIB nominal était multiplié par deux. Tout cela en dépit des multiples allégements, exonérations et plafonnements accordés au fil des ans aux contribuables redevables de l'ISF, et malgré le fait que le seuil d'entrée dans l'ISF a été graduellement relevé de 0,6 million d'euros de patrimoine net en 1990 à 1,3 million d'euros depuis 2012 (après déduction de 30 % sur la valeur de la résidence principale).

Le contrôle fiscal au titre de cet impôt a en outre toujours été insuffisant. Songeons par exemple que les déclarations préremplies sont en place depuis dix ans pour l'impôt sur le revenu, mais qu'elles n'ont jamais été appliquées pour l'ISF, alors que les banques pourraient parfaitement transmettre toutes les informations nécessaires au fisc. En 2012, on a même supprimé la déclaration détaillée au-dessous de 3 millions d'euros (il suffit depuis d'indiquer un montant global de patrimoine, sans aucune possibilité de contrôle systématique). Avec une meilleure administration, l'ISF pourrait rapporter aujourd'hui plus de 10 milliards d'euros. Ce qui n'aurait d'ailleurs rien d'étonnant, compte tenu du fait que la taxe foncière rapporte plus de 40 milliards, et que le patrimoine est extrêmement concentré (en particulier les actifs financiers, exonérés de taxe foncière)[1].

Toujours est-il que, dans l'état de la législation et de l'administration (défaillante) de l'ISF, les recettes de cet impôt ont néanmoins progressé de 1 à 4 milliards de 1990 à 2017. Compte tenu de l'évolution des patrimoines, elles auraient dû atteindre près de 6 milliards en 2022. Avec la suppression

1. Voir « Suppression de l'ISF : une faute historique », 10 octobre 2017, et Bertrand Garbinti, Jonathan Goupille-Lebret et Thomas Piketty, « Accounting for Wealth Inequality Dynamics : Methods, Estimates and Simulations for France (1800-2014) », art. cit.

de l'ISF et la mise en place de l'IFI, les recettes ont chuté à guère plus de 1 milliard en 2018 : on se retrouve trente ans en arrière, avec une perte d'au moins 5 milliards d'euros par an d'ici à 2022.

La seconde erreur du gouvernement est historique : il se trompe d'époque. Il est incontestable que les États-Unis et le Royaume-Uni ont lancé un processus de démantèlement de la progressivité fiscale dans les années 1980, et que ce mouvement a été partiellement suivi en Europe dans les années 1990 et au début des années 2000, par exemple avec la suspension de l'impôt sur la fortune en Allemagne et en Suède (et en prime de l'impôt successoral dans ce dernier cas). Pour autant, est-on bien sûr que ces politiques ont produit les effets escomptés ? Depuis la crise de 2008, et surtout depuis Trump, le Brexit et l'explosion du vote xénophobe partout en Europe, on mesure mieux les dangers posés par la montée des inégalités et le sentiment d'abandon des classes populaires, et beaucoup comprennent le besoin d'une nouvelle régulation sociale du capitalisme. Dans ces conditions, en rajouter une couche en faveur des plus riches en 2018 n'était vraiment pas très malin. Si Macron veut être le président des années 2020 et non des années 1990, il va falloir qu'il s'adapte vite.

Le plus triste est l'effroyable gâchis sur le front climatique. Pour qu'une taxe carbone réussisse, il est impératif d'affecter la totalité de son produit à l'accompagnement social de la transition écologique. Le gouvernement a fait tout le contraire : sur les 4 milliards de hausse de taxes sur les carburants de 2018, et les 4 milliards supplémentaires prévus pour 2019, il n'envisageait de consacrer qu'à peine 10 % aux mesures d'accompagnement, alors que le reste finançait *de facto* la suppression de l'ISF et la « flat tax » sur les revenus du capital.

S'il veut sauver son quinquennat, Macron doit immédiatement rétablir l'ISF et consacrer ces recettes à compenser ceux qui sont le plus durement touchés par les hausses de taxe carbone, qui doivent reprendre leur cours. Et s'il ne le fait pas, alors cela signifiera qu'il aura fait le choix d'une idéologie proriches dépassée aux dépens de la lutte contre le réchauffement climatique.

1789, le retour de la dette

15 janvier 2019

Avec les « gilets jaunes », on a vu fleurir l'idée d'un référendum sur l'annulation de la dette publique. Pour certains, ce type de propos, déjà entendu en Italie, montre l'ampleur du danger « populiste » : comment peut-on imaginer ne pas rembourser une dette ? En réalité, l'histoire montre qu'il est habituel d'avoir recours à des solutions exceptionnelles quand la dette atteint de tels niveaux. Pour autant, un référendum ne permet pas de régler un problème aussi complexe. Il existe de multiples façons d'annuler une dette, avec des effets sociaux très différents. C'est de cela qu'il faut débattre, au lieu d'abandonner ces décisions à d'autres et aux crises à venir.

Pour que chacun puisse se faire son opinion, je vais donner ici deux séries d'informations, d'abord sur les règles européennes actuelles, ensuite sur la façon dont des dettes de cette ampleur ont été traitées dans l'histoire.

Commençons par les règles européennes, qui sont mal connues et suscitent une certaine confusion. Beaucoup continuent de se référer à la « règle des 3 % » et ne comprennent pas pourquoi l'Italie, qui envisageait un déficit de 2,5 % du

PIB, avant de transiger sur 2 %, se retrouve mise à l'index. L'explication est que le traité de Maastricht (1992) a été amendé par le nouveau traité budgétaire adopté en 2012. De son vrai nom le Traité pour la stabilité, la coordination et la gouvernance[1] (TSCG), ce texte prévoit désormais que le déficit ne doit pas dépasser 0,5 % du PIB (art. 3), à l'exception toutefois des pays dont la dette est « sensiblement inférieure à 60 % du PIB », auquel cas le déficit peut atteindre 1 %. Sauf « circonstances exceptionnelles », le non-respect de ces règles entraîne des pénalités automatiques.

Précisons que le déficit visé par ces textes est toujours le déficit secondaire, c'est-à-dire après paiement des intérêts de la dette[2]. Si un pays a une dette égale à 100 % du PIB, et que le taux d'intérêt est de 4 %, alors les intérêts seront de 4 % du PIB. Pour réaliser un déficit secondaire limité à 0,5 %, il faudra donc réaliser un excédent primaire de 3,5 % du PIB. Autrement dit, les contribuables devront payer des impôts plus élevés que les dépenses dont ils bénéficient, avec un écart de 3,5 % du PIB, possiblement pendant des décennies.

L'approche du TSCG n'est pas illogique : à partir du moment où l'on refuse les annulations de dettes, que l'inflation est quasi nulle et la croissance limitée, alors seuls d'énormes excédents primaires peuvent réduire des dettes de l'ordre de 100 % du PIB. Il faut cependant mesurer les conséquences sociales et politiques d'un tel choix.

Bien qu'amoindris par des taux inhabituellement bas, qui ne dureront peut-être pas éternellement, les intérêts sont actuellement de 2 % du PIB en zone euro (le déficit moyen

1. https://www.consilium.europa.eu/media/20386/st00tscg26-fr-12.pdf.

2. Sur les intérêts de la dette et l'excédent primaire moyen en zone euro, voir European Central Bank, *Economic Bulletin*, décembre 2018, p. 36, Chart 27, et, p. S23-S25, https://www.ecb.europa.eu/pub/pdf/ecbu/eb201808.en.pdf.

est de 1 %, et l'excédent primaire de 1 %). Soit plus de 200 milliards d'euros par an, à comparer par exemple avec les malheureux 2 milliards par an investis dans le programme Erasmus. C'est un choix possible, mais est-on bien sûr que ce soit le meilleur pour préparer l'avenir ? Si l'on consacrait de telles sommes à la formation et à la recherche, alors l'Europe pourrait devenir le premier pôle mondial d'innovation, devant les États-Unis. En Italie, les intérêts représentent 3 % du PIB, soit six fois plus que le budget de l'enseignement supérieur[1].

Ce qui est sûr, c'est que l'histoire montre qu'il existe d'autres façons de procéder[2]. On cite souvent l'exemple des grandes dettes du XXᵉ siècle. L'Allemagne, la France et le Royaume-Uni se sont retrouvés avec des dettes comprises entre 200 % et 300 % du PIB dans l'après-guerre, qui n'ont jamais été remboursées. Elles ont été supprimées en quelques années par un mélange d'annulations pures et simples, d'inflation et de prélèvements exceptionnels sur la propriété privée (ce qui est la même chose que l'inflation, mais en plus civilisé : on peut mettre davantage à contribution les plus riches et préserver la classe moyenne). La dette extérieure allemande a été gelée lors des accords de Londres en 1953, puis définitivement supprimée en 1991. C'est ainsi que l'Allemagne et la France se sont retrouvées sans dette publique et en capacité d'investir dans la croissance des années 1950-1960.

La comparaison la plus pertinente concerne toutefois la révolution de 1789. Incapable de faire payer des impôts à

1. Sur les échéanciers d'intérêts en Italie, voir European Central Bank, Statistical Data Warehouse, « Italy. Governement Debt Securities : Debt Service », http://sdw.ecb.europa.eu/reports.do?node=1000003919.

2. Sur l'histoire des dettes aux XVIIIᵉ-XXᵉ siècles, voir par exemple Thomas Piketty, *Le Capital au XXIᵉ siècle*, *op. cit.*, chapitres 3-5 ; pour des séries complètes, voir Thomas Piketty et Gabriel Zucman, « Capital is Back : Wealth-Income Ratios in Rich Countries, 1700-2010 », *Quarterly Journal of Economics*, vol. 129, n° 3, 2014, p. 1155-1210.

ses privilégiés, l'Ancien Régime avait accumulé une dette d'environ une année de revenu national, voire une année et demie si l'on inclut les ventes de charges et offices (qui étaient une façon pour l'État d'obtenir de l'argent tout de suite en échange de revenus futurs prélevés sur la population). En 1790, l'Assemblée obtint la publication nominative du grand livre des pensions, qui contenait aussi bien des rentes à des courtisans que des paiements à d'anciens dignitaires, avec des versements dix ou vingt fois plus élevés que le revenu moyen, qui firent scandale (la comparaison avec le salaire de la présidente de la Commission du débat public saute aux yeux). L'ensemble se termina par la mise en place d'une fiscalité un peu plus juste, et surtout par la banqueroute des deux tiers et la grande inflation des assignats.

Par comparaison, la situation actuelle est à la fois plus complexe (chaque pays détient une partie de la dette des autres) et plus simple : on dispose avec la BCE d'une institution permettant de geler les dettes, et on pourrait adopter une fiscalité européenne plus juste en instaurant enfin une assemblée souveraine[1]. Mais si l'on continue d'expliquer qu'il est impossible de mettre à contribution les plus riches Européens, et que seules les classes immobiles doivent payer, alors on s'expose inévitablement à de graves révoltes à venir.

1. www.tdem.eu.

L'ISF en Amérique
12 février 2019

Et si le coup de grâce pour Emmanuel Macron venait non pas des « gilets jaunes », mais de la sénatrice du Massachusetts ? Elizabeth Warren, professeure de droit à Harvard, pas vraiment une adepte du chavisme ou de la guérilla urbaine, et candidate déclarée aux primaires démocrates de 2020, vient de rendre public ce qui sera sans doute l'un des points clés de la campagne à venir, à savoir la création pour la première fois aux États-Unis d'un véritable impôt fédéral sur la fortune. Chiffrée avec soin par Emmanuel Saez et Gabriel Zucman, soutenue par les meilleurs constitutionnalistes, la proposition Warren[1] impose un taux de 2 % aux fortunes comprises entre 50 millions et 1 milliard

1. Voir https://www.warren.senate.gov/newsroom/press-releases/senator-warren-unveils-proposal-to-tax-wealth-of-ultra-rich-americans. Voir également Emmanuel Saez et Gabriel Zucman, « How Would a Progressive Wealth Tax Work ? Evidence from the Economics Literature », 5 février 2019, https://eml.berkeley.edu/~saez/saez-zucman-wealthtaxobjections.pdf.

de dollars, et de 3 % au-delà de 1 milliard. Le projet prévoit également une *exit tax* égale à 40 % du patrimoine pour ceux qui choisiraient de quitter le pays et d'abandonner la citoyenneté états-unienne. La taxe s'appliquerait à tous les actifs, sans aucune exemption, avec des sanctions dissuasives pour les personnes et les gouvernements qui ne transmettraient pas les informations adéquates sur les actifs détenus à l'étranger.

Le débat ne fait que commencer, et le barème proposé pourrait encore être étendu et rendu plus progressif, avec des taux atteignant par exemple 5 %-10 % par an pour les multimilliardaires. Ce qui est certain, c'est que la question de la justice fiscale sera au cœur de la campagne présidentielle de 2020. La représentante de New York Alexandria Ocasio-Cortez a proposé un taux de 70 % sur les plus hauts revenus, alors que Bernie Sanders défend un taux de 77 % sur les plus

L'invention de la progressivité fiscale : le taux supérieur de l'impôt sur le revenu, 1900-2018

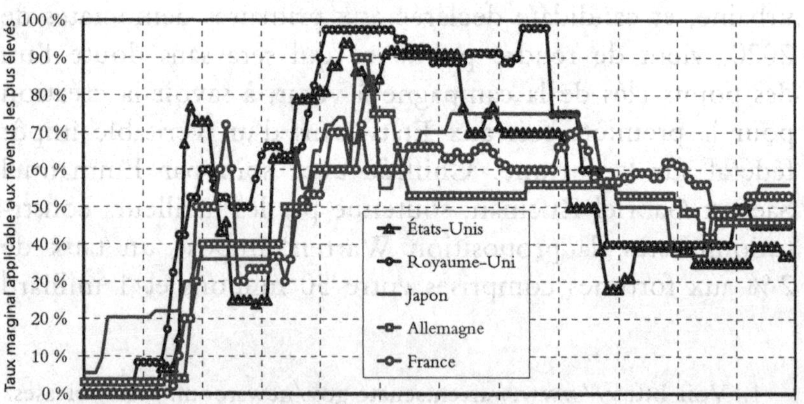

Lecture : le taux marginal d'imposition applicable aux revenus les plus élevés était en moyenne de 23 % aux États-Unis entre 1900 et 1932, de 81 % entre 1932 et 1980, et de 39 % entre 1980 et 2018. Sur ces mêmes périodes, le taux supérieur a été de 30 %, 89 % et 46 % au Royaume-Uni, de 26 %, 68 % et 53 % au Japon, de 18 %, 58 % et 50 % en Allemagne, et de 23 %, 60 % et 57 % en France. La progressivité fiscale a été maximale au milieu du siècle, particulièrement aux États-Unis et au Royaume-Uni.
Sources et séries : voir piketty.pse.ens.fr/ideologie. Thomas Piketty, *Capital et idéologie, op. cit.*, p. 525.

hautes successions. Si la proposition de Warren est la plus novatrice, les trois approches sont complémentaires et doivent s'enrichir mutuellement.

Pour le comprendre, revenons en arrière. Entre 1880 et 1910, alors que la concentration des richesses industrielles et financières s'accélère aux États-Unis, et que le pays menace de devenir presque aussi inégalitaire que la vieille Europe, un puissant mouvement politique en faveur d'une meilleure répartition se développe. Il débouche sur la création d'un impôt fédéral sur le revenu en 1913 et sur les successions en 1916. Entre 1930 et 1980, le taux appliqué aux plus hauts revenus fut en moyenne de 81 % aux États-Unis, et celui appliqué aux plus hautes successions de 74 %. De toute évidence, cela n'a pas détruit le capitalisme états-unien, bien au contraire. Cela l'a rendu plus égalitaire et plus productif, à un moment où les États-Unis n'avaient pas oublié que c'est leur avance éducative et l'investissement dans la formation qui faisaient leur prospérité, et non la religion de la propriété et de l'inégalité.

Reagan puis Bush et Trump ont par la suite tenté de détruire cet héritage. Ils ont tourné le dos aux origines égalitaires du pays, en misant sur l'amnésie historique et en attisant les divisions identitaires. Avec le recul dont nous disposons aujourd'hui, il est clair que le bilan de cette politique est catastrophique. Entre 1980 et 2020, la croissance du revenu national par habitant a été divisée par deux par comparaison à la période 1930-1980. Le peu de croissance a été happé par les plus riches, avec pour conséquence une complète stagnation des revenus des 50 % les plus pauvres. Le mouvement de retour vers l'impôt progressif et une plus grande justice qui se dégage aujourd'hui a quelque chose d'évident, et n'a que trop tardé.

L'invention de la progressivité fiscale : le taux supérieur de l'impôt sur les successions, 1900-2018

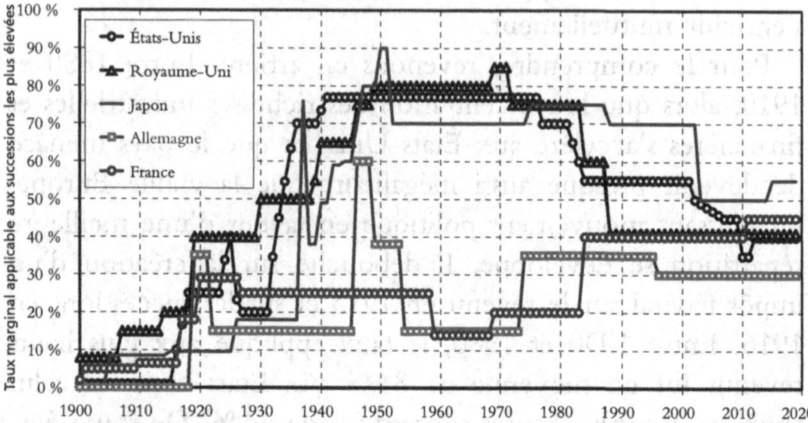

Lecture : le taux marginal d'imposition applicable aux successions les plus élevées était en moyenne de 12 % aux États-Unis entre 1900 et 1932, de 75 % entre 1932 et 1980, et de 50 % entre 1980 et 2018. Sur ces mêmes périodes, le taux supérieur a été de 25 %, 72 % et 46 % au Royaume-Uni, de 9 %, 64 % et 63 % au Japon, de 8 %, 23 % et 32 % en Allemagne, et de 15 %, 22 % et 39 % en France. La progressivité fiscale a été maximale au milieu du siècle, particulièrement aux États-Unis et au Royaume-Uni.
Sources et séries : voir piketty.pse.ens.fr/ideologie. Thomas Piketty, *Capital et idéologie, op. cit.*, p. 525.

La nouveauté est qu'il est maintenant question de créer un impôt progressif annuel sur la fortune, en plus des impôts sur le revenu et les successions. Il s'agit d'une innovation cruciale en termes de justice et d'efficacité. De multiples impôts exceptionnels sur la propriété immobilière, professionnelle et financière ont été appliqués avec succès à la suite des guerres mondiales pour apurer les dettes publiques, en particulier au Japon, en Allemagne, en Italie, en France et dans de nombreux pays européens. Prélevés une seule fois, les taux appliqués sur les plus hauts patrimoines privés atteignirent souvent 40 %-50 %, voire davantage. Avec un impôt annuel sur le patrimoine, conçu pour s'appliquer sur une base permanente, les taux sont nécessairement plus limités. Ils doivent toutefois être assez élevés pour permettre une véritable mobilité de la fortune. De ce point de vue, l'impôt sur les successions arrive beaucoup trop tard : on ne va pas attendre que Bezos ou Zuckerberg atteignent quatre-vingt-dix ans pour qu'ils commencent à payer des impôts. Avec le taux de 3 % proposé par Warren, un patrimoine statique de 100 milliards retourne à la communauté en trente ans. C'est un bon début mais, compte tenu de la progression moyenne observée sur les plus hauts patrimoines financiers, il faudrait sans doute viser plus haut (5 %-10 % ou plus).

Il est également crucial d'affecter la totalité des recettes à la réduction des inégalités. En particulier, la *property tax* états-unienne comme la taxe foncière française pèsent aujourd'hui lourdement sur les plus modestes. Le problème est que ces deux impôts vénérables sur le patrimoine, qui, contrairement à ce que l'on entend parfois, taxent non seulement la possession de logements (indépendamment de tout revenu, ce que tout le monde admet sans difficulté, au moins pour les plus grosses détentions) mais également les biens professionnels (bureaux, terrains, entrepôts, etc.), n'ont jamais été véritablement repensés depuis le XVIIIe siècle. Il est temps qu'ils deviennent des impôts progressifs sur le patrimoine net, avec à la clé de fortes réductions sur les ménages endettés qui cherchent à accéder à la propriété. Espérons que la campagne états-unienne à venir comme le débat français autour des « gilets jaunes » soient enfin l'occasion d'une discussion de fond sur l'imposition du patrimoine et la justice fiscale.

Aimer l'Europe, c'est la changer

12 mars 2019

Aimer l'Europe, c'est vouloir la changer. Les gouvernements français et allemands en place depuis dix ans prétendent être europhiles, mais en vérité ils sont surtout euroconservateurs. Ils ne veulent rien changer d'essentiel à l'Europe actuelle, de peur de perdre leur pouvoir et leur mainmise illusoire sur les affaires bruxelloises. Ce faisant, ils se font les fossoyeurs de l'Europe. Même le Brexit ne semble pas les faire douter.

Dernier épisode en date : le traité franco-allemand dit de l'Élysée, renégocié en janvier, propose la création d'une assemblée parlementaire franco-allemande afin que les députés des deux pays puissent débattre ensemble de la défense ou du droit des entreprises. Excellente initiative… sauf que cette assemblée est purement consultative et n'aura aucun pouvoir réel. Pourtant on pourrait très bien lui confier la tâche de voter les mesures urgentes de justice fiscale dont nous avons besoin. Comme par exemple une taxe enfin cohérente sur les émissions carbone, qui imposerait davantage les gros émetteurs que les petits. Actuellement, c'est tout le contraire : au nom de la concurrence et des règles européennes, on taxe plein pot ceux qui prennent leur voiture pour aller travailler, et on exonère le kérosène de ceux qui prennent l'avion pour partir en week-end. Les dirigeants franco-allemands prétendent se préoccuper du réchauffement climatique. Mais comment comptent-ils s'y prendre pour faire accepter une telle politique avec une fiscalité aussi absurde ?

Plus généralement, cela n'a aucun sens de passer son temps à expliquer qu'il est impossible d'imposer les plus riches au niveau national, sans rien proposer de concret permettant de se coordonner à un niveau plus élevé. En l'occurrence, l'assemblée franco-allemande pourrait également être chargée de voter des impôts communs sur les profits des grandes sociétés et les plus hauts revenus et patrimoines. C'est une simple question de bon sens. Dans une communauté fédérale de grande taille, liée par des accords de libre circulation des biens, des personnes et des capitaux, il est logique de confier au gouvernement central un rôle clé pour les impôts les plus redistributifs. Aux États-Unis, les impôts progressifs sur les hauts revenus et les successions sont gérés à titre principal au niveau fédéral, tout comme l'impôt sur les bénéfices des sociétés, alors que les États membres reposent principalement sur des impôts quasi proportionnels ou des taxes indirectes. En Europe, on fait l'inverse : l'UE réglemente la TVA mais laisse les États s'abîmer dans une concurrence exacerbée sur l'impôt sur les bénéfices, les revenus et les patrimoines. C'est ainsi que l'Europe a mené le mouvement mondial de course-poursuite à la baisse sur le taux de l'impôt sur les sociétés (IS), et a concentré les hausses d'impôts sur les plus modestes. Tout cela découle du fait que l'Europe et ses institutions ont été bâties pour gérer un grand marché, et n'ont pas su s'adapter aux nouveaux défis.

Le résultat est que le système fiscal est de plus en plus biaisé en faveur des plus mobiles, à tel point que les coûts de la concurrence fiscale deviennent de plus en plus lourds pour les classes moyennes et populaires, potentiellement plus lourds que les gains de l'intégration commerciale. Autrement dit, la méfiance croissante que l'Europe inspire aux plus modestes depuis des décennies n'est pas une lubie irrationnelle, mais correspond au contraire à une réalité profonde, une erreur de conception fondamentale qu'il est urgent de corriger avant que tout explose.

Or le fait est que la création d'une assemblée franco-allemande, ouverte immédiatement à l'Italie, à l'Espagne et à tous les pays qui le souhaitent, compétente pour adopter des mesures fortes de justice fiscale, n'est pas une utopie. Cela pourrait être mis en place dès à présent. L'ensemble permettrait d'alléger les impôts des plus modestes et de financer la transition écologique. Une proposition détaillée, mise au point par des juristes et citoyens de toute l'Europe, a reçu le soutien de plus de 100 000 signatures[1]. Elle peut et doit être améliorée. L'essentiel est que chaque gouvernement et mouvement politique défende publiquement des propositions précises, et cesse d'expliquer que rien n'est possible et de se réfugier derrière la frilosité des autres. Et, à partir du moment où il est impossible dans l'immédiat de convaincre les Vingt-Sept, alors il faut se résoudre à trancher le nœud gordien et à bâtir des institutions politiques séparées pour un petit nombre de pays, en complément aux institutions de l'UE. Les institutions actuelles sont bloquées par la règle de l'unanimité, et il est maintenant démontré qu'elles ne permettent pas l'adoption du moindre impôt en commun. Il faut donc en bâtir de nouvelles, que les autres pays rejoindront quand elles auront fait la preuve de leur efficacité.

Si les gouvernements français et allemands refusent de changer l'Europe, c'est sans doute aussi parce qu'au fond ils restent convaincus que les mérites de la concurrence fiscale

1. www.tdem.eu.

l'emportent sur les inconvénients, ou bien que les bénéfices ne sont pas assez importants pour justifier un tel chamboule-tout. Ce faisant, ils se trompent d'époque : ils n'ont toujours pas intégré la tendance lourde à l'accroissement des inégalités. Leur position était tenable dans les années 1990. Mais, dix ans après que la crise financière de 2008 a montré la fragilité de l'euro et de l'Europe, elle ne l'est plus. Si l'Europe n'incarne pas la justice fiscale, alors les nationalistes finiront par triompher.

Le revenu de base en Inde

16 avril 2019

Le plus grand vote de l'histoire du monde vient de commencer en Inde : plus de 900 millions d'électeurs. On dit souvent que l'Inde a appris l'art de la démocratie parlementaire au contact des Britanniques. L'affirmation n'est pas entièrement fausse, à condition toutefois d'ajouter que l'Inde a porté cet art à une échelle inconnue avant elle, au sein d'une communauté politique de 1,3 milliard d'habitants, traversée par d'immenses clivages socioculturels et linguistiques, ce qui est autrement plus compliqué.

Pendant ce temps, le Royaume-Uni a bien du mal à le rester au niveau des îles Britanniques. Après l'Irlande au début du XXᵉ siècle, il n'est pas impossible que ce soit au tour de l'Écosse de quitter le Royaume et son Parlement en ce début de XXIᵉ siècle. Quant à l'Union européenne et ses 500 millions d'habitants, elle ne parvient toujours pas à mettre en place des règles démocratiques permettant d'adopter le moindre impôt en commun, et continue d'accorder des droits de veto à des grands duchés rassemblant à peine 0,1 % de ses citoyens. Plutôt que d'expliquer doctement que rien dans ce beau système ne peut être changé, les responsables européens seraient bien inspirés de regarder du côté de l'Union indienne et de son modèle de république fédérale et parlementaire.

Évidemment, tout n'est pas rose pour autant dans la plus grande démocratie du monde. Le développement du pays est miné par d'énormes inégalités et une pauvreté qui diminue trop lentement. L'une des principales innovations de la campagne qui s'achève est la proposition faite par le parti du Congrès d'introduire un système de revenu de base : le NYAY (*nyuntam aay yojana*, revenu minimum garanti). Le montant annoncé est de 6 000 roupies par mois et par ménage, soit l'équivalent d'environ 250 euros en parité de pouvoir d'achat (trois fois moins au taux de change courant), ce qui n'est pas rien en Inde (où le revenu médian ne dépasse pas 400 euros par ménage). Ce système concernerait les 20 % des Indiens les plus pauvres. Le coût serait significatif (un peu plus de 1 % du PIB) sans être rédhibitoire.

Comme toujours avec les propositions de ce type, il est important de ne pas s'en tenir là et de ne pas prendre le revenu de base pour une solution miracle ou un solde de tout compte. Pour mettre en place une répartition juste des richesses et un modèle de développement durable et équitable, il faut s'appuyer sur tout un ensemble de mesures sociales, éducatives et fiscales, dont le revenu de base n'est qu'un élément. Comme l'ont montré Nitin Bharti et Lucas Chancel[1], les dépenses publiques de santé ont stagné à 1,3 % du PIB entre 2009-2013 et 2014-2018, et l'investissement

1. Nitin Bharti et Lucas Chancel, « Tackling Inequality in India. Is the 2019 Election Campaign up to the Challenge ? », WID.world Issue Brief 2019/2. Sur les transformations des clivages politiques en Inde, voir Abhijit Banerjee, Amory Gethin et Thomas Pikettty, « Growing Cleavages in India ? Evidence from the Changing Structure of Electorates, 1962-2014 », WID.world, Working Paper Series n° 2019/05.

éducatif a même baissé, passant de 3,1 % à 2,6 %. Un équilibre complexe reste à trouver entre la réduction de la pauvreté monétaire et ces investissements sociaux, qui conditionnent le rattrapage de l'Inde sur la Chine, qui a su mobiliser des ressources plus importantes pour élever le niveau de formation et de santé de l'ensemble de la population.

Il reste que la proposition du Congrès a le mérite de mettre l'accent sur les questions de redistribution et d'aller au-delà des mécanismes de quotas et de « réservations », qui ont certes permis à une fraction des basses castes d'accéder à l'université, à l'emploi public et aux fonctions électives, mais qui ne suffisent pas.

La plus grande limite de la proposition est que le Congrès a choisi de rester discret sur le financement. C'est dommage, car cela aurait été l'occasion de réhabiliter le rôle de l'impôt progressif, et de tourner définitivement la page de son moment néolibéral des années 1980 et 1990. Surtout, cela lui aurait permis de se rapprocher plus explicitement de la nouvelle alliance entre les partis socialistes et de basses castes (SP, BSP), qui proposent la création d'un impôt fédéral de 2 % sur les patrimoines supérieurs à 25 millions de roupies (1 million d'euros en parité de pouvoir d'achat), ce qui rapporterait l'équivalent des sommes requises pour le NYAY, et renforcerait la progressivité de l'impôt fédéral sur le revenu.

Au fond, le véritable enjeu de cette élection est la constitution en Inde d'une coalition de gauche, à la fois égalitaire et multiculturelle, seule à même de battre le nationalisme hindou probusiness et antimusulmans du Bharatiya Janata Party (BJP). Il n'est pas sûr que cela soit suffisant cette fois. Ancien parti hégémonique venu du centre, le Congrès est toujours dirigé par le très peu populaire Rahul Gandhi (issu de la lignée Nehru-Gandhi), alors que le BJP a eu l'intelligence de se donner pour la première fois avec Modi un dirigeant aux origines modestes. Le Congrès craint d'être débordé et de perdre la direction du gouvernement s'il se lance dans une coalition trop explicite avec les partis situés à sa gauche. Par ailleurs, Modi bénéficie du financement du *big business* indien, dans un pays qui brille par une absence criante de régulation en ce domaine. Il a en outre habilement exploité l'attentat de Pulwama au Jammu-et-Cachemire et les raids aériens qui ont suivi pour faire vibrer les sentiments anti-Pakistan et accuser le Congrès et les partis de gauche de connivence avec l'islam intégriste (cela n'arrive pas qu'en France), dans ce qui risque de rester comme le tournant dans la campagne.

Le vote BJP par caste et religion en Inde, 1962-2014

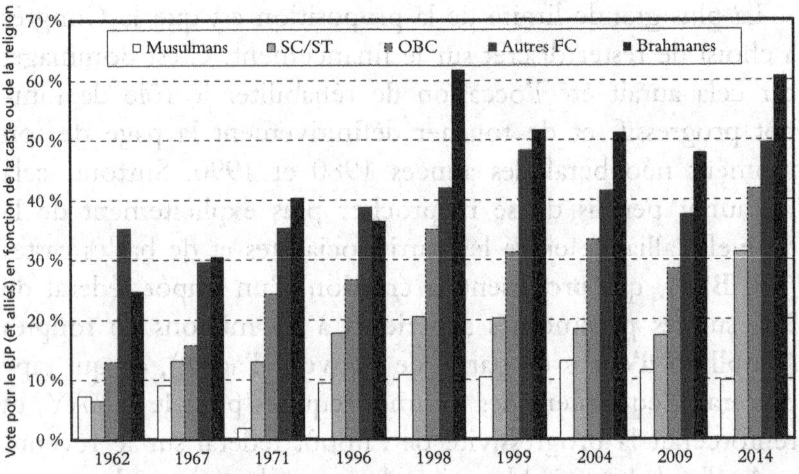

Lecture : en 2014, 10 % des électeurs musulmans ont voté pour le BJP (nationalistes hindous) et les partis alliés, contre 31 % parmi les SC/ST (*scheduled castes/scheduled tribes*, basses castes), 42 % parmi les OBC (*other backward classes*, castes intermédiaires), 49 % parmi les autres FC (*forward castes*, hautes castes sauf brahmanes) et 61 % parmi les brahmanes.
Sources et séries : voir piketty.pse.ens.fr/ideologie. Thomas Piketty, *Capital et idéologie, op. cit.*, p. 1074.

En tout état de cause, les graines semées reprendront leur cours, en lien avec les transformations politico-idéologiques en mouvement dans le reste du monde. Les décisions débattues en Inde nous concerneront tous de plus en plus. En cela, cette élection indienne est bien une élection d'importance mondiale.

L'Europe et le clivage de classe
14 mai 2019

Trois ans après le référendum sur le Brexit, et à la veille de nouvelles élections européennes, l'Europe suscite toujours un scepticisme aussi fort, en particulier au sein des catégories sociales les plus défavorisées. Le mal est profond et ancien. Dans toutes les consultations référendaires depuis un quart de siècle, les classes populaires ont systématiquement exprimé leur désaccord avec la construction européenne telle qu'elle leur était proposée, alors que les classes les plus riches et les plus favorisées la soutenaient. Lors du référendum sur le traité de Maastricht en 1992, on constate que les 60 % des électeurs disposant des revenus, des patrimoines ou des diplômes les plus bas ont voté pour le non, alors que les 40 % des électeurs du haut favorisaient le oui, avec un écart assez fort pour qu'au total le oui l'emporte d'une courte tête (51 %). Rebelote avec le traité constitutionnel en 2005, sauf que cette fois seuls les 20 % du haut soutiennent le oui, alors que les 80 % du bas favorisent le non, d'où une nette victoire de ce dernier (55 %). *Idem* lors du référendum sur le Brexit de 2016 : cette fois-ci, ce sont les 30 % du haut qui soutiennent le maintien dans l'UE, avec enthousiasme. Mais, comme les 70 % du bas préfèrent la sortie, cette dernière l'emporte avec 52 % des voix.

Comment expliquer que les votes autour de l'Union européenne se caractérisent toujours par un clivage de classe aussi marqué ? Ce résultat est d'autant moins évident que la structure du vote pour les différents partis a depuis longtemps cessé d'avoir une structure classiste aussi nette, avec les trois dimensions de clivage sociale (diplôme, revenu, patrimoine) tirant dans le même sens. Depuis les années 1970-1980, les plus diplômés ont nettement basculé pour les partis de gauche dans les deux pays, alors que les plus hauts revenus et patrimoines continuaient de soutenir un peu plus fortement les partis de droite, eux-mêmes en recomposition. Par contre, lors des votes européens de 1992, 2005 et 2016, les élites intellectuelles et économiques des deux camps se sont retrouvées à soutenir l'UE telle qu'elle existe, alors que les catégories modestes de gauche et de droite la rejetaient.

Pour expliquer cette situation, les classes les plus favorisées ont bien une explication : les catégories populaires seraient nationalistes et xénophobes, voire arriérées. Sauf que la xénophobie du peuple n'est pas plus naturelle que celle des élites. Il existe une explication beaucoup plus simple : l'Union européenne, telle qu'elle s'est construite au cours des dernières décennies, s'appuie sur la concurrence généralisée entre territoires, sur le dumping fiscal et social en faveur des acteurs économiques les plus mobiles, et fonctionne objectivement au bénéfice des plus favorisés. Tant que l'Union européenne n'aura pas pris des mesures symboliques fortes pour la réduction des inégalités, par exemple un impôt commun pesant sur les plus riches permettant d'abaisser celui des plus pauvres, cette situation perdurera.

Cette opposition entre plusieurs visions de l'Europe n'est pas nouvelle, et elle gagne à être remise en perspective historique.

En 1938, de jeunes militants lancent le mouvement Federal Union[1] au Royaume-Uni. Vite rejoint par des figures universitaires comme Beveridge et Robbins, il inspire la proposition de création d'une Union fédérale franco-britannique formulée par Churchill en juin 1940, refusée par le gouvernement français alors réfugié à Bordeaux et qui préfère donner les pleins pouvoirs à Pétain. Il est intéressant de noter qu'un groupe d'universitaires britanniques et français s'était réuni à Paris en avril 1940 pour étudier le fonctionnement d'une possible union fédérale, d'abord au niveau franco-britannique, puis élargie au niveau européen, sans parvenir à un accord. La vision la plus imprégnée de libéralisme économique était défendue par Hayek, qui souhaitait une pure union commerciale fondée sur les principes de la concurrence, de la liberté des échanges et de la stabilité monétaire. Robbins était sur une ligne assez proche, tout en envisageant la possibilité d'un budget fédéral, et en particulier d'un impôt fédéral sur les successions au cas où la liberté des échanges et la libre circulation des personnes ne suffiraient pas pour diffuser la prospérité et réduire les inégalités. D'autres membres du groupe avaient des visions beaucoup plus proches du socialisme démocratique, à commencer par Beveridge, adepte des assurances sociales, ainsi que la sociologue Barbara Wootton, qui proposait un impôt fédéral sur le revenu et les successions, avec un taux supérieur de 60 %, doublé d'un système de revenu plafond et de succession maximale. Les participants à la réunion se séparèrent sur un constat de désaccord sur le contenu économique et social de l'union fédérale envisagée. Tous ces débats autour du mouvement Federal Union eurent un écho dans l'Europe entière. Altiero Spinelli, militant communiste

1. Voir le livre passionnant d'Or Rosenboim, *The Emergence of Globalism. Visions of World Order in Britain and the United States, 1939-1950*, Princeton, Princeton University Press, 2017.

alors emprisonné dans les geôles de Mussolini, s'en inspira par exemple pour rédiger en 1941 son Manifeste pour une Europe libre et unie, ou Manifeste de Ventotene (du nom de l'île où il était emprisonné).

Il n'existe pourtant aucune fatalité à ce que l'Europe actuelle reste imprégnée d'une vision hayekienne. L'étendard européen est aujourd'hui instrumentalisé par des personnes qui s'en servent pour imposer leur politique de classe. Mais il ne tient qu'à nous de se rappeler que l'Europe pourrait également s'organiser différemment, comme l'avaient déjà pensé Wootton, Beveridge ou même Robbins il y a près de quatre-vingts ans.

L'illusion de l'écologie centriste

11 juin 2019

Bonne nouvelle : au vu des résultats des élections européennes, il semblerait que les citoyens français et européens se soucient davantage du réchauffement climatique. Le problème est que le scrutin qui s'achève n'a guère permis de faire progresser le débat de fond. Concrètement, avec quelles forces politiques les écologistes comptent-ils gouverner et sur quel programme d'action ? En France, les Verts ont certes réalisé un score honorable : 13 % des voix. Mais, vu qu'ils avaient déjà obtenu 11 % lors des européennes de 1989, 10 % en 1999 et 16 % en 2009, rien n'indique qu'une majorité verte autonome soit à portée de main. Au Parlement européen, les Verts auront presque 10 % des sièges (74 sur 751). C'est mieux que dans le Parlement sortant, ou leur part n'était que de 7 % (51 sièges), mais cela oblige à clarifier la question des alliances. Or les responsables verts, enivrés par leur succès, notamment en France, refusent de dire s'ils souhaitent gouverner avec la gauche ou la droite.

Pourtant, tout indique de plus en plus clairement que la résolution du défi climatique ne pourra se faire sans un puissant mouvement de compression des inégalités sociales, à tous les niveaux. Avec l'ampleur actuelle des inégalités, la marche en avant vers la sobriété énergétique restera un vœu pieux. D'abord parce que les émissions carbone sont fortement concentrées parmi les plus riches. Au niveau mondial, les 10 % les plus riches sont responsables de près de la moitié des émissions, et les 1 % les plus riches émettent à eux seuls plus de carbone que la moitié la plus pauvre de la planète. La réduction drastique du pouvoir d'achat des plus riches aurait donc en tant que telle un impact substantiel sur la réduction des émissions au niveau mondial.

La répartition mondiale des émissions carbone, 2010-2018

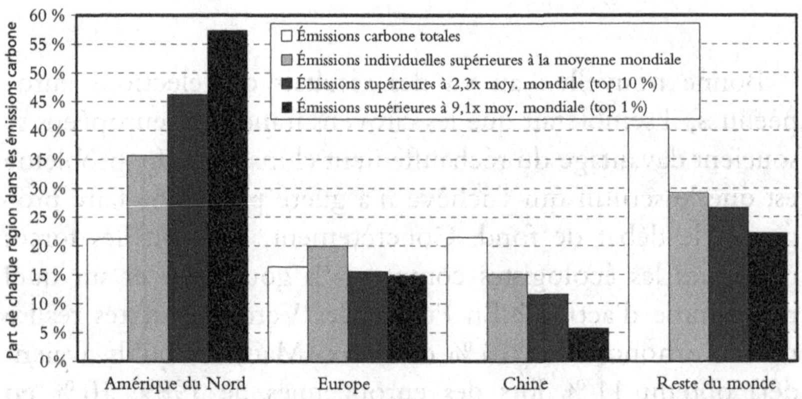

Lecture : la part de l'Amérique du Nord (États-Unis-Canada) dans les émissions carbone totales (directes et indirectes) est de 21 % en moyenne en 2010-2018 ; elle passe à 36 % des émissions individuelles supérieures à la moyenne mondiale (6,2t CO_2 par an), 46 % des émissions supérieures à 2,3 fois la moyenne mondiale (soit le top 10 % des émissions individuelles mondiales, responsables de 45 % des émissions totales, *vs* 13 % pour les 50 % les moins émetteurs), et 57 % des émissions supérieures à 9,1 fois la moyenne (soit le top 1 % des émissions individuelles mondiales, responsables de 14 % des émissions).
Sources et séries : voir piketty.pse.ens.fr/ideologie. Thomas Piketty, *Capital et idéologie, op. cit.*, p. 777.

Par ailleurs, on voit mal comment les classes moyennes et populaires des pays riches comme des pays émergents accepteraient de changer leur mode de vie (ce qui est pourtant indispensable) si on ne leur apporte pas la preuve que les plus aisés sont mis à contribution. La séquence politique observée en France en 2017-2019, étrangement absente de la campagne, apporte une illustration dramatique et emblématique de ce besoin de justice. Le principe de la taxe carbone était relativement bien accepté en France en 2017, et il était prévu qu'elle augmente régulièrement jusqu'en 2030 afin que le pays réduise ses émissions, conformément aux engagements pris aux accords de Paris. Mais pour qu'une telle progression soit acceptable, il est indispensable qu'elle frappe les plus gros émetteurs au moins autant que les plus modestes, et que la totalité du produit de la taxe soit affectée à la transition énergétique et pour venir en aide aux ménages les plus touchés. Le gouvernement Macron a fait tout le contraire : les taxes sur les carburants payées par les plus modestes ont été utilisées pour financer d'autres priorités, à commencer par la suppression de l'ISF et de l'impôt progressif sur les revenus du capital. Comme l'a montré l'Institut des politiques publiques (IPP)[1], il en a résulté entre 2017 et 2019 une augmentation de 6 % du pouvoir d'achat des 1 % les plus riches et de 20 % des 0,1 % les plus riches.

Au vu du mécontentement social, le gouvernement aurait pu décider d'annuler les cadeaux aux plus riches et de les consacrer enfin au climat et à la compensation des plus modestes. Que nenni : aussi buté que Sarkozy de 2007 à 2012 avec son bouclier fiscal, Macron a préféré s'accrocher aux cadeaux aux plus aisés et annuler les hausses de taxe carbone, dont personne ne sait aujourd'hui quand elles reprendront, au mépris complet des accords de Paris. En choisissant de faire de la suppression de l'ISF le marqueur absolu de sa politique, le parti présidentiel a confirmé qu'il était bien l'héritier de la droite libérale et probusiness. La

1. Mahdi Ben Jelloul, Antoine Bozio, Thomas Douenne, Brice Fabre et Claire Leroy, « Budget 2019 : l'impact sur les ménages », conférence, Paris, Institut des politiques publiques, 11 octobre 2018.

structure sociologique de son électorat, centré sur les hauts revenus et patrimoines, en 2017 et plus encore en 2019, ne fait de ce point de vue aucun doute.

Dans ces conditions, on peut se demander pourquoi les Verts français ou allemands envisagent de gouverner avec les libéraux et les conservateurs. L'envie d'accéder aux responsabilités est chose humaine. Mais est-on bien sûr que cela soit dans l'intérêt de la planète ? Si les gauches et les écologistes s'étaient regroupés en France, ils auraient été devant les libéraux et les nationalistes. S'ils s'unissaient au Parlement européen, ils formeraient de loin le plus grand groupe et pourraient peser davantage. Pour qu'une telle ligne sociale-fédérale et écologique puisse voir le jour, les divers partis de gauche vont aussi devoir parcourir une partie du chemin. Les Insoumis en France ou Die Linke en Allemagne ne peuvent se contenter de dire qu'ils veulent changer l'Europe actuelle ou sortir des traités : ils doivent expliquer dans quels nouveaux traités ils veulent entrer. Quant aux socialistes et sociaux-démocrates, ils portent par leur pratique du pouvoir une responsabilité éminente dans la décomposition du système politique, et ils ont un rôle central à jouer pour permettre sa reconstruction. Il leur faudra reconnaître leurs erreurs passées : ils ont largement contribué à forger le cadre européen actuel, en particulier en organisant la libre circulation des capitaux sans taxation ni régulation communes, ou en faisant croire qu'ils allaient renégocier des traités alors qu'ils n'avaient en réalité aucune feuille de route précise. Il est possible de bâtir un modèle de développement équitable et durable en Europe, mais cela demande de la délibération et des choix difficiles. Raison de plus pour sortir du combat de coqs et s'y atteler dès maintenant.

La création monétaire va-t-elle nous sauver ?

9 juillet 2019

Avant la crise de 2007-2008, le bilan de la Banque centrale européenne (c'est-à-dire la totalité des titres détenus et des prêts consentis par la BCE) avoisinait les 1 000 milliards d'euros, soit à peine 10 % du PIB de la zone euro. En 2019, il atteint 4 700 milliards d'euros, soit 40 % du PIB de la zone. Entre 2008 et 2018, la BCE a ainsi procédé à une création monétaire équivalente à plus d'une année et demie de PIB français, une année de PIB allemand, ou 30 % du PIB de la zone euro (soit 3 % du PIB en création monétaire additionnelle chaque année pendant dix ans). Ces ressources considérables sont par exemple trois fois plus élevées que le budget total de l'UE au cours de cette même période (1 % du PIB par an, toutes dépenses confondues, de l'agriculture à Erasmus en passant par les fonds régionaux et la recherche). Elles ont donné les moyens à la BCE pour intervenir massivement sur les marchés financiers, acheter des titres de dette publique et privée, et faire des prêts au secteur bancaire afin d'en garantir la solvabilité.

La taille de bilan des banques centrales, 1900-2018

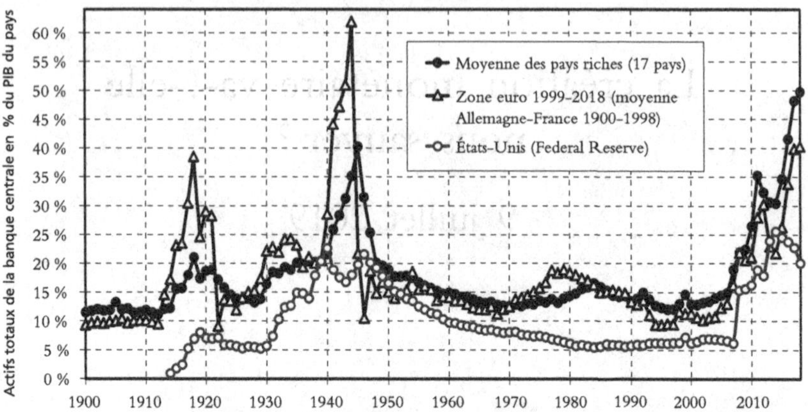

Lecture : les actifs totaux de la Banque centrale européenne (BCE) sont passés de 11 % du PIB de la zone euro au 31/12/2004 à 41 % au 31/12/2018. La courbe 1900-1998 indique la moyenne obtenue pour les bilans des banques centrales allemande et française (avec des pics de 39 % en 1918 et 62 % en 1944). Les actifs totaux de la Federal Reserve (créée en 1913) sont passés de 6 % du PIB des États-Unis en 2007 à 26 % fin 2014.
Note : la moyenne des pays riches est la moyenne arithmétique des 17 pays suivants : Allemagne, Australie, Belgique, Canada, Danemark, Espagne, États-Unis, Finlande, France, Italie, Japon, Norvège, Pays-Bas, Portugal, Royaume-Uni, Suède, Suisse.
Sources et séries : voir piketty.pse.ens.fr/ideologie. Thomas Piketty, *Capital et idéologie*, *op. cit.*, p. 812.

Sans doute ces politiques ont-elles permis d'éviter que la « grande récession » de 2008 ne se transforme en « grande dépression », comme ce fut le cas entre 1929 et 1935. À l'époque, les banques centrales étaient pétries d'une orthodoxie libérale fondée sur la non-intervention et avaient laissé les faillites bancaires se multiplier. Cela précipita l'effondrement de l'économie, l'explosion du chômage, la montée du nazisme et la marche vers la guerre. Le fait que sur ce point au moins l'on ait appris de l'histoire et que (presque) personne n'ait proposé en 2008 de renouveler cette expérience « liquidationniste » est évidemment une bonne chose. Face aux fragilités extrêmes du capitalisme financier mondialisé, les banques centrales étaient de fait les seules institutions publiques permettant dans l'urgence d'éviter les faillites en cascade.

La difficulté est que tous les problèmes ne peuvent pas être réglés par la création monétaire et les conseils d'administration de banques centrales, et que ces épisodes ont profondément et durablement perturbé les représentations collectives en la matière. Avant 2008, l'opinion dominante était qu'il était interdit (ou tout du moins peu recommandé) de procéder à une création monétaire d'une telle ampleur. Cette conception s'était imposée dans les années 1980 à la suite de la « stagflation » des années 1970 (mélange de croissance molle et d'inflation élevée). C'est dans ce climat que fut conçu le traité de Maastricht (1992) qui allait donner naissance à l'euro en 1999-2002. L'énorme création monétaire intervenue depuis 2008 a fait voler en éclats ce consensus. Après que la BCE a créé d'un clic de souris 30 % du PIB pour sauver les banques, de nombreuses voix s'élèvent aujourd'hui en Europe (par exemple avec le projet de pacte finance-climat) pour que l'on fasse de même afin de financer la transition énergétique, réduire les inégalités ou investir dans la recherche et la formation. Des demandes similaires s'expriment également aux États-Unis et dans d'autres régions du monde. Elles sont naturelles et légitimes et ne pourront pas être longtemps balayées d'un revers de la main.

Plusieurs points doivent toutefois être précisés. Il est fort possible que les banques centrales augmentent encore leur taille de bilan (qui atteint déjà plus de 100 % du PIB au Japon et en Suisse[1]), afin de faire face à des crises financières à venir, ou simplement pour suivre l'évolution des bilans financiers privés (plus de 1 000 % du PIB actuellement, contre 300 % dans les années 1970). Cette logique de course-poursuite sans fin n'a cependant rien de rassurant : mieux vaudrait mettre en place les régulations nécessaires pour mettre fin à l'hyperfinanciarisation et faire fondre les bilans privés.

Par ailleurs, dans un contexte de croissance molle, de taux d'intérêt quasi nuls et d'inflation inexistante, il est légitime

1. Voir « Le temps de la monnaie verte », 12 mai 2020, graphique « Banques centrales et mondialisation financière ».

que la puissance publique s'endette davantage pour investir dans le climat et la formation, avec le soutien des banques centrales. Il est particulièrement paradoxal de constater que la dépense publique totale dans l'éducation (primaire, secondaire et supérieur) stagne dans les pays riches autour de 5 % du PIB depuis les années 1980, alors même que la proportion d'une classe d'âge accédant au supérieur est passée de moins de 20 % à plus de 50 %. Dans le contexte européen, cela exigera toutefois une profonde refondation intellectuelle et politique. Les questions d'investissement, de dette et de monnaie doivent être débattues au grand jour dans le cadre d'une enceinte parlementaire, en lieu et place des règles budgétaires automatiques (sans cesse contournées) et des huis clos habituels. Ces décisions engagent toute la société et ne peuvent être abandonnées à des conseils de ministres des Finances ou de gouverneurs de banque centrale.

Enfin et surtout, l'expansion monétaire de la période 2008-2018 ne doit pas conduire à une nouvelle forme d'illusion monétariste. Les défis considérables qui sont les nôtres (réchauffement climatique, montée des inégalités) ne demandent pas seulement que l'on puisse mobiliser des ressources adéquates. Ils exigent aussi que l'on construise de nouvelles normes de justice dans la répartition des efforts, ce qui passe par l'adoption par des assemblées élues d'impôts progressifs sur les revenus, les patrimoines et les émissions carbone, et par la mise en place d'un nouveau régime de transparence financière. La monnaie peut aider, à condition de ne pas la fétichiser et de la remettre à sa place : celle d'un outil au sein d'un système collectif où l'impôt et le Parlement doivent conserver le rôle central.

Qu'est-ce qu'une retraite juste ?

10 septembre 2019

Même si le calendrier reste flou et les modalités incertaines, le gouvernement semble maintenant décidé à se lancer dans une vaste réforme du système de retraite, avec à la clé l'unification des règles actuellement appliquées dans les multiples régimes en vigueur (fonctionnaires, salariés du privé, collectivités locales, indépendants, régimes spéciaux, etc.). Disons-le clairement : la mise en place d'un système universel est en soi une excellente chose, et une telle réforme n'a que trop tardé en France. Les jeunes générations, et en particulier tous ceux qui ont connu de multiples changements de statut (salariat privé et public, autoentrepreneur, passages par l'étranger, etc.), n'ont souvent aucune idée des droits à la retraite qu'ils ont accumulés. Cette situation produit des incertitudes insupportables et renforce l'anxiété économique, alors même que notre système de retraite est globalement bien financé.

Mais, une fois que l'on a proclamé cet objectif de clarification et d'unification des droits, la vérité est que l'on n'a pas dit grand-chose. Il existe en effet de multiples façons d'unifier les règles. Or rien ne garantit que le pouvoir en place soit en capacité de dégager un consensus viable à ce sujet. Le principe de justice évoqué par le gouvernement paraît simple et plausible : un euro cotisé doit donner lieu aux mêmes droits à la retraite, quels que soient le régime et le niveau de salaire ou de revenu d'activité. Le problème est que ce principe revient à sacraliser les inégalités salariales telles qu'elles existent, y compris lorsqu'elles prennent des proportions abyssales (du travail émietté et sous-payé pour certains, des rémunérations excessives pour d'autres), et à les perpétuer à l'âge de la retraite et de la grande dépendance, ce qui n'a rien de particulièrement « juste ».

Conscient de la difficulté, le projet Delevoye annonce qu'un quart des cotisations continuera d'être consacré à la « solidarité », c'est-à-dire par exemple aux bonifications pour enfants et interruptions de carrière ou pour financer une retraite minimale pour les plus bas salaires. La difficulté est que la façon dont ce calcul a été effectué est très contestable. En particulier, cette estimation ignore purement et simplement les inégalités sociales d'espérance de vie. Par exemple, si un salarié modeste passe dix ans à la retraite alors qu'un super-cadre en passe vingt, alors on oublie de prendre en compte qu'une large part des cotisations du premier sert en pratique à financer la retraite du second (ce que la maigre prise en compte de la pénibilité ne suffit nullement à compenser).

Plus généralement, il existe naturellement de multiples paramètres à fixer pour définir ce que l'on considère être la « solidarité ». Les propositions du gouvernement sont respectables, mais elles sont loin d'être les seules possibles. Il est essentiel qu'un vaste débat public et citoyen s'enclenche et que des propositions alternatives émergent. Le projet Delevoye prévoit par exemple un taux de remplacement égal à 85 % pour une carrière complète (43 années de cotisations) au niveau du smic. Ce taux tomberait ensuite très rapidement à

70 % à seulement 1,5 smic, avant de se stabiliser à ce niveau précis de 70 % jusqu'à environ 7 smic (120 000 euros de salaire brut annuel). C'est un choix possible, mais il en existe d'autres. On pourrait ainsi imaginer que le taux de remplacement passe graduellement de 85 % au smic à 75 %-80 % autour de 1,5-2 smic, avant de s'abaisser graduellement vers 50 %-60 % aux environs de 5-7 smic.

De même, le projet du gouvernement prévoit un financement du système par une cotisation retraite dont le taux global serait fixé à 28,1 % sur tous les salaires bruts inférieurs à 120 000 euros par an, avant de chuter subitement à seulement 2,8 % au-delà de ce seuil. La justification officielle est que les droits à la retraite dans le nouveau système seront plafonnés à ce niveau de salaire. Le rapport Delevoye va jusqu'à se féliciter que les supercadres seront néanmoins soumis à cette cotisation déplafonnée de 2,8 %, afin de marquer leur solidarité vis-à-vis du troisième et du quatrième âge. Au passage, on ignore de nouveau que les salaires compris entre 100 000 et 200 000 euros annuels correspondent généralement à de très longues espérances de vie, et bénéficient largement des cotisations acquittées par les salariés modestes à l'espérance de vie plus courte. En tout état de cause, cette contribution de 2,8 % à la solidarité au-delà de 120 000 euros est beaucoup trop faible, surtout s'agissant de niveaux de rémunération dont la légitimité même peut être contestée.

Plus généralement, il est peut-être temps d'abandonner l'idée ancienne selon laquelle la réduction des inégalités devrait être laissée à l'impôt sur le revenu, alors que le système de retraite devrait se contenter de les reproduire. Dans un monde où les salaires mirobolants et les questions de retraite et de dépendance ont pris une importance nouvelle, la norme de justice la plus lisible pourrait être que tous les niveaux de rémunération (y compris les plus élevés) financent les retraites au même taux (même si les pensions sont elles-mêmes plafonnées), tout en laissant à l'impôt sur le revenu le soin d'appliquer des taux plus élevés au sommet de la répartition.

Soyons clair : l'actuel gouvernement a un gros problème avec la notion même de justice sociale. Comme chacun sait, il a choisi de consacrer d'entrée de jeu d'énormes cadeaux fiscaux aux plus riches (suppression de l'ISF, « flat tax » sur les dividendes et intérêts). S'il ne demande pas aujourd'hui un effort significatif aux plus favorisés, il aura beaucoup de mal à convaincre du bien-fondé de sa réforme des retraites.

Pour une économie circulaire

15 octobre 2019

Quand on évoque l'économie circulaire, on pense souvent au recyclage des déchets et des matériaux et à l'usage modéré des ressources naturelles. Mais, pour qu'un nouveau système durable et équitable puisse émerger, c'est l'ensemble du modèle économique qu'il faut repenser. Avec les écarts de richesses qui existent actuellement, aucune ambition écologique n'est possible. La sobriété énergétique ne pourra venir que de la sobriété économique et sociale, et non de la démesure des fortunes et des trains de vie. Il faudra bâtir par la délibération démocratique de nouvelles normes de justice sociale, éducative, fiscale et climatique. Ces normes devront tourner le dos à l'hyperconcentration actuelle du pouvoir économique. L'économie du XXIe siècle doit au contraire s'appuyer sur la circulation permanente du pouvoir, de la richesse et du savoir.

C'est grâce à la diffusion de la propriété et de l'éducation que le progrès social et humain est devenu une réalité au cours du XXe siècle. Un puissant mouvement de réduction des inégalités sociales et d'accroissement de la mobilité, dont les prémices intellectuelles étaient déjà visibles aux

XVIIIe et XIXe siècles, s'est accéléré des années 1900-1910 aux années 1970-1980, grâce à un investissement éducatif sans précédent, un rééquilibrage des droits des actionnaires par ceux des salariés (notamment en Europe nordique), la circulation des revenus et des fortunes par l'impôt progressif (en particulier aux États-Unis), et ainsi de suite.

Ce mouvement a été interrompu dans les années 1980-1990, à la suite d'un retour de balancier alimenté par la désillusion postcommuniste et la rupture reaganienne. Le postcommunisme est alors devenu le meilleur allié de l'hypercapitalisme : ressources naturelles surexploitées et privatisées au profit d'une minorité, contournement systématique du système légal par les paradis fiscaux, suppression complète de toute forme d'impôt progressif. Dans la Russie de Poutine, l'impôt sur le revenu est de 13 %, que votre revenu soit de mille roubles ou d'un milliard de roubles. On observe les mêmes excès en Chine, où des proches du pouvoir se sont taillé des empires qu'ils transmettent à leurs descendants sans aucun impôt successoral. Hongkong offre ainsi l'exemple étonnant d'un pays qui est devenu encore plus inégalitaire en se plaçant sous la coupe d'un régime supposément communiste.

Moins radicale, la rupture reaganienne des années 1980 a abaissé de 70 % à 30 % les taux d'imposition appliqués aux plus riches. Reagan entendait ainsi mettre fin à ce qu'il dénonçait comme un excès de redistribution et d'égalitarisme issu du New Deal, et qui selon lui avait ramolli l'Amérique dans sa croisade anticommuniste. En libérant les énergies des entrepreneurs, Reagan promettait une nouvelle phase de croissance sans précédent. Certes, les inégalités allaient augmenter, les milliardaires se feraient plus nombreux et plus puissants, mais tout cela apporterait une telle innovation au bénéfice des masses que tout le monde y gagnerait. De fait, l'emprise des milliardaires sur l'économie américaine a considérablement progressé depuis les années 1980, avec une concentration de la propriété aux États-Unis qui s'approche des sommets européens du début du XXe siècle.

Le problème est que la dynamisation de la croissance n'a pas eu lieu : le revenu national par habitant a vu sa progression divisée par deux (2,2 % par an de 1950 à 1990, 1,1 % de 1990 à 2020). Les salaires ont stagné, et une part croissante de la population s'est mise à douter de la mondialisation. Le durcissement nationaliste trumpiste est directement issu de cet échec du reaganisme : puisque le libéralisme économique ne suffit pas, il reste à dénoncer les Mexicains et les Chinois qui volent le dur labeur de l'Amérique blanche.

Croissance et impôt progressif aux États-Unis, 1870-2020

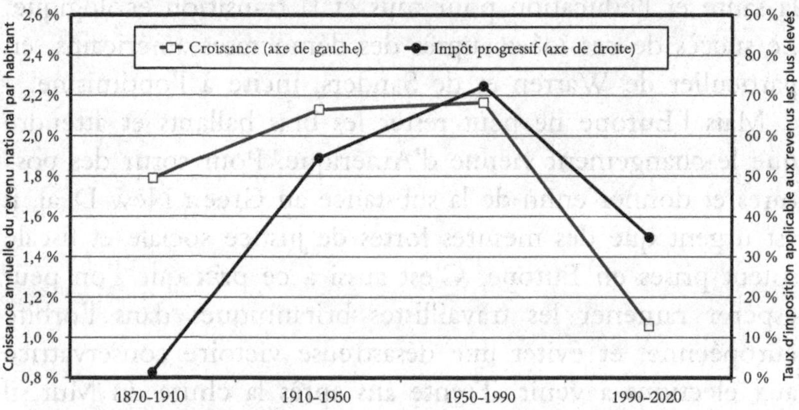

Lecture : aux États-Unis, la croissance du revenu national par habitant est passée de 2,2 % par an de 1950 à 1990 à 1,1 % par an de 1990 à 2020, alors que le taux marginal supérieur applicable aux revenus les plus élevés passait dans le même temps de 72 % à 35 %.
Sources et séries : voir piketty.pse.ens.fr/ideologie. Thomas Piketty, *Capital et idéologie*, *op. cit.*, p. 634.

En réalité, l'échec reaganien montre surtout que l'hyperconcentration de la propriété et du pouvoir ne correspond pas aux besoins d'une économie moderne et circulaire. Ce n'est pas parce qu'une personne a fait fortune à trente ans qu'elle doit continuer de concentrer le pouvoir actionnarial à cinquante, soixante-dix ou quatre-vingt-dix ans. L'abaissement de la croissance s'explique aussi par une stagnation inquiétante de l'investissement éducatif depuis les années 1990, ainsi que par d'abyssales inégalités d'accès à la formation, aux États-Unis comme en Europe.

Le défi climatique et la prise de conscience internationale des dérives inégalitaires peuvent servir de levier au changement, mais on en est encore loin. Les projets de l'OCDE sur l'imposition des profits des multinationales ne concernent qu'une fraction résiduelle de ces derniers, et la clé de répartition proposée est bien plus favorable aux pays riches qu'aux pays pauvres (comme l'ont montré les travaux de l'Icrict[1]). *The Triumph of Injustice*, livre publié cette semaine aux États-Unis par Emmanuel Saez et Gabriel Zucman[2], montre qu'il existe des solutions plus ambitieuses, avec à la clé la transparence financière et le retour de la progressivité fiscale, afin de financer la santé et l'éducation pour tous et la transition écologique. Le succès de ces idées auprès des démocrates américains, en particulier de Warren et de Sanders, incite à l'optimisme.

Mais l'Europe ne peut rester les bras ballants et attendre que le changement vienne d'Amérique. Pour sortir des postures et donner enfin de la substance au Green New Deal, il est urgent que des mesures fortes de justice sociale et fiscale soient prises en Europe. C'est aussi à ce prix que l'on peut espérer ramener les travaillistes britanniques dans l'orbite européenne, et éviter une désastreuse victoire conservatrice aux élections à venir. Trente ans après la chute du Mur, il est temps que la marche vers l'égalité, l'économie circulaire et le socialisme participatif[3] reprenne son cours.

1. Independent Commission for the Reform of International Corporate Taxation (Icrict), « Icrict Response to the OECD Consultation on the Review of Country-by-Country Reporting (BEPS Action 13) », https://www.icrict.com.

2. Traduction française, Emmanuel Saez et Gabriel Zucman, *Le Triomphe de l'injustice. Richesse, évasion fiscale et démocratie*, trad. Cécile Deniard, Paris, Seuil, 2020. Voir également https://taxjusticenow.org/#/.

3. Voir Thomas Piketty, *Capital et idéologie*, *op. cit.*

Sortir du conflit identitaire par la justice économique

12 novembre 2019

Pendant longtemps, les Européens ont regardé avec distance le mélange de conflit social et racial structurant les clivages politiques et électoraux aux États-Unis. Vu l'importance croissante et potentiellement destructrice prise par les conflits identitaires en France et en Europe, ils seraient pourtant bien inspirés de méditer les leçons venues d'ailleurs.

Revenons en arrière. Après avoir été lors de la guerre civile de 1861-1865 le parti de l'esclavage, le Parti démocrate est progressivement devenu dans les années 1930 le parti de Roosevelt et du New Deal. Dès 1870, il avait commencé à se reconstruire sur la base d'une idéologie que l'on peut qualifier de sociale-différentialiste : violemment inégalitaire et ségrégationniste vis-à-vis des Noirs, mais plus égalitaire que les républicains vis-à-vis des Blancs (en particulier des nouveaux migrants irlandais et italiens). Les démocrates ont porté la création de l'impôt fédéral sur le revenu en 1913 et le développement des assurances sociales après la crise de 1929. C'est finalement dans les années 1960, sous la pression des militants noirs, et dans un contexte géopolitique transformé (guerre froide, décolonisation), que le parti va tourner le dos à son lourd passé ségrégationniste pour soutenir la cause des droits civiques et de l'égalité raciale.

À partir de là, ce sont les républicains qui vont progressivement capter le vote raciste, ou plus précisément le vote de tous les Blancs qui considèrent que l'État fédéral et les élites blanches éduquées ne se soucient que de favoriser les minorités. Le processus débute avec Nixon en 1968 et Reagan en 1980, avant de s'amplifier avec Trump en 2016, qui durcit le discours identitaire et nationaliste à la suite de l'échec économique du reaganisme et de ses promesses de prospérité. Compte tenu de l'hostilité ouverte des républicains (de la stigmatisation par Reagan de la *« welfare queen »,* cette « reine de la sécu » supposée incarner la paresse des mères noires célibataires, jusqu'au soutien de Trump aux suprémacistes blancs lors des émeutes de Charlottesville), on ne sera pas surpris de constater que le vote des électeurs noirs s'est toujours porté à 90 % sur les démocrates depuis les années 1960.

Ce type de clivage identitaire est en cours de sédimentation en Europe. L'hostilité de la droite vis-à-vis de l'immigration extraeuropéenne a conduit les électeurs qui en sont issus à se réfugier dans le vote des seuls partis qui ne les rejettent pas (à gauche, donc), ce qui en retour nourrit les accusations droitières de favoritisme de la gauche à leur égard. Par exemple, lors du second tour de l'élection présidentielle de 2012, 77 % des électeurs déclarant avoir au moins un grand-parent d'origine extraeuropéenne (soit 9 % de l'électorat) ont voté pour le candidat socialiste, contre 49 % pour les électeurs ayant une origine étrangère européenne (19 % de l'électorat) comme pour ceux sans origine étrangère déclarée (72 % de l'électorat).

Par comparaison aux États-Unis, les « minorités » européennes se caractérisent par des mélanges beaucoup plus

Conflit politique et identité ethnique : États-Unis, 1948-2016

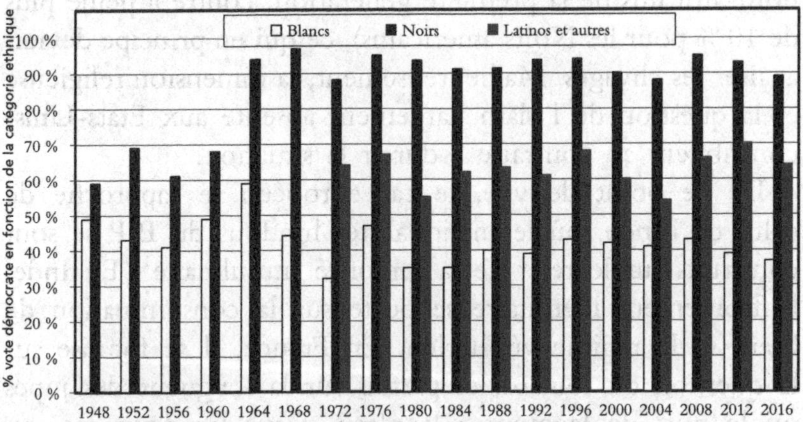

Lecture : en 2016, la candidate démocrate a obtenu 37 % des voix parmi les électeurs blancs (70 % de l'électorat), 89 % des voix parmi les électeurs noirs (11 % de l'électorat), et 64 % des voix parmi les Latinos et ceux déclarant une autre catégorie ethnique (19 % de l'électorat, dont 16 % pour les Latinos). En 1972, le candidat démocrate avait obtenu 32 % des voix parmi les Blancs (89 % de l'électorat), 82 % parmi les Noirs (10 % de l'électorat) et 64 % parmi les Latinos et autres catégories (1 % de l'électorat).
Sources et séries : voir piketty.pse.ens.fr/ideologie. Thomas Piketty, *Capital et idéologie, op. cit.*, p. 947.

Conflit politique et origines : France et États-Unis

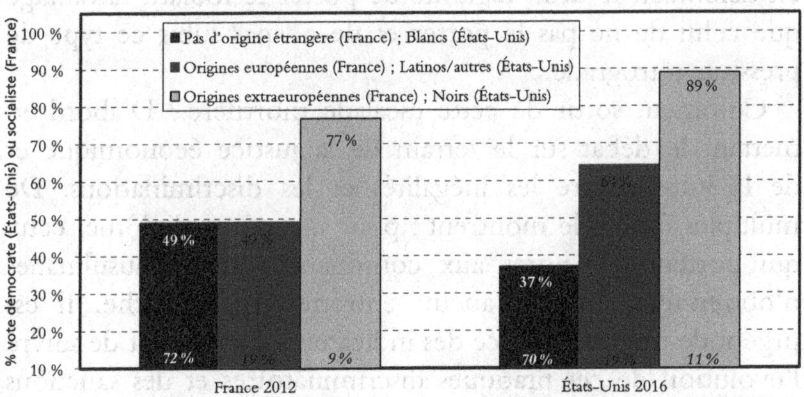

Lecture : en 2012, le candidat socialiste au second tour de l'élection présidentielle française a obtenu 49 % des voix parmi les électeurs sans origine étrangère (pas de grand-parent étranger) et parmi les électeurs ayant des origines étrangères européennes (principalement Espagne, Italie, Portugal) et 77 % des voix parmi les électeurs ayant des origines extraeuropénnes (principalement Afrique du Nord et subsaharienne). En 2016, la candidate démocrate à l'élection présidentielle aux États-Unis a obtenu 37 % des voix parmi les électeurs blancs, 64 % parmi les Latinos et les autres catégories, et 89 % parmi les électeurs noirs.
Sources et séries : voir piketty.pse.ens.fr/ideologie. Thomas Piketty, *Capital et idéologie, op. cit.*, p. 955.

importants (30 % de mariages mixtes parmi les immigrés nord-africains de la première génération, contre à peine plus de 10 % pour les Noirs américains), ce qui en principe devrait apaiser les clivages. Malheureusement, la dimension religieuse et la question de l'islam (largement absente aux États-Unis) contribuent au contraire à durcir la situation.

De ce point de vue, le cas européen se rapproche de celui de l'Inde, où les nationalistes hindous du BJP se sont construits sur le rejet de la minorité musulmane[1]. En Inde, l'affrontement identitaire se porte sur la consommation de bœuf et le régime végétarien. En France, il se focalise sur la question du foulard, et parfois sur la longueur des jupes ou le port de leggings à la plage. Dans les deux cas, on observe dans les rangs hindouistes et laïcards-frontistes une même obsession antimusulmane, qui se matérialise aussi dans un discours extrêmement violent vis-à-vis de tous ceux qui défendent les droits des minorités (quasiment accusés de complicité djihadiste). Et, dans les deux cas, ces derniers prennent parfois le risque d'exacerber le conflit, par exemple en défendant le droit légitime de porter le foulard davantage que celui de ne pas le porter et de ne pas subir ce type de pression rétrograde.

Comment sortir de cette escalade mortifère ? D'abord en mettant le débat sur le terrain de la justice économique et de la lutte contre les inégalités et les discriminations. De multiples études le montrent : pour un même diplôme, ceux qui portent des noms aux consonances arabo-musulmanes n'obtiennent souvent aucun entretien d'embauche. Il est urgent de mettre en place des indicateurs permettant de suivre l'évolution de ces pratiques discriminatoires et des sanctions afin de les contrer.

1. Voir « Le revenu de base en Inde », 16 avril 2019, graphique « Le vote BJP par caste et religion en Inde, 1962-2014 ».

Plus généralement, c'est l'absence de débat économique qui nourrit les crispations identitaires et les conflits sans issue. À partir du moment où l'on abandonne toute perspective de politique économique alternative et que l'on explique en permanence que l'État ne contrôle plus rien, à part ses frontières, alors il ne faut pas s'étonner que le débat politique se focalise sur les questions de frontières et d'identités. Il est temps que tous ceux qui refusent le choc annoncé entre nationalisme identitaire et libéralisme élitiste se ressaisissent et se rassemblent autour d'un programme de transformation économique. Cela passe par la justice éducative, le dépassement de la propriété capitaliste et par un projet concret et ambitieux de renégociation des traités européens. Si l'on ne parvient pas à dépasser les petites querelles et les vieilles haines, alors c'est la haine brune qui risque de tout emporter.

Plusieurs retraites universelles sont possibles

10 décembre 2019

Est-il possible d'avoir un débat serein sur plusieurs réformes alternatives des retraites ? À en juger par l'attitude du gouvernement, on peut en douter. Le pouvoir en place tente d'enfermer la discussion dans le schéma suivant : soit vous soutenez mon projet (au demeurant très flou) ; soit vous êtes un archaïque défendant des privilèges d'un autre temps et refusant tout changement.

Le problème de cette vision binaire est qu'il existe en réalité de multiples façons de bâtir un régime universel, mettant plus ou moins l'accent sur la justice sociale et la réduction des inégalités, depuis la « maison commune des régimes de retraite » défendue de longue date par la Confédération générale du travail (CGT) jusqu'au projet présenté dans le rapport Delevoye. En 2008, j'avais publié avec Antoine Bozio un petit livre[1] indiquant des pistes possibles d'unification des régimes. Cet ouvrage comportait de nombreuses limites, et les

1. Antoine Bozio et Thomas Piketty, *Pour un nouveau système de retraite…*, *op. cit.*

discussions qui ont suivi m'ont permis de préciser plusieurs points essentiels. En particulier, ce livre évoquait plusieurs solutions afin de prendre en compte l'inégalité sociale des espérances de vie : soit de façon directe à partir des durées de vie observées par profession (par exemple, pour corriger le fait que telle catégorie d'ouvriers passe en moyenne dix ans à la retraite, contre vingt ans pour telle catégorie de cadres) ; soit de façon indirecte et approximative, en augmentant structurellement les taux de cotisations demandées aux plus hauts salaires, qui en moyenne bénéficient de retraites plus longues, et en relevant le niveau des pensions ouvertes aux plus bas salaires, qui en moyenne ont des retraites plus courtes. Le livre se contentait de lister ces solutions, sans trancher clairement, avec le risque que la question soit éludée, ce qui est le cas dans l'actuel projet gouvernemental.

À la réflexion, la méthode directe me semble impraticable. Mieux vaut assumer clairement la méthode indirecte, en introduisant dans le calcul des retraites un traitement plus favorable des bas et moyens salaires par comparaison aux hauts salaires, afin de corriger les écarts d'espérance de vie. Il s'agit d'une solution imparfaite à un problème complexe (ces écarts sont déterminés par bien d'autres facteurs que le niveau de salaire, d'où le besoin de prendre également en compte la pénibilité particulière de certains métiers), mais néanmoins plus satisfaisante que la solution traditionnelle, consistant à constater que le problème est massif et complexe, puis à ne rien faire de substantiel pour le régler.

Plus généralement, au-delà de la question des espérances de vie, l'idée ancienne selon laquelle le système de retraite serait uniquement là pour reproduire jusqu'au quatrième âge les inégalités de la vie active me paraît aujourd'hui dépassée. Compte tenu des inégalités croissantes sur le marché du travail (du travail émietté pour certains, des super-salaires pour d'autres) et des défis humains et civilisationnels nouveaux posés par la grande dépendance, il est temps d'assumer une vision plus redistributrice du système de retraite. Concrètement, il faut tout faire pour garantir et améliorer les retraites les plus basses (entre 1 smic et 3 smic), quitte à demander un effort plus important aux très hauts salaires et patrimoines.

L'inégalité de la propriété en fonction de l'âge (France)

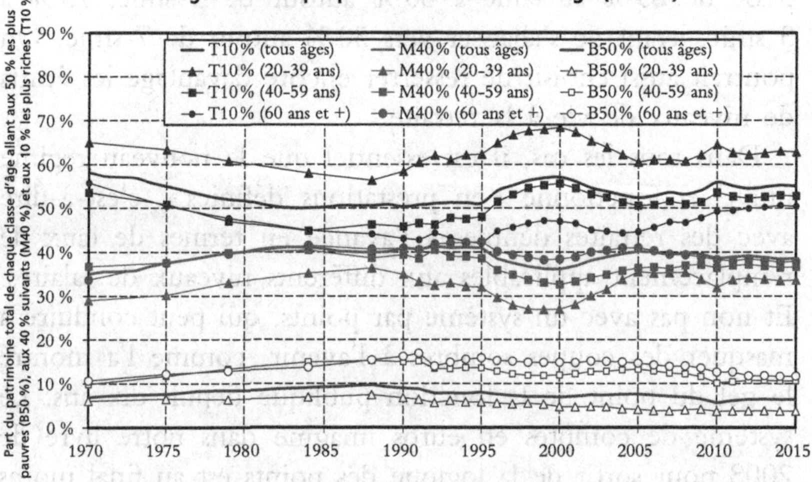

Lecture : en France en 2015, parmi les personnes âgées de 20 à 39 ans, la part du patrimoine détenue par les 50 % les plus pauvres (B50 %) était de 4 %, contre 34 % pour les 40 % suivants (M40 %) et 62 % pour les 10 % les plus riches (T10 %). Parmi les personnes âgées de plus de 60 ans, ces parts étaient de 12 %, 38 % et 50 %. La propriété est fortement concentrée à tous les âges.
Source et séries : voir piketty.pse.ens.fr/ideologie.

C'est avant tout l'absence d'ambition en termes de justice sociale qui pose problème dans le projet du gouvernement, comme d'ailleurs dans l'ensemble de son action. On cherche à opposer entre eux des salariés du public et du privé dont les revenus sont modestes par comparaison à ceux qui ont bénéficié des largesses fiscales du début de mandat (ISF, « flat tax »). Or il est possible d'imaginer un régime universel beaucoup plus juste sur le plan social, ce qui rejoindrait d'ailleurs les idées de la CGT sur la « maison commune des régimes de retraite » ainsi que certaines revendications de la CFDT. Par exemple, le projet Delevoye prévoit une pension égale à 85 % du smic pour une carrière complète (43 années de cotisations) à ce niveau. Puis le taux de remplacement tombe subitement à 70 % à seulement 1,5 smic, avant de se stabiliser à ce niveau précis de 70 % jusqu'à 7 smic (120 000 euros de salaire brut annuel). C'est un choix possible, mais il en existe d'autres. On pourrait imaginer que le taux de remplacement passe de 85 % au smic à 80 % autour de 2 smic, 75 % à 3 smic, avant de s'abaisser vers 50 % autour de 7 smic. On pourrait aussi choisir de resserrer encore davantage les écarts de niveaux de vie à la retraite.

Dans tous les cas, il est essentiel que le nouveau régime universel fonctionne « en prestations définies », c'est-à-dire avec des retraites définies à l'avance en termes de taux de remplacement applicables aux différents niveaux de salaires. Et non pas avec un système par points, qui peut conduire à masquer des coupes sombres à l'avenir, comme l'a montré le gel du point de la fonction publique depuis dix ans. Le système de comptes en euros imaginé dans notre livre de 2008 pour sortir de la logique des points est au final moins transparent et plus anxiogène que celui des prestations définies.

Enfin, le financement de la retraite universelle doit reposer sur la solidarité et la mise à contribution de tous, et notamment des plus aisés. Il faudrait au minimum que le taux de cotisation de 28 % s'applique à tous les salaires, y compris les plus élevés, au lieu de chuter à 2,8 % sur la tranche de salaires au-delà de 120 000 euros, comme le défend le rapport Delevoye. On pourrait aussi imaginer un barème progressif mettant davantage à contribution les plus hauts revenus et patrimoines, d'autant plus que les inégalités patrimoniales sont très fortes dans notre société, parmi les plus âgés comme parmi les actifs. Plusieurs retraites universelles sont possibles : il est temps que le débat public s'en saisisse.

Après le déni climatique, le déni inégalitaire

14 janvier 2020

Après le déni climatique, aujourd'hui en perte de vitesse, au moins superficiellement, assisterait-on à la montée du déni inégalitaire ? C'est évident dans le cas du gouvernement français, dont toute l'action menée depuis 2017 semble guidée par l'idée que le pays souffrirait d'un excès d'égalité. D'où les cadeaux fiscaux aux plus fortunés du début de mandat. D'où également son incapacité à comprendre la demande de justice qui s'exprime dans le mouvement social actuel. Concrètement, un régime de retraite universel est possible, mais uniquement à la condition de tout faire pour améliorer les petites et moyennes retraites, quitte à demander un effort accru aux plus hauts salaires et patrimoines. Ceux qui sont en haut de l'échelle doivent comprendre que le vieillissement et la fin de vie entraînent de nouveaux défis en termes de dignité et d'égalité.

Plus généralement, alors que la demande de justice s'exprime dans de multiples mobilisations de par le monde, on voit monter dans les médias liés aux milieux d'affaires une petite musique visant à relativiser la hausse des inégalités des dernières décennies. Certes, personne ne s'attend à ce que l'hebdomadaire *The Economist* soit à la pointe du combat pour l'égalité. Mais ce n'est pas une raison pour tordre les faits quand ils sont établis.

La courbe de l'éléphant des inégalités mondiales, 1980-2018

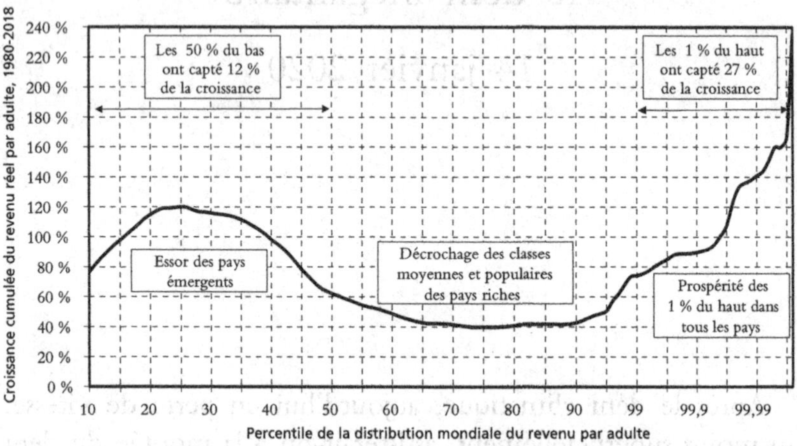

Lecture : les 50 % des revenus les plus bas du monde ont connu une croissance importante de leur pouvoir d'achat entre 1980 et 2018 (entre + 60 % et + 120 %) ; les 1 % des revenus les plus élevés du monde ont connu une croissance encore plus forte (entre + 80 % et + 240 %) ; les revenus intermédiaires ont en revanche connu une croissance plus limitée. Pour résumer : les inégalités ont diminué entre le bas et le milieu de la distribution mondiale des revenus, et ont progressé entre le milieu et le haut.
Sources et séries : voir piketty.pse.ens.fr/ideologie. Thomas Piketty, *Capital et idéologie, op. cit.*, p. 41.

C'est d'autant plus regrettable que les gouvernements des pays riches n'ont fait aucun véritable effort pour promouvoir la transparence sur la répartition des richesses depuis la crise de 2008. Avec tous les grands discours sur les paradis fiscaux, les transmissions automatiques de données bancaires, etc., on aurait pu s'attendre à ce que l'opacité financière ait diminué. En principe, tous les pays devraient maintenant être en mesure de collecter et de publier les données bancaires et fiscales permettant de suivre l'évolution de la répartition des richesses suivant la taille du revenu et du patrimoine, en particulier pour les plus hautes fortunes. Malheureusement, il n'en est rien. Avec la suppression dans plusieurs pays des impôts progressifs sur la propriété et sur les revenus du capital, on assiste même dans de nombreux cas (notamment en France, mais également en Allemagne, en Suède ou aux États-Unis) à un appauvrissement des données publiques disponibles. Trop souvent, les chercheurs comme les administrations publiques se retrouvent à utiliser les classements de fortunes publiés dans les magazines, données qui indiquent certes une prospérité croissante des plus riches, mais qui ne remplissent pas les conditions de transparence et de rigueur que l'on est en droit d'attendre pour alimenter un débat démocratique serein sur ces questions essentielles. Nous sommes supposés vivre à l'âge du « big data ». C'est sans doute vrai pour les grands monopoles privés, à qui on laisse le droit de piller sans vergogne nos données personnelles. Mais, pour ce qui est de la statistique publique sur la répartition des richesses et la nécessaire redistribution, nous vivons en réalité dans un âge de grande opacité, savamment entretenue par tous ceux qui s'opposent à la réduction des inégalités.

De surcroît, on oublie trop souvent que les défis environnementaux ne pourront être résolus que si l'on place la réduction des inégalités au cœur de l'action politique. Les indicateurs permettant de mesurer le progrès économique et social doivent certes être revus de fond en comble. Pour commencer, il est urgent que les gouvernements et les médias cessent d'utiliser la notion de « produit intérieur brut » (PIB) et se concentrent sur celle de « revenu national ». Rappelons les deux différences essentielles : le revenu national est égal au PIB, diminué des revenus partant à l'étranger (ou augmenté des revenus arrivant de l'étranger, suivant la situation du pays), et diminué de la consommation de capital (ce qui en principe devrait inclure la consommation de capital naturel, sous toutes ses formes). Prenons un exemple simple. Si l'on sort 100 milliards d'euros d'hydrocarbures du sol (ou de poissons des océans), alors on a 100 milliards d'euros de PIB en plus. Mais, comme le stock d'hydrocarbures (ou de poissons) diminue d'autant, alors le revenu national n'a pas progressé d'un iota. Et si de surcroît le fait de brûler ces hydrocarbures contribue à rendre l'air irrespirable et la planète invivable, alors le revenu national ainsi produit est en réalité négatif, pour peu que l'on prenne correctement en compte le coût social des émissions carbone.

Le fait d'utiliser le revenu national et le patrimoine national plutôt que le PIB, et de se focaliser sur les répartitions et non sur les moyennes, ne suffit pas à régler tous les problèmes, loin de là. Il est également urgent de multiplier les indicateurs proprement climatiques et environnementaux (comme le volume des émissions, la qualité de l'air ou la diversité des espèces). Mais on aurait tort de s'imaginer que l'on puisse mener les débats à venir avec ces seuls indicateurs, en se passant de toute notion de revenu ou de patrimoine. Pour bâtir de nouvelles normes de justice acceptables par le plus grand nombre, il est indispensable de pouvoir mesurer les efforts demandés aux différents groupes sociaux, ce qui exige de pouvoir comparer les niveaux de richesses au sein d'un même pays aussi bien qu'entre pays et au cours du temps. Ce n'est pas en mettant toute notion de revenu ou de croissance à la poubelle que l'on va sauver l'environnement. En négligeant les enjeux sociaux, les partis écologiques risquent au contraire de se recroqueviller sur un électorat favorisé et de permettre le maintien au pouvoir des conservateurs et des nationalistes. Les défis climatiques et inégalitaires ne pourront être résolus qu'ensemble. Raison de plus pour combattre les deux dénis climatique et inégalitaire d'une même voix.

Social-fédéralisme contre national-libéralisme

11 février 2020

Ainsi donc le Royaume-Uni vient-il de quitter officiellement il y a quelques jours l'Union européenne. Que l'on ne s'y trompe pas : avec l'élection de Trump aux États-Unis en 2016, il s'agit d'un bouleversement majeur dans l'histoire de la mondialisation. Les deux pays qui avaient fait le choix de l'ultralibéralisme avec Reagan et Thatcher dans les années 1980, et qui avaient depuis lors connu la plus forte progression des inégalités, décident trois décennies plus tard d'opter pour le nationalisme et une forme de retour aux frontières et à l'identité nationale.

Ce tournant peut se voir de différentes manières. Il exprime à sa façon l'échec du reaganisme et du thatcherisme. Les classes moyennes et populaires états-uniennes et britanniques n'ont pas connu la prospérité promise par le libéralisme intégral. Au fil du temps, elles se sont senties de plus en plus malmenées par la concurrence internationale et le système économique mondial. Il fallait donc désigner des coupables. Pour Trump, ce furent les travailleurs mexicains, la Chine, et tous les sournois du reste du monde qui auraient volé

Le clivage européen au Royaume-Uni : le référendum sur le Brexit de 2016

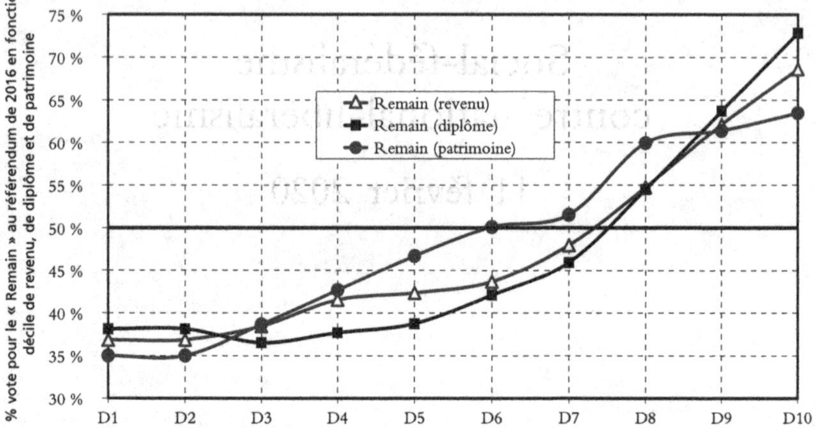

Lecture : lors du référendum de 2016 sur le Brexit (victoire du « Leave » avec 52 % des voix), le vote est fortement clivé socialement : les hauts déciles de revenu, diplôme et patrimoine votent fortement pour le « Remain », alors que les bas déciles votent pour le « Leave ».
Note : D1 designe les 10 % du bas (pour la répartition du revenu, du diplôme ou du patrimoine, suivant le cas), D2 les 10 % suivants..., et D10 les 10 % du haut.
Sources et séries : voir piketty.pse.ens.fr/ideologie. Thomas Piketty, *Capital et idéologie*, *op. cit.*, p. 989.

le dur labeur de l'Amérique blanche. Pour les brexiters, ce furent les Polonais, l'Union européenne et tous ceux qui s'en prennent à la grandeur britannique. À terme, la politique de repli nationaliste et identitaire ne résoudra aucun des grands défis de notre temps, inégalitaires et climatiques, d'autant que les trumpistes et les brexiters ajoutent une nouvelle couche de dumping fiscal et social en faveur des plus riches et des plus mobiles, ce qui ne fera qu'accroître les inégalités et les frustrations. Mais, dans l'immédiat, le discours nationaliste-libéral apparaît souvent aux électeurs qui votent encore comme la seule réponse nouvelle et crédible à leur malaise, faute de discours alternatifs plus convaincants.

De fait, ce risque de dérive idéologique dépasse de très loin le cadre anglo-saxon. La tentation identitaire et xénophobe existe un peu partout, en Italie et en Europe de l'Est, au Brésil ou en Inde. En Allemagne, le « centre droit » vient d'élire en Thuringe un gouvernement régional avec les voix de l'extrême droite, pour la première fois depuis la guerre. En France, l'hystérie arabophobe atteint des sommets. Une part croissante de la presse semble s'imaginer que la « gauche » serait responsable de la montée de l'islamisme mondial, du fait de sa permissivité, de son tiers-mondisme et de son électoralisme. En réalité, si les électeurs d'origine nord-africaine ou subsaharienne votent pour les partis de gauche, c'est avant tout du fait de la violente hostilité exprimée à leur encontre par la droite et l'extrême droite, de même que les électeurs noirs aux États-Unis ou musulmans en Inde.

Le clivage européen en France : les référendums de 1992 et 2005

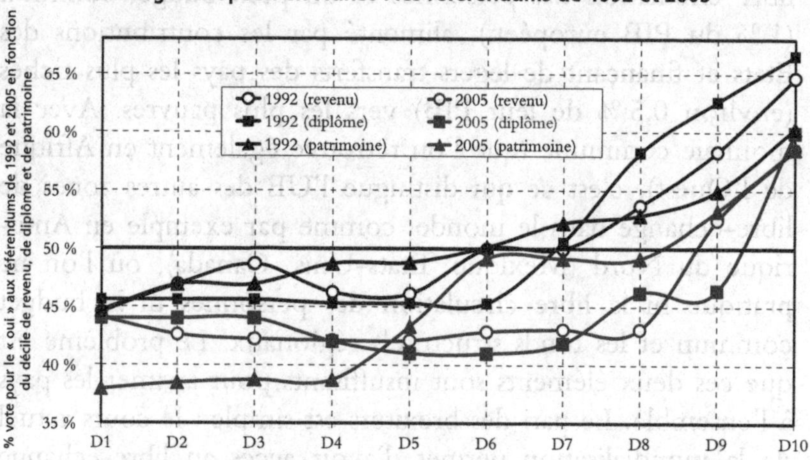

Lecture : lors du référendum de 1992 sur le traité de Maastricht (victoire du « oui » avec 51 %) comme du référendum de 2005 sur le traité constitutionnel européen (défaite du « oui » avec 45 %), le vote est fortement clivé socialement : les hauts déciles de revenu, diplôme et patrimoine votent fortement pour le « oui », alors que les bas déciles votent pour le « non ».
Note : D1 désigne les 10 % du bas (pour la répartition du revenu, du diplôme ou du patrimoine, suivant le cas), D2 les 10 % suivants..., et D10 les 10 % du haut.
Sources et séries : voir piketty.pse.ens.fr/ideologie. Thomas Piketty, *Capital et idéologie, op. cit.*, p. 926.

Au-delà des spécificités nationales, il faut d'abord analyser le Brexit pour ce qu'il est : la conséquence d'un échec collectif dans la façon dont on a organisé la mondialisation économique depuis les années 1980, notamment au sein de l'Union européenne. Tous les dirigeants européens successifs, en particulier français et allemands, portent leur part de responsabilité. La libre circulation des capitaux, des biens et des services, sans régulation collective, sans politique fiscale ou sociale commune, fonctionne avant tout au bénéfice des plus riches et des plus mobiles, et lamine les plus défavorisés et les plus fragiles. On ne peut pas définir un projet politique et un modèle de développement en s'appuyant simplement sur le libre-échange, la concurrence de tous contre tous et la discipline de marché.

L'Union européenne a certes ajouté deux éléments à ce schéma général d'organisation de l'économie mondiale : la libre circulation des personnes et un petit budget commun (1 % du PIB européen), alimenté par les contributions des États et finançant de légers transferts des pays les plus riches (environ 0,5 % de leur PIB) vers les plus pauvres. Avec la monnaie commune (que l'on retrouve également en Afrique de l'Ouest), c'est ce qui distingue l'UE des autres zones de libre-échange dans le monde, comme par exemple en Amérique du Nord (Mexique, États-Unis, Canada), où l'on ne pratique ni la libre circulation des personnes ni le budget commun et les fonds structurels régionaux. Le problème est que ces deux éléments sont insuffisants pour arrimer les pays à l'ensemble. Le pari des brexiters est simple : le cours actuel de la mondialisation permet d'avoir accès au libre-échange sur les biens, les services et les capitaux, tout en conservant le contrôle des flux de personnes, et sans contribuer à un budget commun.

Ce piège mortifère pour l'Union européenne ne peut être évité qu'en redéfinissant radicalement les règles de la mondialisation, avec une approche de type « sociale-fédéraliste ». Autrement dit, le libre-échange doit être conditionné à l'adoption d'objectifs sociaux contraignants, permettant de mettre à contribution les acteurs économiques les plus riches et les plus mobiles au service d'un modèle de développement durable et équitable.

Pour résumer : les nationalistes s'attaquent à la circulation des personnes ; le social-fédéralisme doit s'en prendre à celle des capitaux et à l'impunité fiscale des plus riches. Karl Polanyi et Hannah Arendt, en 1944 et 1951, dénonçaient déjà la naïveté des sociaux-démocrates face aux flux de capitaux et leur timidité fédérale ; la leçon vaut encore aujourd'hui. Pour aller dans cette direction, une refonte des traités européens et internationaux s'impose, en commençant par quelques pays. En attendant, chacun peut et doit prendre des mesures unilatérales et incitatives, par exemple en imposant les importations en provenance de pays et d'entreprises pratiquant le dumping fiscal. Si on ne lui oppose pas une alternative résolue, alors le national-libéralisme emportera tout sur son passage.

L'Assemblée franco-allemande, une opportunité unique pour la justice fiscale en Europe

21 février 2020

Tribune rédigée avec Manon Bouju, Lucas Chancel, Anne-Laure Delatte, Stéphanie Hennette, Guillaume Sacriste et Antoine Vauchez (initiateurs du Manifeste pour la démocratisation de l'Europe[1]*).*

Les 5 et 6 février 2020 s'est tenue à Strasbourg la troisième réunion de l'Assemblée parlementaire franco-allemande (APFA) dans l'hémicycle du Parlement européen. Ce lieu était hautement symbolique car, comme le rappelait Wolfgang Schaüble, le président du Bundestag, la nouvelle Assemblée doit en effet assumer au-delà de sa dimension bilatérale un caractère exemplaire pour l'Union européenne tout entière.

Composée de 50 parlementaires français et 50 parlementaires allemands, cette Assemblée, qui n'a pas d'équivalent, a été créée pour institutionnaliser la coopération entre les deux plus grands États de l'Union européenne en devenant le pendant parlementaire du Conseil des ministres franco-allemand institué dans le cadre du traité de l'Élysée du 22 janvier 1963. Elle

1. www.tdem.eu.

doit veiller à l'application du traité de 1963 mais également à celle du traité de coopération franco-allemande d'Aix-la-Chapelle signé par Emmanuel Macron et Angela Merkel, le 22 janvier 2019. L'article 1er de ce dernier précise : « Les deux États approfondissent leur coopération en matière de politique européenne [...] et s'emploient à bâtir une Union compétitive, reposant sur une base industrielle forte, qui serve de base à la prospérité, promouvant la convergence économique, fiscale et sociale ainsi que la durabilité dans toutes ses dimensions. » On reconnaît là une figure rhétorique bien établie parmi les rédacteurs des traités européens : « compétitiv[ité] » d'abord, « convergence économique, fiscale et sociale ainsi que [...] durabilité » ensuite sont l'ordre institué des priorités de l'Union depuis le traité de Maastricht. C'est sans doute pourquoi le projet qui semble spontanément tenir le plus à cœur à cette Assemblée a consisté dans la création d'un groupe de travail portant sur « l'harmonisation du droit français et du droit allemand des affaires et des faillites » afin d'« améliorer la compétitivité de leurs économies face à la concurrence croissante à l'échelle mondiale ». Dans le même temps, les créations de groupes de travail sur l'harmonisation fiscale et sociale entre la France et l'Allemagne, soutenues notamment par Fabio De Masi (Die Linke) et Danièle Obono (La France insoumise), n'avaient malheureusement pas obtenu de majorité.

Pourtant, ce projet de Code européen des affaires, déjà très avancé en vérité parmi les experts et les professeurs de droit spécialisés et pour lequel la plus-value parlementaire semble assez discutable, apparaît bien loin d'être à la hauteur de l'énormité des défis auxquels l'Union est aujourd'hui confrontée. À l'heure où les inégalités sociales et les urgences environnementales font voler en éclats les derniers garde-fous des démocraties occidentales, la mise en avant de ce projet fleure bon le *business as usual* du marché unique des années 1990 et de ses principaux gagnants.

Au contraire, la création de cette Assemblée franco-allemande, véritable « laboratoire normatif », doit être l'occasion d'expérimenter un renversement pur et simple dans les hiérarchies coutumières de l'Union européenne. Elle porte avec elle la légitimité des assemblées parlementaires nationales dans nos démocraties sur les questions de fiscalité et de droit social. Ce sont ces dernières qui devraient désormais être placées en haut de sa *to-do list* afin d'être à la hauteur des urgences qui frappent notre présent et de respecter à la lettre l'équilibre du 1er article du traité d'Aix-la-Chapelle. De fait, une telle assemblée peut ainsi pallier le vice originel de la construction européenne en desserrant le verrou de l'unanimité des États membres en matière de fiscalité. Avec des majorités politiques différentes, elle constituerait alors bien une « utopie » comme l'affirmait Richard Ferrand mais dans un sens différent de celui qu'il invoque de « vérité prématurée » en citant Lamartine. Bien plutôt une « utopie réelle » d'Erik Olin Wright, c'est-à-dire une institution ou des pratiques qui peuvent être construites ici et maintenant, qui préfigurent un monde idéal, et qui nous aident ainsi à dépasser le stade actuel de l'Union européenne.

Car sans équivalent dans l'histoire, cette Assemblée est donc légitime à proposer par exemple un alignement franco-allemand de la fiscalité directe sur les sociétés, qui viendrait compléter le Code européen des affaires. L'Union européenne en rêve depuis les années 1960 ! Avec cet alignement des fiscalités franco-allemandes sur les sociétés, l'enjeu ne consiste en rien moins que de casser le cercle vicieux du dumping fiscal et social qui mine l'Union depuis le milieu des années 1980 et d'« œuvrer en vue d'une convergence sociale et économique *ascendante* au sein de l'Union européenne », comme le préconise le préambule du traité d'Aix-la-Chapelle. C'est là l'une des clés pour lutter contre les inégalités fiscales et sociales qui brisent la cohésion de nos sociétés européennes en heurtant leurs économies morales sous-jacentes et en nourrissant les contestations populistes et autoritaires.

De même, un groupe de travail de l'Assemblée devrait être créé sur la mise en place d'un impôt sur les très grosses fortunes, au moment même où le débat fait rage outre-Rhin, que le Parti social-démocrate (SPD) l'a soutenu publiquement (y compris le ministre des Finances Olaf Scholz), ainsi que l'OCDE, et que, dans un sondage récent de *Die Welt*, 58 % des Allemands s'y sont déclarés favorables. Car, avec cette Assemblée franco-allemande, c'est tout un effet d'entraînement qui s'inverse, brisant la poursuite effrénée et univoque des plus bas standards ; et la masse critique des plus de 50 % du PIB de la zone euro que constituent les économies couplées du moteur franco-allemand sont à même d'imposer ces thématiques fiscales au cœur de la politique européenne et d'inciter d'autres de nos partenaires européens à rejoindre le cercle vertueux d'une fiscalité plus avantageuse et équitable.

Les revenus ainsi dégagés pourraient permettre d'alimenter, comme nous le soutenions dans notre Manifeste pour la démocratisation de l'Europe, un ensemble de biens communs européens, financés par des investissements de long terme, tels que les universités et la recherche, la reconversion énergétique ou tous les projets franco-allemands ou européens que l'Assemblée identifierait et qui semblent de nouveau inscrits à l'agenda du gouvernement allemand en fin de cycle austéritaire. Au moment où l'Union européenne s'apprête une nouvelle fois à réunir une conférence pour l'avenir de l'Europe, l'Assemblée pourrait offrir la voie d'un renouveau politique… si elle se décidait à repartir des urgences sociales et fiscales des sociétés dont ses membres sont les représentants, et non pas des vieilles martingales européennes. Alors, à la suite de Wolfgang Schaüble lors de la séance de signature de l'accord parlementaire, à notre tour d'exhorter les 100 parlementaires allemands et français, pionniers de cette Assemblée inédite, alors que de ce côté-ci du Rhin ils sont tant décriés et moqués : « Relevez le gant ! »

Sanders au secours de la démocratie états-unienne

10 mars 2020

Disons-le d'emblée : le traitement reçu par Bernie Sanders dans les principaux médias aux États-Unis et en Europe est inéquitable et dangereux. Un peu partout sur les principaux réseaux et dans les grands quotidiens, on lit que le candidat Sanders serait un « extrémiste », et que seul un candidat « centriste » comme Biden pourrait l'emporter face à Trump. Ce traitement biaisé et peu scrupuleux est d'autant plus regrettable qu'un examen plus attentif des faits suggère que seul un renouveau programmatique du type de celui proposé par Sanders pourrait à terme guérir la démocratie états-unienne des maux inégalitaires qui la minent et de la désaffection électorale des classes populaires.

Commençons par le programme. Dire avec force, comme le fait Sanders, qu'une assurance-maladie publique universelle permettrait de soigner plus efficacement et à moindre coût la population états-unienne que l'actuel système privé et hyperinégalitaire n'est pas un propos « extrémiste ». C'est au contraire une affirmation parfaitement bien documentée par de nombreuses recherches et comparaisons internationales. En ces temps où chacun déplore la montée des « fake news », il est sain que certains candidats s'appuient sur des faits établis et sortent de la langue de bois tacticienne. De même, Sanders a raison quand il propose un investissement public massif en faveur de l'éducation et des universités publiques. Historiquement, la prospérité des États-Unis s'est appuyée au XXe siècle sur l'avance éducative du pays sur l'Europe et sur une certaine égalité en la matière, et certainement pas sur la sacralisation de l'inégalité et de l'accumulation de fortunes sans limites que Reagan a voulu imposer comme modèle alternatif dans les années 1980. L'échec de cette rupture reaganienne est aujourd'hui patent, avec une division par deux de la croissance du revenu national par habitant et une montée des inégalités sans précédent. Sanders propose simplement de revenir aux sources du modèle de développement du pays : une très large diffusion de l'éducation.

Sanders propose également de remonter fortement le niveau du salaire minimum (politique dont les États-Unis ont longtemps été le leader mondial) et de s'inspirer des expériences de cogestion et de droits de vote pour les salariés dans les conseils d'administration des entreprises appliquées avec succès en Allemagne et en Suède depuis des décennies. De façon générale, les propositions de Sanders font de lui un social-démocrate pragmatique, essayant de tirer le meilleur parti des expériences disponibles, et en aucune façon un « radical ». Et quand il choisit d'aller plus loin que la social-démocratie européenne, par exemple avec sa proposition d'impôt fédéral sur la fortune montant jusqu'à 8 % par an sur les multimilliardaires, cela correspond à la réalité de la concentration démesurée de la richesse aux États-Unis et aux capacités fiscales et administratives de l'État fédéral américain, déjà démontrées historiquement.

Venons-en à la question des sondages. Le problème des affirmations répétées selon lesquelles Biden serait mieux placé pour battre Trump est qu'elles ne reposent sur aucune base factuelle objective. Si l'on examine les données existantes, telles que celles rassemblées par RealClearPolitics.com, on constate dans tous les sondages nationaux que Sanders battrait Trump avec le même écart que Biden. Ces enquêtes sont certes prématurées, mais elles le sont tout autant pour Biden que pour Sanders. Dans plusieurs États clés, on constate que seul Sanders sortirait gagnant face à Trump, par exemple en Pennsylvanie et au Wisconsin. Si l'on analyse les enquêtes sur les primaires qui viennent d'avoir lieu, il apparaît clairement que Sanders mobilise davantage l'électorat populaire que Biden. Certes, ce dernier séduit une part importante du vote noir, héritage du ticket Obama-Biden. Mais Sanders rassemble l'immense majorité du vote latino, et écrase Biden parmi les 18-29 ans comme au sein des 30-44 ans. Surtout, toutes les enquêtes indiquent que Sanders fait ses meilleurs scores parmi les électeurs les plus défavorisés (revenus inférieurs à 50 000 dollars annuels, non-diplômés du supérieur), alors que Biden fait au contraire le plein parmi les plus favorisés (revenus supérieurs à 100 000 dollars annuels, diplômés du supérieur), qu'il s'agisse des électeurs blancs ou de ceux issus des minorités, indépendamment de l'âge.

Or il se trouve que c'est dans les catégories sociales les plus défavorisées qu'il existe le plus fort potentiel de mobilisation. De façon générale, la participation électorale a toujours été relativement faible aux États-Unis : à peine plus de 50 %, alors qu'elle a longtemps été de 70 %-80 % en France et au Royaume-Uni, avant de s'abaisser récemment. Si l'on examine les choses de plus près, on constate également outre-Atlantique une participation structurellement plus réduite parmi la moitié des électeurs les plus pauvres, avec un écart de l'ordre de 15 %-20 % avec la moitié la plus riche (écart qui a également commencé à apparaître en Europe depuis les années 1990, même s'il reste moins marqué).

L'évolution de la participation électorale, 1945-2020

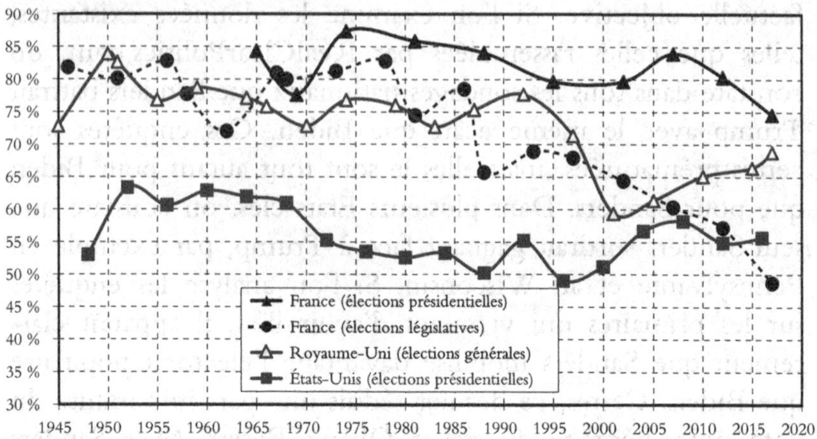

Lecture : la participation électorale a été relativement stable autour de 80 %-85 % aux élections présidentielles depuis 1965 (avec toutefois une légère baisse à 75 % en 2017). La chute a été beaucoup plus forte pour la participation aux élections législatives, qui était de 80 % jusqu'aux années 1970, et qui est inférieure à 50 % en 2017. La participation électorale a baissé au Royaume-Uni avant de remonter depuis 2010. Aux États-Unis, elle a généralement fluctué autour de 50 %-60 %.
Sources et séries : voir piketty.pse.ens.fr/ideologie. Thomas Piketty, *Capital et idéologie, op. cit.*, p. 860.

Soyons clair : cette désaffection électorale des classes populaires états-uniennes est tellement ancienne qu'elle ne pourra sans doute pas être inversée en un jour. Mais que peut-on faire d'autre pour y remédier que de réorienter en profondeur la plateforme programmatique du Parti démocrate et de porter ces idées au grand jour dans des campagnes nationales ? La vision cynique, et malheureusement très courante parmi les élites démocrates, selon laquelle rien ne peut être fait pour mobiliser davantage l'électorat populaire, est extrêmement dangereuse. À terme, ce cynisme fragilise la légitimité du régime électoral démocratique lui-même.

Participation électorale et clivages sociaux, 1945-2020

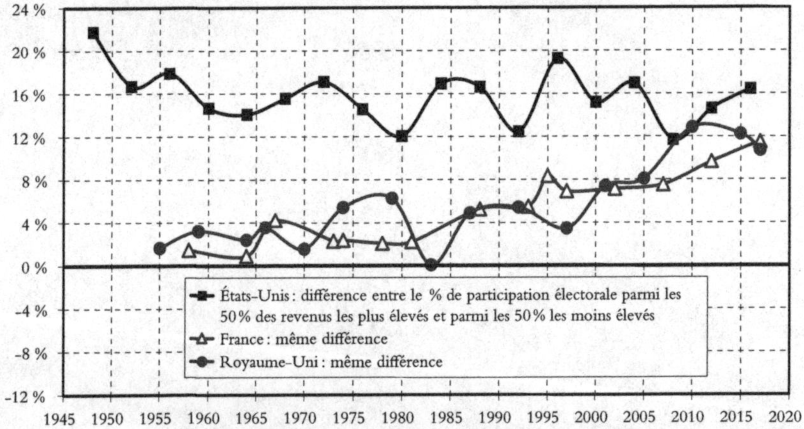

Lecture : dans les années 1950-1970, la participation électorale en France et au Royaume-Uni était à peine 2 %-3 % plus élevée parmi les 50 % des électeurs ayant les revenus les plus élevés que parmi les 50 % les moins élevés. Cet écart s'est accru par la suite et a atteint 10 %-12 % dans les années 2010, s'approchant ainsi du niveau observé aux États-Unis.

Sources et séries : voir piketty.pse.ens.fr/ideologie. Thomas Piketty, *Capital et idéologie, op. cit.*, p. 861.

Éviter le pire

14 avril 2020

La crise épidémique Covid-19 va-t-elle précipiter la fin de la mondialisation marchande et libérale et l'émergence d'un nouveau modèle de développement, plus équitable et plus durable ? C'est possible, mais rien n'est gagné. À ce stade, l'urgence absolue est surtout de prendre la mesure de la crise en cours, et de tout faire pour éviter le pire, c'est-à-dire l'hécatombe de masse.

Rappelons les prédictions des modèles épidémiologiques. Sans intervention, le Covid-19 aurait pu causer la mort de quelque 40 millions de personnes dans le monde, dont 400 000 en France, soit environ 0,6 % de la population (plus de 7 milliards d'habitants dans le monde, près de 70 millions en France). Cela correspond quasiment à une année de mortalité supplémentaire (550 000 morts par an en France, 55 millions dans le monde). En pratique, cela veut dire que, pour les régions les plus touchées et au cours des mois les plus sombres, le nombre de cercueils aurait pu être cinq ou dix fois plus élevé que d'ordinaire (ce que l'on a malheureusement commencé à voir dans certains clusters italiens).

Aussi incertaines soient-elles, ce sont ces prédictions qui ont convaincu les gouvernements qu'il ne s'agissait pas d'une simple grippe, et qu'il fallait confiner d'urgence les populations. Certes, personne ne sait très bien jusqu'où vont monter les pertes humaines (actuellement près de 100 000 morts dans le monde, dont presque 20 000 en Italie, 15 000 en Espagne et aux États-Unis et 13 000 en France), et jusqu'où elles auraient pu monter sans confinement. Les épidémiologistes espèrent que l'on parvienne à diviser le bilan final par dix ou par vingt par rapport aux prévisions initiales, mais les incertitudes sont considérables. D'après le rapport publié par Imperial College[1] le 26 mars, seule une politique massive de tests et d'isolement des personnes contaminées permettrait de réduire fortement les pertes. Autrement dit, le confinement ne suffira pas pour éviter le pire.

Le seul précédent historique auquel on puisse se raccrocher est celui de la grippe espagnole de 1918-1920, dont on sait maintenant qu'elle n'avait rien d'espagnol et qu'elle a causé près de 50 millions de morts dans le monde (environ 2 % de la population mondiale de l'époque)[2]. En exploitant les données d'état civil, les chercheurs ont montré que cette

1. Résumé du rapport sur https://www.imperial.ac.uk/mrc-global-infectious-disease-analysis/covid-19/report-12-global-impact-covid-19/ ; rapport complet sur https://www.imperial.ac.uk/media/imperial-college/medicine/mrc-gida/2020-03-26-COVID19-Report-12.pdf.

2. Un article de référence sur la grippe espagnole : Christopher Murray, Alan D. Lopez, Brian Chin, Dennis Feehan et Kenneth H. Hill, « Estimation of Potential Global Pandemic Influenza Mortality on the Basis of Vital Registry Data from the 1918-20 Pandemic : A Quantitative Analysis », *The Lancet*, vol. 368, n° 9554, 2007, p. 2211-2218. Voir aussi Robert J. Barro, José F. Ursúa et Joanna Weng, « The Coronavirus and the Great Influenza Pandemic : Lessons from the "Spanish Flu" for the Coronavirus's Potential Effects on Mortality and Economic Activity », National Bureau of Economic Research, Working Paper n° 26866, 2020 (qui reprend notamment les résultats de Christopher Murray *et al.*, art. cit., sur la mortalité).

mortalité moyenne cachait d'immenses disparités : entre 0,5 % et 1 % aux États-Unis et en Europe, contre 3 % en Indonésie et en Afrique du Sud, et plus de 5 % en Inde.

C'est cela qui devrait nous préoccuper : l'épidémie pourrait atteindre des sommets dans les pays pauvres, dont les systèmes de santé ne sont pas en état de faire face aux chocs, d'autant plus qu'ils ont subi les politiques d'austérité imposées par l'idéologie dominante des dernières décennies. Le confinement appliqué dans des écosystèmes fragiles pourrait en outre se révéler totalement inadapté. En l'absence de revenu minimum, les plus pauvres devront vite ressortir chercher du travail, ce qui relancera l'épidémie. En Inde, le confinement a surtout consisté à chasser les ruraux et les migrants des villes, ce qui a conduit à des violences et des déplacements de masse, au risque d'aggraver la diffusion du virus. Pour éviter l'hécatombe, on a besoin de l'État social, pas de l'État carcéral. La bonne

La montée de l'État social en Europe, 1870-2015

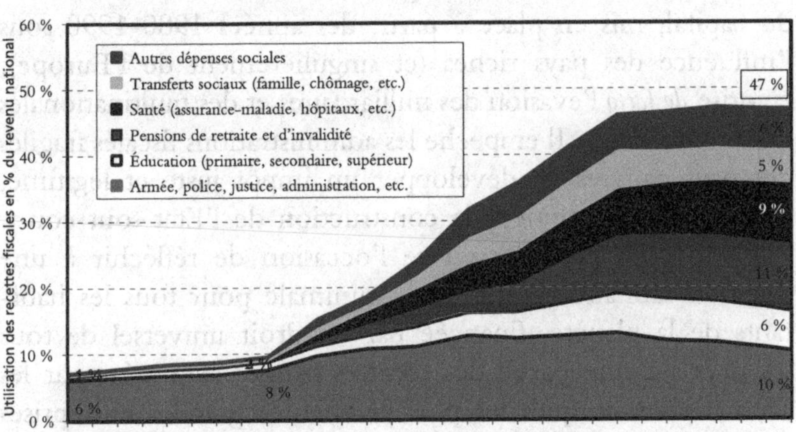

Lecture : en 2015, les recettes fiscales représentaient 47 % du revenu national en moyenne en Europe occidentale et étaient dépensées comme suit : 10 % du revenu national pour les dépenses régaliennes (armée, police, justice, administration générale, infrastructures de base : routes, etc.) ; 6 % pour l'éducation ; 11 % pour les retraites ; 9 % pour la santé ; 5 % pour les transferts sociaux (hors retraites) ; 6 % pour les autres dépenses sociales (logement, etc.). Avant 1914, les dépenses régaliennes absorbaient la quasi-totalité des recettes fiscales.
Note : l'évolution indiquée ici est la moyenne Allemagne-France-Royaume-Uni-Suède.
Sources et séries : voir piketty.pse.ens.fr/ideologie. Thomas Piketty, *Capital et idéologie, op. cit.*, p. 537.

réponse à la crise est de relancer la montée de l'État social au Nord, et surtout d'accélérer son développement au Sud.

Dans l'urgence, les dépenses sociales indispensables (santé, revenu minimum) ne pourront être financées que par l'emprunt et la monnaie. En Afrique de l'Ouest, c'est l'occasion de repenser la nouvelle monnaie commune et de la mettre au service d'un projet de développement fondé sur l'investissement dans la jeunesse et les infrastructures (et non pas au service de la mobilité des capitaux des plus riches). Le tout devra s'appuyer sur une architecture démocratique et parlementaire plus réussie que l'opacité toujours en vigueur dans la zone euro (où l'on continue de s'égailler dans des réunions de ministres des Finances à huis clos, avec la même inefficacité qu'au temps de la crise financière).

Très vite, ce nouvel État social demandera une fiscalité juste et un registre financier international, afin de pouvoir mettre à contribution les plus riches et les grandes entreprises autant que nécessaire. Le régime actuel de libre circulation du capital, mis en place à partir des années 1980-1990 sous l'influence des pays riches (et singulièrement de l'Europe), favorise *de facto* l'évasion des milliardaires et des multinationales du monde entier. Il empêche les administrations fiscales fragiles des pays pauvres de développer un impôt juste et légitime, ce qui mine gravement la construction de l'État tout court.

Cette crise peut aussi être l'occasion de réfléchir à une dotation sanitaire et éducative minimale pour tous les habitants de la planète, financée par un droit universel de tous les pays sur une partie des recettes fiscales acquittées par les acteurs économiques les plus prospères : grandes entreprises et ménages à hauts revenus et patrimoines (par exemple au-delà de dix fois la moyenne mondiale, soit les 1 % les plus riches du monde). Après tout, cette prospérité s'appuie sur un système économique mondial (et accessoirement sur l'exploitation effrénée des ressources naturelles et humaines planétaires depuis plusieurs siècles). Elle demande donc une régulation mondiale pour assurer sa soutenabilité sociale et écologique, avec notamment la mise en place d'une carte carbone permettant d'interdire les plus hautes émissions.

Il va de soi qu'une telle transformation exigera bien des remises en cause. Par exemple, Macron et Trump sont-ils prêts à annuler les cadeaux fiscaux aux plus aisés de leur début de mandat ? La réponse dépendra de la mobilisation des oppositions autant que de leur propre camp. On peut être certain d'une chose : les grands bouleversements politico-idéologiques ne font que commencer.

Le temps de la monnaie verte
12 mai 2020

La crise engendrée par le Covid-19 peut-elle précipiter l'adoption d'un nouveau modèle de développement, plus équitable et plus durable ? Oui, mais à condition d'assumer un changement clair des priorités et de remettre en cause un certain nombre de tabous dans la sphère monétaire et fiscale, qui doit enfin être placée au service de l'économie réelle et d'objectifs sociaux et écologiques.

Il faut d'abord mettre à profit cet arrêt économique forcé pour redémarrer autrement. Après une telle récession, la puissance publique va devoir jouer un rôle central pour relancer l'activité et l'emploi. Mais il faut le faire en investissant dans de nouveaux secteurs (santé, innovation, environnement), et en décidant une réduction graduelle et durable des activités les plus carbonées. Concrètement, il faut créer des millions d'emplois et augmenter les salaires dans les hôpitaux, les écoles et universités, la rénovation thermique des bâtiments, les services de proximité.

Dans l'immédiat, le financement ne pourra se faire que par la dette, et avec le soutien actif des banques centrales. Depuis 2008, ces dernières ont procédé à une création monétaire massive pour sauver les banques de la crise financière qu'elles avaient elles-mêmes provoquée. Le bilan de l'Eurosystème (le réseau de banques centrales piloté par la BCE) est passé de 1 150 milliards d'euros début 2007 à 4 675 milliards fin 2018, c'est-à-dire d'à peine 10 % à près de 40 % du PIB de la zone euro (12 000 milliards d'euros). Sans doute cette politique a-t-elle permis d'éviter les faillites en cascade qui avaient entraîné le monde dans la dépression en 1929. Mais cette création monétaire, décidée à huis clos et sans encastrement démocratique adéquat, a aussi contribué à doper les cours financiers et immobiliers et à enrichir les plus riches, sans résoudre les problèmes structurels de l'économie réelle (manque d'investissement, hausse des inégalités, crise environnementale).

Banques centrales et mondialisation financière

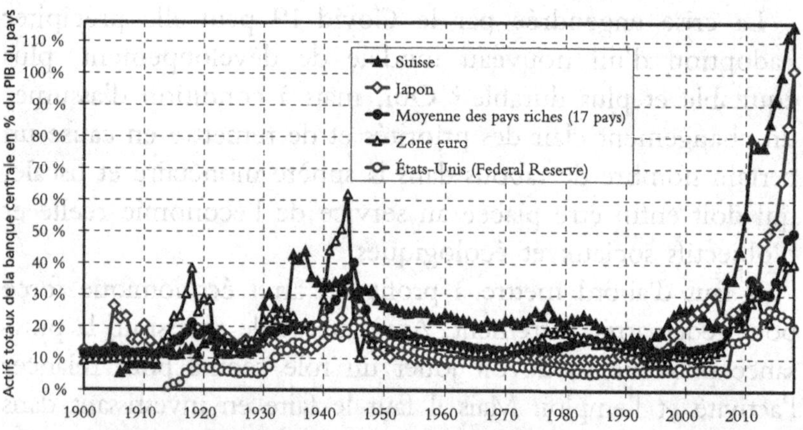

Lecture : les actifs totaux des banques centrales des pays riches sont passés de 13 % du PIB en moyenne au 31/12/2000 à 51 % au 31/12/2018. Les actifs des banques centrales du Japon et de la Suisse ont dépassé 100 % du PIB en 2017-2018.

Note : la moyenne des pays riches est la moyenne arithmétique des 17 pays suivants : Allemagne, Australie, Belgique, Canada, Danemark, Espagne, États-Unis, Finlande, France, Italie, Japon, Norvège, Pays-Bas, Portugal, Royaume-Uni, Suède, Suisse.

Sources et séries : voir piketty.pse.ens.fr/ideologie. Thomas Piketty, *Capital et idéologie*, *op. cit.*, p. 817.

Or il existe un risque réel que l'on se contente de continuer dans la même direction. Pour faire face au Covid-19, la BCE a lancé un nouveau programme de rachat d'actifs. Le bilan de l'Eurosystème a bondi, passant de 4 692 milliards au 28 février 2020 à 5 395 milliards au 1er mai 2020 (suivant les données publiées par le BCE le 5 mai)[1]. Pour autant, cette injection monétaire massive (700 milliards en deux mois) ne suffira pas : le *spread* de taux d'intérêt en défaveur de l'Italie, qui s'était abaissé mi-mars à la suite des annonces de la BCE, est très vite reparti à la hausse.

Que faire ? D'abord prendre conscience que la zone euro restera fragile tant qu'elle fera le choix de soumettre ses dix-neuf taux d'intérêt à la spéculation des marchés. Il faut d'urgence se donner le moyen d'émettre une dette commune dotée d'un seul et même taux d'intérêt. Contrairement à ce que l'on entend parfois, l'objectif est avant tout de mutualiser le taux d'intérêt et non d'obliger certains pays à rembourser la dette des autres. Les pays qui se disent le plus en pointe sur cette question (France, Italie, Espagne) doivent formuler une proposition précise et opérationnelle, avec au passage la création d'une assemblée parlementaire permettant de superviser l'ensemble (sur le modèle de l'Assemblée franco-allemande créée l'an dernier, mais avec de réels pouvoirs, et ouverte à tous les pays qui le souhaitent). L'Allemagne, qui est pressée par ses juges constitutionnels de clarifier sa relation à l'Europe, choisira sans doute de participer dès lors

1. Sources sur le bilan de l'Eurosystème (voir également Thomas Piketty, *Capital et idéologie*, *op. cit.*, chapitre 13) : Eurosystem Balance sheet, May 1st 2020, 5 395 billions, https://www.ecb.europa.eu/press/pr/wfs/2020/html/ecb.fst200505.en.html ; Eurosystem Balance sheet, February 28 2020, 4 692 billions, https://www.ecb.europa.eu/press/pr/wfs/2020/html/ecb.fst200303.en.html. Cela est dû à la fois au nouveau programme d'achat de titres (PEPP, Pandemic Emergency Purchase Programme) et à l'utilisation accrue des anciens programmes (en particulier PSPP, Public Sector Purchase Programme). Voir ici les décompositions par pays (toujours avec pour *target* le capital BCE calé sur le PIB des différents pays) : https://www.ecb.europa.eu/mopo/implement/omt/html/index.en.html.

qu'une proposition solide sera sur la table et que ses principaux partenaires seront prêts à avancer. En tout état de cause, l'urgence interdit de rester les bras ballants en attendant l'unanimité, qui ne viendra pas.

Ensuite et surtout, il faut assumer le fait que la création monétaire serve à financer la relance verte et sociale, et non à doper les cours de la Bourse. Le gouvernement espagnol a proposé que l'on émette entre 1 000 et 1 500 milliards d'euros de dette commune (environ 10 % du PIB de la zone euro[1]), et que cette dette sans intérêt soit prise en charge sur le bilan de la BCE sur une base perpétuelle (ou à très long terme). Rappelons à ce sujet que la dette extérieure allemande a été gelée en 1953 (et définitivement supprimée en 1991), et que le reste de l'énorme dette publique de l'après-guerre a été éteint par un prélèvement exceptionnel sur les plus hauts patrimoines financiers (ce qu'il faudra également faire). La proposition espagnole doit être soutenue, et répétée s'il le faut, tant que l'inflation demeure modérée. Précisons que les traités ne donnent pas de définition de l'objectif de stabilité de prix (c'est la BCE qui a fixé la cible de 2 % : cela pourrait aussi être 3 % ou 4 %). Ces mêmes traités indiquent que la BCE doit concourir à la réalisation des objectifs généraux de l'Union, qui incluent le plein-emploi, le progrès social et la protection de l'environnement (Traité sur l'Union européenne, art. 3).

Ce qui est certain, c'est qu'il est impossible de réunir de telles sommes sans faire appel à l'emprunt. Ceux à Bruxelles qui évoquent des chiffres faramineux sur le Green Deal sans proposer de financements ne grandissent pas la politique. Par définition, cela veut dire qu'ils recyclent des sommes déjà

1. PIB 2019 zone euro (12 000 milliards d'euros), UE-27 (14 000 milliards d'euros) (prix du marché) : https://ec.europa.eu/eurostat/databrowser/view/tec00001/default/table.

promises ailleurs (par exemple en reprenant des ressources au maigre budget de l'UE, qui est d'à peine 150 milliards d'euros par an, soit 1 % du PIB européen), qu'ils comptent plusieurs fois les mêmes dépenses, ou bien qu'ils additionnent les apports publics et privés (avec des effets de levier à faire pâlir d'envie tous les spéculateurs de la planète), le plus souvent tout à la fois. Ces pratiques doivent cesser. L'Europe court un danger mortel si elle ne montre pas à ses citoyens qu'elle est capable de se mobiliser face au Covid au moins autant qu'elle l'a fait pour ses banques.

Affronter le racisme, réparer l'histoire
16 juin 2020

La vague de mobilisations contre le racisme et les discriminations pose une question cruciale : celle des réparations face à un passé colonial et esclavagiste qui décidément ne passe pas. Quelle que soit sa complexité, la question ne peut être éludée éternellement, ni aux États-Unis ni en Europe.

À la fin de la guerre civile, en 1865, le républicain Lincoln promit aux esclaves émancipés qu'ils obtiendraient après la victoire « une mule et 40 acres de terre » (environ 16 hectares). L'idée était à la fois de les dédommager pour les décennies de mauvais traitement et de travail non rémunéré et de leur permettre de se tourner vers l'avenir en tant que travailleurs libres. S'il avait été adopté, ce programme aurait représenté une redistribution agraire de grande ampleur, aux dépens notamment des grands propriétaires esclavagistes. Mais sitôt les combats terminés la promesse fut oubliée : aucun texte de compensation ne fut jamais adopté, et les 40 acres et la mule devinrent le symbole de la tromperie et de l'hypocrisie des nordistes (à tel point que le réalisateur Spike Lee en fit ironiquement le nom de sa société de production). Les démocrates reprirent le contrôle du Sud et y imposèrent la ségrégation raciale et les discriminations pendant un siècle de plus, jusqu'aux années 1960. Là encore aucune compensation ne fut appliquée.

Étrangement, d'autres épisodes historiques ont pourtant donné lieu à un traitement différent. En 1988, le Congrès adopta une loi accordant 20 000 dollars aux Japonais-Américains internés pendant la Seconde Guerre mondiale. L'indemnisation s'appliqua aux personnes encore en vie en 1988 (soit environ 80 000 personnes sur 120 000 Japonais-Américains internés de 1942 à 1946), pour un coût de 1,6 milliard de dollars. Une indemnisation du même type versée aux Afro-Américains victimes de la ségrégation aurait une valeur symbolique forte.

Au Royaume-Uni comme en France, l'abolition de l'esclavage s'est à chaque fois accompagnée d'une indemnisation des propriétaires par le Trésor public. Pour les intellectuels « libéraux » comme Tocqueville ou Schœlcher, c'était une évidence : si l'on privait ces propriétaires de leur propriété (qui après tout avait été acquise dans un cadre légal) sans une juste compensation, alors où s'arrêterait-on dans cette dangereuse escalade ? Quant aux anciens esclaves, il leur fallait apprendre la liberté en travaillant durement. Ils n'eurent droit qu'à l'obligation de devoir fournir un contrat de travail de long terme avec un propriétaire, faute de quoi ils étaient arrêtés pour vagabondage. D'autres formes de travail forcé s'appliquèrent dans les colonies françaises jusqu'en 1950.

Lors de l'abolition britannique de 1833, l'équivalent de 5 % du revenu national britannique (120 milliards d'euros d'aujourd'hui) fut ainsi versé à quelque 4 000 propriétaires, avec des indemnités moyennes de 30 millions d'euros, qui sont à l'origine de nombreuses fortunes toujours visibles aujourd'hui. Une compensation aux propriétaires s'appliqua aussi en 1848 à La Réunion, à la Guadeloupe, à la Martinique et en Guyane. En 2001, lors des débats autour de la reconnaissance de l'esclavage comme crime contre l'humanité, Christiane Taubira tenta sans succès de convaincre ses collègues députés de créer une commission chargée de réfléchir à des compensations pour les descendants d'esclaves, notamment en matière d'accès à la terre et à la propriété, toujours très concentrées parmi les descendants des planteurs.

L'injustice la plus extrême est sans doute le cas de Saint-Domingue, qui était le joyau des îles esclavagistes françaises au XVIIIe siècle, avant de se révolter en 1791 et de proclamer son indépendance en 1804 sous le nom d'Haïti. En 1825, l'État français imposa au pays une dette considérable (300 % du PIB haïtien de l'époque) afin de compenser les propriétaires français de leur perte de propriété esclavagiste. Menacée d'invasion, l'île n'eut d'autre choix que d'obtempérer et de rembourser cette dette, que le pays traîna comme un boulet jusqu'en 1950, après moult refinancements et intérêts versés aux banquiers français et états-uniens.

Les sociétés esclavagistes atlantiques, XVIIIe-XIXe siècle

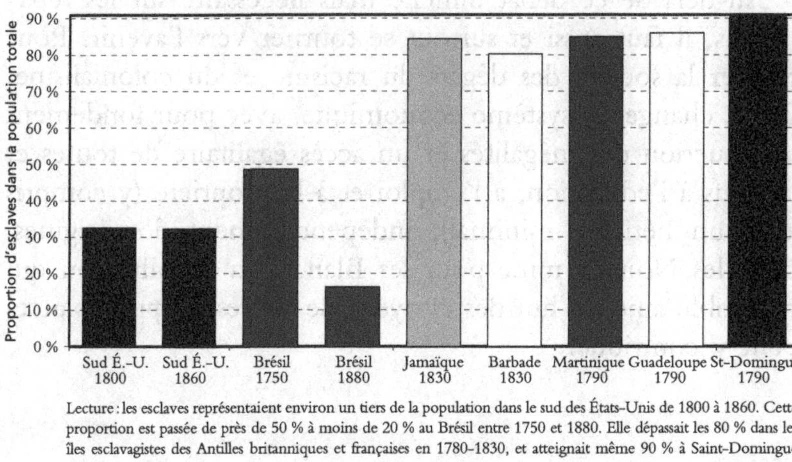

Lecture : les esclaves représentaient environ un tiers de la population dans le sud des États-Unis de 1800 à 1860. Cette proportion est passée de près de 50 % à moins de 20 % au Brésil entre 1750 et 1880. Elle dépassait les 80 % dans les îles esclavagistes des Antilles britanniques et françaises en 1780-1830, et atteignait même 90 % à Saint-Domingue (Haïti) en 1790.
Sources et séries : voir piketty.pse.ens.fr/ideologie.

Haïti demande maintenant à la France le remboursement de ce tribut inique (30 milliards d'euros d'aujourd'hui, sans compter les intérêts), et il est difficile de ne pas lui donner raison. En refusant toute discussion au sujet d'une dette que les Haïtiens ont dû payer à la France pour avoir voulu cesser d'être esclaves, alors que les paiements effectués de 1825 à 1950 sont bien documentés et ne sont contestés par personne, et que l'on pratique encore aujourd'hui des compensations pour des spoliations qui ont eu lieu pendant les deux guerres mondiales, on court inévitablement le risque de créer un immense sentiment d'injustice.

Il en va de même pour la question des noms de rues et des statues, comme celle du marchand d'esclaves qui vient d'être déboulonnée à Bristol. Certes il ne sera pas toujours facile de fixer la frontière entre les bonnes et les mauvaises statues. Mais, de la même façon que pour la redistribution des propriétés, nous n'avons d'autre choix que de faire confiance à la délibération démocratique pour tenter de fixer des règles et des critères justes. Refuser la discussion revient à perpétuer l'injustice.

Au-delà de ce débat difficile mais nécessaire sur les réparations, il faut aussi et surtout se tourner vers l'avenir. Pour réparer la société des dégâts du racisme et du colonialisme, il faut changer le système économique, avec pour fondement la réduction des inégalités et un accès égalitaire de toutes et de tous à l'éducation, à l'emploi et à la propriété (y compris avec un héritage minimal), indépendamment des origines, pour les Noirs comme pour les Blancs. La mobilisation qui rassemble aujourd'hui des citoyens de toutes les provenances peut y contribuer.

Reconstruire l'internationalisme
14 juillet 2020

Peut-on redonner un sens positif à l'internationalisme ? Oui, mais à condition de tourner le dos à l'idéologie du libre-échange absolu qui a jusqu'ici guidé la mondialisation, et d'adopter un nouveau modèle de développement fondé sur des principes explicites de justice économique et climatique. Ce modèle doit être internationaliste dans ses objectifs ultimes mais souverainiste dans ses modalités pratiques, au sens où chaque pays, chaque communauté politique doit pouvoir fixer des conditions à la poursuite des échanges avec le reste du monde, sans attendre l'accord unanime de ses partenaires. La tâche ne sera pas simple, et ce souverainisme à vocation universaliste ne sera pas toujours facile à distinguer du souverainisme de type nationaliste. Il est d'autant plus urgent de préciser les différences.

Supposons qu'un pays, ou une majorité politique en son sein, juge souhaitable de mettre en place un impôt fortement progressif sur les hauts revenus et patrimoines afin d'opérer une redistribution importante en faveur des plus modestes, tout en finançant un programme d'investissement social, éducatif et écologique. Pour aller dans cette direction, ce pays envisage un prélèvement à la source sur les profits des entreprises, et surtout un système de cadastre financier permettant de connaître les détenteurs ultimes des actions et des dividendes et d'appliquer ainsi les taux souhaités au niveau individuel. Le tout pourrait être complété par une carte carbone individuelle permettant d'encourager les comportements responsables, tout en imposant lourdement les plus fortes émissions, ainsi que ceux qui bénéficient des profits des entreprises les plus polluantes, ce qui exige là encore de connaître leurs détenteurs.

Un tel cadastre financier n'a malheureusement pas été prévu par les traités de libre circulation des capitaux mis en place dans les années 1980-1990, en particulier en Europe dans le cadre de l'Acte unique (1986) et du traité de Maastricht (1992), textes qui ont fortement influencé ceux adoptés ensuite dans le reste du monde. Cette architecture légale ultrasophistiquée, toujours en vigueur aujourd'hui, a *de facto* créé un droit quasi sacré à s'enrichir en utilisant les infrastructures d'un pays, puis à cliquer sur un bouton afin de transférer ses actifs dans une autre juridiction, sans possibilité prévue pour la collectivité de retrouver leur trace. À la suite de la crise de 2008, à mesure que l'on constatait les excès de la dérégulation financière, des accords sur les échanges automatiques d'informations bancaires ont certes été développés au sein de l'OCDE. Mais ces mesures, établies sur une base purement volontaire, ne comportent aucune sanction pour les récalcitrants.

Supposons donc qu'un pays souhaite accélérer le mouvement et décide de mettre en place une fiscalité redistributrice et un cadastre financier. Imaginons que l'un de ses voisins ne partage pas ce point de vue, et applique un taux dérisoire d'impôt sur les bénéfices et d'impôt carbone aux sociétés basées sur son territoire (réellement ou fictivement), tout en refusant de transmettre les informations sur leurs détenteurs. Dans ces conditions, le premier pays devrait à mon sens imposer des sanctions commerciales au second, variables suivant les entreprises, à la mesure du dommage fiscal et climatique causé. Des travaux récents ont montré que de telles sanctions apporteraient des recettes substantielles et inciteraient les autres pays à coopérer[1]. Bien sûr, il faudra plaider que ces sanctions ne font que corriger une concurrence déloyale et le non-respect des accords climatiques. Mais ces derniers sont tellement flous, et à l'inverse les traités sur la libre circulation absolue des biens et des capitaux sont tellement sophistiqués et contraignants, notamment au niveau européen, qu'un pays s'engageant dans cette voie risque fort d'être condamné par les instances européennes ou internationales (Cour de justice de l'UE, OMC). Si tel est le cas, il faudra assumer et sortir unilatéralement des traités en question, tout en en proposant de nouveaux.

Quelle est la différence entre le souverainisme social et écologique qui vient d'être esquissé et le souverainisme nationaliste (mettons de type trumpiste, chinois, indien ou demain français ou européen), fondé sur la défense d'une identité civilisationnelle particulière et d'intérêts réputés homogènes en son sein ?

Il y en a deux. D'abord, avant d'engager de possibles mesures unilatérales, il est crucial de proposer aux autres pays un modèle de développement coopératif, basé sur des valeurs universelles : justice sociale, réduction des inégalités, préservation de la planète. Il faut également décrire précisément les Assemblées transnationales (comme l'Assemblée franco-allemande créée l'an dernier, mais avec de réels pouvoirs) qui idéalement devraient être chargées des biens publics globaux et des politiques communes de justice fiscale et climatique.

1. Pour une première estimation du montant des possibles sanctions antidumping, voir Ana Seco Justo, « Profit Allocation and Corporate Taxing Rights : Global and Unilateral Perspectives », Paris School of Economics, 2020.

Une nouvelle organisation de la mondialisation :
la démocratie transnationale

Assemblée transnationale
En charge des **biens publics globaux** (climat, recherche, etc.) et de la **justice fiscale globale** (impôts communs sur les plus hauts patrimoines et revenus et les plus grandes entreprises, taxes carbone)

Assemblée nationale Pays A	**Assemblée nationale Pays B**	**Assemblée nationale Pays C**	**Assemblée nationale Pays D**	…

Lecture : selon l'organisation proposée, les traités régulant la mondialisation (circulation des biens, des capitaux et des personnes) prévoiraient désormais la création entre les États et Unions régionales concernés d'une Assemblée transnationale en charge des biens publics globaux (climat, recherche, etc.) et de la justice fiscale globale (impôts communs sur les plus hauts patrimoines et revenus et les plus grandes entreprises, taxes carbone).
Note : les pays A, B, C, D peuvent être des États comme la France, l'Allemagne, l'Italie, l'Espagne, etc., auquel cas l'Assemblée transnationale serait l'Assemblée européenne ; ou bien les pays A, B, etc., peuvent être des Unions régionales comme l'Union européenne, l'Union africaine, etc., auquel cas l'Assemblée transnationale serait celle de l'Union euro-africaine. L'Assemblée transnationale peut être formée de députés des Assemblées nationales et/ou de députés transnationaux élus spécialement à cet effet, suivant les cas.
Sources : voir Thomas Piketty, *Capital et idéologie*, *op. cit.*, p. 1181.

Ensuite, si ces propositions sociales-fédéralistes ne sont pas retenues dans l'immédiat, la démarche unilatérale doit néanmoins rester incitative et réversible. L'objectif des sanctions est d'inciter les autres pays à sortir du dumping fiscal et climatique, et non d'installer un protectionnisme permanent. De ce point de vue, les mesures sectorielles sans fondement universel telles que la taxe GAFA sont à proscrire, car elles se prêtent aisément à une escalade des sanctions (taxes sur le vin contre taxes sur le numérique, etc.).

Prétendre qu'une telle voie est facile à suivre et bien balisée serait absurde : tout reste à inventer. Mais l'expérience historique montre que le nationalisme ne peut conduire qu'à exacerber les tensions inégalitaires et climatiques, et que le libre-échange absolu n'a pas d'avenir. Raison de plus pour réfléchir dès à présent aux conditions d'un nouvel internationalisme.

Table

QUELLES RÉFORMES POUR LA FRANCE ? 2017-2018

Aimer l'Europe, c'est la changer 2018-2020

Du même auteur

Introduction à la théorie de la redistribution des richesses
Economica, 1994

L'Économie des inégalités
La Découverte, 1997 (7e éd., 2015)

Les Hauts Revenus en France au XXe siècle
Inégalités et redistribution, 1901-1998
Grasset, 2001 (2e édition, 2014)
et Points Histoire n° 521, 2016

Vive la gauche américaine ! Chroniques 1998-2004
Éditions de l'Aube, 2004

L'Impact de la taille des classes sur la réussite scolaire
dans les écoles, collèges et lycées français
(coécrit avec Mathieu Valdenaire)
MEN, 2006

Top Incomes Over the Twentieth Century
A Contrast Between Continental European
and English-speaking Countries
(codirigé avec Anthony Atkinson)
Oxford University Press, 2007

Pour un nouveau système de retraite
Des comptes individuels de cotisations financés par répartition
(coécrit avec Antoine Bozio)
Éd. Rue d'Ulm, 2008

Top Incomes : A Global Perspective
(codirigé avec Anthony Atkinson)
Oxford University Press, 2010

On the Long-Run Evolution of Inheritance
France 1820-2050
École d'économie de Paris, 2010

Pour une révolution fiscale
Un impôt sur le revenu pour le XXIe siècle
(coécrit avec Camille Landais et Emmanuel Saez)
Seuil, 2011

Peut-on sauver l'Europe ?
Chroniques 2004-2012
Éd. LLL, 2012

Capital Is Back : Wealth-Income Ratios in Rich Countries
1700-2010
(coécrit avec Gabriel Zucman)
École d'économie de Paris, 2013

Le Capital au XXIe siècle
Seuil, 2013, et Points Histoire n° 546, 2016 et 2020

Pour un traité de démocratisation de l'Europe
(avec Stéphanie Hennette, Guillaume Sacriste et Antoine Vauchez)
Seuil, 2017

Rapport sur les inégalités mondiales, 2018
(avec Facundo Alvaredo, Lucas Chancel, Emmanuel Saez et Gabriel Zucman)
Seuil, 2018

Changer l'Europe, c'est possible !
(collectif)
Seuil, « Points Essais », n° 874, 2019

Capital et idéologie
Seuil, 2019

RÉALISATION : NORD COMPO À VILLENEUVE-D'ASCQ
IMPRESSION : NORMANDIE ROTO IMPRESSION S.A.S À LONRAI
DÉPÔT LÉGAL : OCTOBRE 2020. N° 133808 (2003758)
IMPRIMÉ EN FRANCE